***ACCESO GRATIS** a la Lectura en la Nube*

Para visualizar el libro electrónico en la nube de lectura envíe junto a su nombre y apellidos una fotografía del código de barras situado en la contraportada del libro y otra del ticket de compra a la dirección:

ebooktirant@tirant.com

En un máximo de 72 horas laborales le enviaremos el código de acceso con sus instrucciones.

TRIBUTACIÓN, DERECHOS HUMANOS, CLIMA E INTELIGENCIA ARTIFICICAL: HACIA UN NUEVO PACTO CONSTITUCIONAL

Procedimiento de selección de originales, ver página web:
www.tirant.net/index.php/editorial/procedimiento-de-seleccion-de-originales

TRIBUTACIÓN, DERECHOS HUMANOS, CLIMA E INTELIGENCIA ARTIFICICAL: HACIA UN NUEVO PACTO CONSTITUCIONAL

DIRECTOR
DR. MANUEL PALOMARES HERRERA

COORDINADOR
DR. FRUELA RÍO SANTOS

tirant lo blanch
Valencia, 2025

En caso de erratas y actualizaciones, la Editorial Tirant lo Blanch publicará la pertinente corrección en la página web www.tirant.com.

La presente obra ha sido sometida a la revisión de pares ciegos según el protocolo de publicación de la editorial a efectos de ofrecer el rigor y calidad correspondiente tanto en su contenido como en su forma, aplicándose los criterios específicos aprobados por la Comisión Nacional E 016 (BOE num. 286, de 26 de noviembre de 2016).

EDITA: TIRANT LO BLANCH
C/ Artes Gráficas, 14 - 46010 - Valencia
TELFS.: 96/361 00 48 - 50
FAX: 96/369 41 51
Email: tlb@tirant.com
www.tirant.com
Librería virtual: www.tirant.es
Depósito legal: V-3608-2025
ISBN Digital: 979-13-7010-758-1

Si tiene alguna queja o sugerencia, envíenos un mail a: *atencioncliente@tirant.com*. En caso de no ser atendida su sugerencia, por favor, lea en *www.tirant.net/index.php/empresa/politicas-de-empresa* nuestro procedimiento de quejas.

Responsabilidad Social Corporativa: http://www.tirant.net/Docs/RSCTirant.pdf

A Noelia, un ejemplo de persecución elegante de la dignidad cuando el presente quiebra, el pasado pesa y el futuro queda para cambiar. Lo consiguió.

Índice

BLOQUE IV: IUSFUNDAMENTALISMO A LO NACIONAL: INTIMIDAD Y GÉNERO

BLOQUE V: CONSTITUCIÓN Y DERECHOS EMERGENTES

Prólogo

DR. MANUEL PALOMARES HERRERA
Vicepresidente del IIDH, Profesor Universitario e Investigador Principal GIHISDEHU-25

La aceleración de los cambios sociales, ecológicos y tecnológicos ha colocado a las constituciones democráticas ante nuevos dilemas de legitimidad, eficacia y justicia. Los derechos humanos, lejos de constituir un marco cerrado, se proyectan hacia esferas emergentes que exigen una reinterpretación dinámica de los principios fundamentales. Este libro, "Tributación, Derechos Humanos, Clima e Inteligencia Artificial: Hacia un Nuevo Pacto Constitucional", se adentra en esa tarea con ambición analítica y sentido de compromiso analizando la poliédrica realidad de los derechos humanos en sus distintos escenarios de afectación constitucional y atendiendo a los principales desafíos con una visión hispanoamericana dada la nacionalidad de nuestro equipo, dado que hay autores de España y Latinoamérica.

La presente obra, con el prestigioso sello de la editorial Tirant lo Blanch, primera de España en el ranking SPI es además parte del Grupo de Investigación GIHISDEHU-25 del Instituto Internacional de Derechos Humanos (IIDH) y reúne un conjunto de trabajos que no solo reflexionan sobre el estado actual del constitucionalismo, sino que apuntan con rigor a los verdaderos desafíos jurídico-políticos del siglo XXI en 5 grandes bloques y 10 capítulos en total.

La estructura de la obra responde a una lógica interdisciplinar, articulada en torno a cinco grandes áreas del conocimiento, que permiten ordenar el debate y facilitar al lector un recorrido coherente y enriquecedor.

En primer lugar, "Migratorios Emergentes y Cambio Climático" un bloque constitucional y de análisis del impacto del cambio climático en la movilidad humana bloque de Derecho Constitucional y Derechos Fundamentales aborda los fundamentos estructurales del sistema democrático, sus límites y potencialidades. Se analizan temas como la migración climática desde el sur de Europa (Manuel Palomares Herrera), y la justicia climática en contextos de desplazamiento forzoso (Rubén Miranda Gonçalves).

En segundo lugar, el Bloque II. "Institucionalidad y Legitimidad Democrática" con el análisis de la designación del Tribunal Constitucional (Fruela Río Santos) y el capítulo en coautoría sobre la defensa de la autonomía local frente a injerencias legislativas (Fruela Río y Francisco Javier Sanjuán Andrés). Todos estos trabajos tienen en común el esfuerzo por vincular la arquitectura constitucional con la protección efectiva de la dignidad humana.

A continuación, el bloque dedicado al Derecho Financiero y Tributario se ocupa de los derechos de los contribuyentes como parte del sistema de garantías constitucionales. La doctora Eva María Getino Calama analiza la jurisprudencia constitucional en materia recaudatoria, mientras que la querida profesora María Luisa Fernández de Soto Blass estudia los efectos de la digitalización de la Agencia Tributaria a la luz del nuevo Reglamento Europeo de Inteligencia Artificial, adentrándose en la frontera entre eficiencia fiscal y derechos fundamentales.

El siguiente bloque se centra en el Derecho Administrativo y Nuevas Tecnologías, con la contribución del prestigioso letrado Pablo Fernández García-Armero, que revisa el concepto de intimidad ante los desafíos de la sociedad digital. Su análisis conecta la protección de datos con la evolución de los derechos fundamentales en el entorno tecnológico contemporáneo. Se complementa con el capítulo sobre Derecho Internacional y

Género, con la aportación del ilustre Juan Luis Jiménez Ruiz, quien examina el impacto del Derecho Internacional de Género sobre el ordenamiento constitucional español, poniendo en evidencia la necesidad de actualizar marcos normativos anclados en estructuras tradicionales.

Finalmente, el libro se cierra con un bloque transversal sobre Teoría del Derecho y Derechos Emergentes. Aquí, el aurgitano Pedro Jiménez Vargas propone un marco normativo orientado hacia una futura Constitución de los Derechos Humanos, mientras que nuestro invitado internacional, el profesor Luis Felipe Granada Aguirre introduce el innovador concepto de la salud planetaria como derecho constitucional, integrando ecología, salud pública y dignidad humana desde una perspectiva global.

Esta obra no solo invita a repensar la relación entre constitución y derechos humanos, sino que ofrece herramientas analíticas y normativas para su transformación. Cada capítulo ofrece una mirada crítica pero constructiva, uniendo la reflexión teórica con propuestas concretas de avance institucional y jurídico. En conjunto, el libro constituye una contribución significativa al debate sobre el futuro de los derechos fundamentales en un mundo cambiante, marcado por tensiones, pero también por oportunidades de renovación democrática.

Finalmente, ha de hacerse una mención especial a dos rotundos compromisarios de la cultura, de la investigación y de la formación como lo son Caja Rural de Jaén, Madrid y Barcelona y al Colegio Oficial de Gestores Administrativos de Granada, Jaén y Almería. Hablamos de dos referentes consagrados en la contribución y al empuje de proyectos de repercusión contemporánea y se muestra en la obra por la importancia que supone a su responsabilidad para con la sociedad en general y para con sus foros en particular. Particularmente merece atención el nombre de don Juan Gallego Cobo Director Comercial de

Caja Rural, y don Blas Antonio Ogáyar Pardo por su apuesta por una obra que aborda los principales temas que hacen derramar ahora la tinta de una doctrina que desde luego dejará su impronta en la investigación del momento y con un sello giennense que pasará a la historia.

Quiero agradecer a todos los compañeros que han contribuido a esta obra que contribuye a la Academia el granito de actualidad e grandes profesionales, doctos en sus materias y primeros espadas en su campo jurídico a nivel internacional, todos profesores y todos de reconocido prestigio y por encima del que escribe, pues para cualquier proyecto, siempre es recomendable rodearse de un equipo que supere a su líder y el resultado lo tienen en sus manos en donde esperamos sea un aporte doctrinal de utilidad y un depósito que aporte a la crónica de la historia el cómo se viven las normas a día de hoy.

Jaén, 3 de junio de 2025.

BLOQUE I. ESCENARIOS MIGRATORIOS EMERGENTES Y CAMBIO CLIMÁTICO

Capítulo 1. Nueva realidad migratoria de los Estados del sur de Europa: Una aproximación desde el factor climático y de los derechos humanos[1]

MANUEL PALOMARES-HERRERA
Universidad Internacional de la Rioja–UNIR (España)

1. PLANTEAMIENTO

¿Existe una reacción contundente y paritaria en los Estados miembros de la UE receptores de inmigración climática en clave de derechos humanos? ¿es conveniente abordar dentro de la misma la inmigración irregular para integrar?.

Pues bien, decía el escritor Günter Wilhelm Grass que "Europa no conseguirá sobrevivir sin inmigración. No debería tenerse tanto miedo de eso dado que todas las grandes culturas surgieron a partir de formas de mestizaje"[2] prisma filantrópico[3] desde

---

1 Investigador del Proyecto de Innovación Docente Aplicada de UNIR. Referencia: PIDA 2526_050. "La aplicación de la Inteligencia Artificial a las asignaturas de la Facultad de Derecho de UNIR. Acrónimo: EDU-CAIA- Educación en Derecho e Inteligencia Artificial".

2 Disponible en: https://www.elmundo.es/elmundo/2007/11/23/espana/1195782547.html#:~:text=Por%20otro%20lado%2C%20apunt%C3%B3%20que,mestizaje%22%2C%20apunt%C3%B3%20el%20escritor. (consultado el 5 de febrero de 2025).

3 Y que nos recuerda a aquel estudio sobre la utopía y la realidad en el ámbito comunitario de De Soto Blass (1997).

el que realizamos el presente estudio donde examinaremos el fenómeno migratorio que se experimenta actualmente en las principales puertas de Europa para el continente africano: España.

Para ello, avanzaremos de lo general a lo específico con un enfoque sociopolítico y jurídico para comprender las diversas razones económicas, sociales y culturales que subyacen en los picos migratorios actuales, pero especialmente con un acento en la cuestión climática que incardine en la obligada reacción del sistema internacional de derechos humanos dado que existe, como veremos a continuación, una incontestable protección que debe de ofrecerse.

El art. 13.2 de la Declaración Universal de Derechos Humanos de 1948 (en adelante DUDH) y por extensión, los arts. 10 y 13 de la Constitución Española (en adelante CE) establecen el derecho a entrar y salir de cualquier país. Si estos preceptos los cruzamos con los 63.970 inmigrantes irregulares que se contabilizaron en España en 2024[4] –cifra récord desde que hay registros– podemos entender que las migraciones desde el norte del continente africano hacia España constituyen un verdadero reto que ha de abordarse con determinación y conjugando salvaguarda de derechos humanos con capacidad económica de recepción de nuevas olas migratorias.

Y es que es un fenómeno complejo y estructural que implica múltiples factores, incluyendo la búsqueda de mejores oportunidades económicas, la huida de conflictos, la desigualdad y el subdesarrollo como demostraban Piguet, Pécoud y Guchteneire (2011, p. 189) a lo que ahora añadimos

---

[4] Cifra facilitada por el Ministerio de Interior a Agencia EFE (empresa púbica de noticias) disponible en: https://efe.com/espana/2025-01-02/llegada-migrantes-espana-ano-2024/ (consultado el 5 de febrero de 2025).

el factor climático; por eso terminamos destacando los principales desafíos y las respuestas jurídico-políticas que vienen implementándose para poder atajarlos.

Asumiendo las afirmaciones de Teófilo Altamirano Rúa (2024) en su Capítulo I "Migraciones forzadas inducidas por el cambio climático" sobre este fenómeno global en la nueva movilidad humana, podemos centrarnos en la escena transfronteriza de Estados africanos hacia España ha aumentado significativamente en las últimas décadas de estos albores de siglo en una tendencia alcista corroborada cuan éxodo sur-norte[5] tal como vaticinaba ya la Unión Africana (en adelante UA) en sus orígenes cuando apelaba al vaciamiento demográfico continental, impulsada por factores económicos y sociales asociados al subdesarrollo y carencia de salvaguarda de derechos humanos de forma estructural al que se unen hoy causas ambientales.[6]

Ni que decir tiene que gran porcentaje de estos desplazamientos masivos se producen, al margen de la legislación de fronteras y de extranjería y que por tanto es inmigración ilegal, no marginada por los derechos humanos pero sí con un escudo de protección más débil pues nace de una conducta al margen de la norma y no siempre amparada en condiciones de persecución que justifiquen la aplicación de la Ley 12/2009, de 30 de octubre, reguladora del derecho de asilo y de la pro-

---

5 Asimilada en otro escenario a los flujos migratorios de los Estados de Centroamérica hacia Estados Unidos a su paso por países de tránsito como México, nuevamente sur-norte, o las existentes en Venezuela hacia Ecuador, o Colombia o España.

6 Entre estos factores, el calentamiento global y sus efectos demográficos adversos en los medios de vida en África juegan un papel cada vez más relevante. Disponible en: https://www.worldwildlife.org/descubre-wwf/historias/acaso-el-cambio-climatico-esta-aumentando-el-riesgo-de-desastres (consultado el 18 de junio de 2024).

tección subsidiaria[7]; quizás en parte producida por la ausencia generalizada de consulados administrativos en el continente así como de controles desde la cooperación internacional (Zubrzycki, B., & Agnelli, S, 2009).

Si atendemos a los informes del Fondo de Población de las Naciones Unidas (UNFPA) *"en 2013, 81,9 millones de migrantes procedentes de países en desarrollo vivían en un país desarrollado"), mientras que 82,3 millones de migrantes procedentes de países en desarrollo vivían en otro país en desarrollo"*[8] y por otro lado, a título de perspectiva, el mismo Programa de Naciones Unidas para el Desarrollo (PNUD) enfoca aquí sus estudios, donde por ejemplo indica que en Argelia:

> "la actividad humana está alejando el clima de su estado actual, influyendo en el desarrollo humano y en todas las esferas de nuestras vidas, incluida nuestra salud, infraestructura y medios de vida. [...] las proyecciones de temperatura y nuevo aumento del nivel del mar y los impactos asociados en el desarrollo humano bajo diferentes opciones de escenarios de emisiones y horizontes temporales para ver cómo nuestras decisiones pueden moldear el futuro".[9]

Por ello, se hace necesario cuestionar causas y consecuencias de estas migraciones, examinando doctrina de derechos humanos aplicable y analizar la jurisprudencia internacional

---

7 BOE núm. 263, de 31/10/2009.

8 Los datos corresponden al año anterior. Disponible en: https://www.unfpa.org/es/migraci%C3%B3n#readmore-expand (consultado el 18 de junio de 2024).

9 Disponible en: https://horizons.hdr.undp.org/?_gl=1*1x57pec*_gcl_au*NjYzNDY3NDM3LjE3MTg3MDkwMDQ.*_ga*MjAwMzQyNjcxMi4xNzE4NzA4ODI0*_ga_3W7LPK0WP1*MTcxODcwODgyNC4xLjEuMTcxODcwOTI0My4xOS4wLjA.#/country/DZA (consultado el 18 de junio de 2024).

relevante con la intención de proporcionar una visión comprensiva de cómo el calentamiento global, ya indiscutible, está influyendo en la migración forzada y los derechos humanos desde esta percepción.[10]

Evidentemente, la cercanía del Magreb a las costas andaluzas o al archipiélago canario al noroeste del continente africano supone un acicate a los desplazados por motivos económicos, políticos o de seguridad, en donde las desigualdades económicas constituyen un motor significativo con o sin causal de protección internacional.[11]

---

10 Incardinando la cuestión en las Comunidades Autónomas de Canarias y Andalucía si bien es cierto que Lampedusa, Lesbos y Moria (Italia y Grecia) son sedes que manifiestan esta migración sur-norte por el Mediterráneo, movidos en gran parte por desplazamientos de refugiaos que huyen de conflictos bélicos como los de Siria, Sudán o Palestina, no es menos cierto que el factor climático acerca un nuevo concepto de desplazado interno de carácter climático, no por huir de un conflicto ni de una situación económica adversa sino de la imposibilidad de mantener condicione habitables para el ciudadano o bien para la producción agropecuaria por la ausencia de agua, exceso de temperaturas o concatenación de desastres meteorológicos como sequías, inundaciones, huracanes o plagas.

11 En donde tenemos como indicativo el informe del Panel Intergubernamental sobre Cambio Climático (IPCC) AR6 de abril de 2022 titulado *"Cambio climático 2022: Mitigación del cambio climático"* en cuanto a que el cambio climático actúa como un multiplicador de amenazas si bien parece enfrentarse a la defensiva más desde la expulsión que desde la integración estudiada y actuación en origen. Hathaway (2005) argumenta que las políticas restrictivas de asilo socavan el sistema Internacional de Protección de los Derechos Humanos *in extenso*, pues hemos de recordar que este aún no goza de más menciones que la Convención internacional sobre la protección de los derechos de todos

Así, la búsqueda de mejores oportunidades de empleo y condiciones de vida impulsa a muchas personas a intentar cruzar el Mediterráneo de formas precarias (cayucos, pateras, polizones, saltos de valla...) que son ya objeto de preocupación para las políticas de migración que lo abordan en origen por aquello de enfrentar el cambio climático desde la adaptación a la nueva realidad (Castles, 2010) más que desde políticas anti migratorias o de contención (Carling y Hernández-Carretero, 2011).

El sur de Europa cosecha ya abordajes en la materia en el prisma jurisprudencial, así el *Asunto Hirsi Jamaa y otros contra Italia*[12] (Demanda no. 27765/09) del Tribunal Europeo de Derechos Humanos (TEDH) de 23 de febrero de 2012 subraya la obligación de los Estados de no devolver a personas migrantes a países donde enfrentan riesgos de tortura o malos tratos (principio de no devolución *o non-refoulement)* de la misma forma que se puso de relieve con el *Asunto N.D. y N.T. contra España del TEDH* (Demandas nº 8675/15 y 8697/15) donde aparecen los primeros pronunciamientos por devoluciones sumarias en las fronteras de las Ciudades Autónomas de Ceuta y Melilla.[13]

---

los trabajadores migratorios y de sus familiares de 1991 que es, como enuncia, solo para los trabajadores, siendo de nuevo la OIT quien más ha tutelado este fenómeno históricamente desde con el Convenio sobre los trabajadores migrantes de 1949.

12 Donde se condenó al Estado italiano por la devolución de inmigrantes eritreos en alta mar hacia la costa Libia. Disponible en: https://hudoc.echr.coe.int/eng#{%22itemid%22:[%22001-139041%22]} (consultado el 20/12/2024).

13 El *caso de N.D. y N.T. contra España* es una sentencia emblemática del TEDH que aborda cuestiones clave relacionadas con las políticas migratorias y los derechos humanos. La sentencia, dictada el 13 de febrero de 2020, se centra en la expulsión sumaria de dos migrantes africanos (un marfileño y un maliense) que intentaron cruzar la valla fronteriza de Melilla en 2014. *N.D. y N.T.* denunciaron que fueron

Pero hablamos de inmigración forzada no directamente vinculada al causal climático, si bien sabemos que se están causando ya cambios profundos en el medio ambiente africano, especialmente, afectando en una agricultura, turismo o comercio que desde luego repercute en el empleo y el PIB como indica el citado IPCC (2014) que destaca que las sequías son más frecuentes y severas, junto con la desertificación, están desplazando a comunidades enteras en África que crean esta nueva categoría de migrantes o desplazados ambientales que, como refuerza Biermann y Boas (2010) impulsa la necesidad de la creación de un marco legal internacional específico para protegerlos pues que actualmente no están adecuadamente cubiertos por la figura del refugio y el asilo.[14]

Tenemos por tanto un reciente arranque de una conciencia jurídico-política en el sur europeo como lo muestra España, que no solo ha aprobado el Real Decreto 1155/2024, de 19 de noviembre, por el que se aprueba el Reglamento de la Ley Orgánica 4/2000, de 11 de enero, sobre derechos y libertades de los extranjeros en España y su integración social[15] (ReLOEX) que favorece la inmigración en materia de arraigo y visados sino que además ha firmado varios acuerdos bilaterales con

---

expulsados sumariamente a Marruecos por las autoridades españolas, sin la oportunidad de explicar su situación ni de solicitar asilo.

14 Por ello, es crucial que los países desarrollen políticas de adaptación y mitigación para abordar los efectos del cambio climático y reducir las migraciones forzadas como concluyen Schade y Obergassel (2014) quienes sugieren que las políticas de adaptación deben ser integrales, desde la cooperación internacional y centradas en la comunidad, abordando las necesidades específicas de las poblaciones vulnerables contemporáneas con este nuevo perfil climático.

15 BOE núm. 280, de 20/11/2024.

Estados vecinos africanos [16] para gestionarla con Marruecos, Argelia y Senegal (Fernández-Huertas Moraga, 2011), si bien hay elementos que siguen quedando fuera como lo es el control en frontera, el cariz climático, el reparto de inmigrantes entre Comunidades Autónomas o fenómenos como la guerra de Sudán pues hace que estos nacionales hayan aumentado su porcentaje de migración respecto a la tendencia quinquenal.[17]

2. MARCO ACTUAL DESDE LAS PERSPECTIVAS JURISPRUDENCIALES Y ESTADÍSTICAS

Sobre el digesto jurisprudencial sobre migración hemos de adelantar que son aún escasos los pronunciamientos internacionales en donde la citada sentencia *NT y ND*, encontramos que la Gran Sala del TEDH falló en favor de los demandantes en 2017 si bien tras una revisión, en 2020, la Gran Sala cambió su decisión dando la razón a España (aunque con dos votos

16 Si ponemos la lupa en la región del Sahel encontramos que también enfrenta desafíos significativos debido a la combinación de conflictos y cambios climáticos en donde Black *et al.* (2011) sugieren que las políticas en el Sahel deben enfocarse en la resiliencia comunitaria y en abordar tanto los conflictos como los factores ambientales para reducir la migración forzada.

17 Hay controles del tercer sector que suponen mecanismos especiales de protección de estas lides como las organizaciones internacionales de cooperación y actividad humanitaria, como ACNUR y la OIM, que juegan con carácter especializado un papel crucial en la protección de los migrantes y refugiados. Según Zetter (2017), es esencial fortalecer la cooperación internacional y aumentar el apoyo a estas organizaciones para mejorar la respuesta global a las migraciones forzadas con especial atención a abordarlo desde el asilo (Ferri, 201).

particulares), concluyendo que no hubo violación del derecho a la tutela judicial del art. 13 CEDH ni del art. 4 (prohibición de expulsiones colectivas) del Protocolo nº 4 al Convenio para la protección de los Derechos Humanos y de las Libertades Fundamentales, reconociendo ciertos derechos y libertades, además de los que ya figuran en el Convenio y Protocolo Adicional al Convenio (Convenio nº 46 del Consejo de Europa), hecho en Estrasburgo el 16 de septiembre de 1963.

Lo cierto que los inmigrantes podrían haber utilizado pasos fronterizos oficiales y procedimientos legales para solicitar asilo, en lugar de intentar entrar ilegalmente a través de la violación de elementos de seguridad nacionales como lo es una valla fronteriza. En un análisis de proporcionalidad y contexto jurídico se justifica la reacción estatal por su escenario de crisis migratoria y las presiones sobre las fronteras exteriores de la UE, reconociendo el derecho de los Estados a controlar sus fronteras y a aplicar medidas de seguridad y vigilancia más contundentes.[18]

En dicha línea de los principales países de origen de inmigración africana hacia el sur de Europa no existe previsión dado

---

18 A pesar de ello, lo polémico de la sentencia propició un refuerzo de controles fronterizos lo cual ya era necesario además de revisar el marco legal para hacerlo más claro y accesible para la protección internacional (Bárbulo, 2020) además de que la sentencia sugiere que en circunstancias donde existen alternativas legales viables, tales expulsiones podrían ser compatibles con los derechos humanos. Martínez (2021) y García (2020) examinan además cómo la sentencia del *caso N.D. y N.T. contra España* influye en las políticas migratorias de la UE respaldando la salvaguarda de la delicada PESC y de las legislaciones nacionales en medidas frente a Fernández (2020) que destaca la importancia del principio de proporcionalidad en la sentencia por ser un contexto aislado, muy específico y correctamente aplicado por la Sala.

que el Reglamento 810/2009 del Parlamento Europeo y del Consejo de 13 de julio de 2009 por el que se establece un Código comunitario sobre visados, concretamente a su anexo IV.

En dicho anexo se listan los terceros países a cuyos nacionales se exige estar en posesión de un visado[19] hasta para un tránsito aeroportuario para pasar por la zona internacional de tránsito de los aeropuertos de los Estados Miembros, como excepción al principio de libre tránsito consagrado en el anexo

---

[19] En donde existen las siguientes modalidades comunes de visado comunitario: Directiva 2009/50/CE del Consejo de 25 de mayo de 2009, relativa a las condiciones de entrada y residencia de nacionales de terceros países para fines de empleo altamente cualificado (Directiva de la Tarjeta Azul); Directiva 2003/109/CE del Consejo de 25 de noviembre de 2003, relativa al estatuto de los nacionales de terceros países residentes de larga duración (para residentes de larga duración); Directiva 2014/36/UE del Parlamento Europeo y del Consejo de 26 de febrero de 2014, sobre las condiciones de entrada y estancia de nacionales de terceros países para fines de empleo como trabajadores temporeros (para temporeros); Directiva 2014/66/UE del Parlamento Europeo y del Consejo de 15 de mayo de 2014, relativa a las condiciones de entrada y residencia de nacionales de terceros países en el marco de traslados intraempresariales (traslados intraempresariales); Directiva 2016/801/UE del Parlamento Europeo y del Consejo de 11 de mayo de 2016, relativa a los requisitos de entrada y residencia de los nacionales de países terceros con fines de investigación, estudios, prácticas, voluntariado, programas de intercambio de alumnos o proyectos educativos y colocación *au pair* (para investigadores y estudiantes); y Directiva 2011/98/UE del Parlamento Europeo y del Consejo de 13 de diciembre de 2011, por la que se establece un procedimiento único de solicitud de un permiso único que autoriza a los nacionales de terceros países a residir y trabajar en el territorio de un Estado miembro y por la que se establece un conjunto común de derechos para los trabajadores de terceros países que residen legalmente en un Estado Miembro (sobre el permiso único).

9 del Convenio de Chicago sobre Aviación Civil Internacional solo se exige a Ghana, Nigeria, el Congo, Eritrea y Etiopía.

Parece ser por tanto una respuesta proteccionista de la magistratura europea dado que una década antes en el caso *Hirsi de Italia* por otro caso de *push-back* en vez de reconocer vulnerabilidad, refuerza a los Estados el derecho a solo aceptar a los inmigrantes que procedan de la vía regular, ordinaria y legal[20] ergo se estaría debilitando la tesis de que marcaban Piguet, Pécoud y Guchteneire (2011) de que "el nexo entre cambio climático y migración deben ir acompa-ñadas de renovados esfuerzos para combatir ante todo el contexto mismo que hace vulnerables a las personas" (p. 190).

A nivel comunitario ocurre exactamente lo mismo, podemos mencionar la *Sentencia Kadzoev* (C-357/09) del Tribunal de Justicia de la UE (TJUE), emitida el 30 de noviembre de 2009 donde se falló que la detención del checheno *Kadzoev* en Bulgaria debía considerarse ilegal al haber superado el período máximo permitido según el art. 15, apartados 4, 5 y 6 de la Directiva 2008/115/CE de Retorno. El TEDH examinó el caso posteriormente con la demanda no. 56437/07 y, tras deliberar, decidió declararlo inadmisible por haber sido zanjada la pretensión en el TJUE.

---

20 Los demandantes alegaron violaciones de varios artículos del Convenio Europeo de Derechos Humanos, incluyendo el art. 3 (prohibición de tortura y de tratos inhumanos o degradantes), el art. 4 del Protocolo 4 y otros, pero vuelve a quedar en discusión si puede enjuiciarse la laceración de derechos humanos ocurridas fuera del espacio europeo.

Con el *Asunto El Dridi*, (C-61/11 PPU), donde el TJUE se pronunció sobre la Directiva de Retorno de la UE de 2008[21] en relación a la compatibilidad entre las penas de privación de libertad respecto a inmigrantes irregulares decidió que los Estados miembros deben priorizar medidas que permitan el cumplimiento del retorno, como la detención administrativa limitada o la expulsión forzada por encima de las penas de privación de libertad común.

Por tanto, se ratifica el derecho comunitario en la protección de su espacio con las devoluciones de la misma forma que el *Asunto A.S.* (C-490/16) y *Jafari* (C-646/16) subrayan que el primer país de entrada es responsable del examen de la solicitud de asilo y aunque aquel primer país no era comunitario sí nos hace reflexionar sobre la presión judicial y administrativa que soportarán en general los estados periféricos de la UE y en específico los de la rivera mediterránea.[22]

Como vemos no hay mención expresa de tribunales internacionales sobre la migración con factor climático, pero a nivel nacional,

---

21 Disponible en: chrome-extension://efaidnbmnnnibpcajpcglclefindmkaj/https://www.boe.es/doue/2008/348/L00098-00107.pdf (consultado el 27/06/2024).

22 Esto es importante desde la óptica española al ser un país de paso pues solo el 30% de los inmigrantes irregulares deciden permanecer en España y es que el contar con el idioma francés e inglés y ante la apertura al refugiado en otros estados de norte de Europa, los salarios o la necesidad de empleados se hace atractivo el destino norte. Disponible en: https://migracionesclimaticas.org/documento/agenda-europea-de-migracion/ (consultado el 26/06/2024). Aunque esta sentencia ha influido en la interpretación y aplicación de la normativa de retorno en los Estados miembros de la UE promoviendo un enfoque menos punitivo (Slingenberg, 2011) se sigue trasladando una responsabilidad a los Estados miembros del sur dado que Italia o España van a ser siempre el primer país de contacto en la oleada migratoria africana.

aunque no europeo, destaca el *Asunto Ioane Teitiota* de Nueva Zelanda de 2015 sí enunció este como que no entraba dentro del Convenio de Ginebra de 1951 y, aunque se denegó la pretensión (el ciudadano de Kiribati alegaba sobrepoblación y aumento del nivel del mar como motivos de su migración) motivó una Comunicación al Comité de Derechos Humanos con el núm. 2728/2016.

En esa resolución sí se reconoció que el cambio climático y los desastres naturales pueden generar obligaciones internacionales de no devolución si representan un riesgo para la vida o la dignidad humana por lo que fue el primer reconocimiento internacional de que los efectos del cambio climático pueden ser una base válida para solicitar protección internacional.

Si esta es la realidad en tribunales, hemos de conocer la realidad estadística que motiva estos desplazamientos climáticos estudiados por la Organización Internacional para las Migraciones (OIM)[23], Eurostat[24] o ACNUR, entidades solventes para

---

23 Según la OIM, los flujos migratorios hacia España han mostrado variaciones significativas en los últimos años. En 2023, se registró un total de 41,435 llegadas de migrantes a las costas españolas, un aumento del 12% en comparación con 2022(OIM, 2023). La mayoría de estos migrantes provinieron de países del África subsahariana, especialmente Marruecos, Argelia, Guinea, y Malí. Disponible en: https://missingmigrants.iom.int/es/region/el-mediterraneo (consultado el 19 de junio de 2024).

24 Las estadísticas de Eurostat muestran que España recibió 116.528 solicitudes de asilo en 2023, un aumento del 10% respecto al año anterior. De estas solicitudes, aproximadamente el 35% fueron presentadas por nacionales de países africanos, con los mayores números provenientes de Marruecos, Argelia y Nigeria. Sin embargo, la tasa de aceptación de estas solicitudes sigue siendo baja, con solo el 25% de las solicitudes africanas aprobadas. Disponible en: https://ec.europa.eu/eurostat/statistics-explained/index.php?title=Migration_and_asylum (consultado el 19 de junio de 2024).

ofrecer una visión comprensiva de las tendencias y patrones migratorios recientes.

Estas nos demuestran que las principales rutas migratorias hacia España proceden del Mediterráneo Occidental y desde el Atlántico con travesías desde la costa oeste de África hacia Canarias y la costa andaluza en donde Eurostat 2023 señala que aproximadamente 23.023 migrantes utilizaron la ruta del Mediterráneo Occidental y que 18.412 optaron por la peligrosa travesía del Atlántico hacia las Islas Canarias (Eurostat, 2023) por lo que prácticamente tienen el mismo peso migratorio.

Sobre el perfil del migrante los datos de ACNUR indican que la mayoría son hombres jóvenes, pero también hay un número significativo de menores no acompañados (MENAS) pues en 2023, el 75% de los migrantes que llegaron a España eran hombres, el 15% mujeres, y el 10% menores de edad (ACNUR, 2023), siendo estos últimos los más vulnerables especialmente en la ruta hacia las Islas Canarias.[25]

Ante esta realidad estadística juega un papel primario el ordenamiento jurídico español con la Ley Orgánica 4/2000, de 11 de enero, sobre derechos y libertades de los extranjeros en España y su integración social (en adelante LOEX) a la cabeza, modificada

---

[25] Hablamos de preocupante porque según la OIM, más de 1.369 migrantes fallecieron o desaparecieron en el Mediterráneo y en las rutas del Atlántico en 2023 (OIM, 2023) con causa en naufragios. Aunque existen agencias especializadas dentro del área de los refugiados, como los de Palestina, acudimos a la central. Disponible en: https://www.acnur.org/es-es/tendencias-globales#:~:text=M%C3%A1s%20de%20117%2C3%20millones,fuerza%20a%20finales%20de%202023.&text=Esto%20representa%201%20de%20cada%2069%20personas%20en%20el%20mundo.&text=El%20n%C3%BAmero%20de%20personas%20desplazadas,en%20los%20%C3%BAltimos%2012%20a%C3%B1os. (consultado el 18 de junio de 2024).

varias veces para adaptarse a las cambiantes realidades migratorias[26] (González-Enríquez, 2018) auspiciadas por directivas comunitarias, junto con su ReLOEX anteriormente comentado y con los Programas de Retorno Voluntario y Reinserción financiados en parte por fondos europeos (Martínez, 2019).

En el caso español, según el Instituto Nacional de Estadística (en adelante, INE) en 2023[27], se registró un saldo migratorio positivo de 642.296 personas, lo que indica que este número de inmigrantes ingresó al país de manera regular, superando las salidas, siendo 62.054 las llegadas irregulares, acercándose al récord de 64.298 personas en 2018.

En el caso de Italia según datos de la ONU[28], en 2020 residían en Italia aproximadamente 6.386.998 inmigrantes, representando el 10,78% de la población total del país, siendo 123.863 irregulares, triplicando las cifras de 2021 y en el caso griego recordemos que, en 2015, experimentó un aumento significativo en las llegadas de migrantes y refugiados por mar, superando el medio millón de personas.

Si cruzamos los datos con países del centro o sur de Europa observamos como por ejemplo Noruega cuenta con aproximadamente 852.238 inmigrantes (15,81% de la población total)

---

26 BOE núm. 10, de 12/01/2000. Una normativa peculiarmente dura en lo que a régimen sancionador se refiere dado que aplica multas incluso a nacionales que torticeramente empleen irregularmente a inmigrantes no regularizados con objetos de explotación.

27 Disponible en: https://www.ine.es/dyngs/INEbase/es/operacion.htm?c=Estadistica_C&cid=1254736177098&menu=ultiDatos&idp=1254735573002 (consultado el 2/02/2025).

28 Disponible en: https://datosmacro.expansion.com/demografia/migracion/inmigracion/italia?utm_source=chatgpt.com (consultado el 01/01/2025).

pero de origen polaco, sueco y lituano,[29] Alemania alberga aproximadamente el 25,9% de la población extranjera total de la UE, siendo el país con la mayor cantidad de individuos de otros países en la UE con 886.000)[30] o Suecia que posee 2.003.908 inmigrantes, lo que equivale al 19,31% de su población total de procedencia finlandesa y Siria principalmente.[31]

Así, se extrae la gran diferencia entre cifras dado que solo Grecia puede recibir en un año la población migrante total que alberga Noruega de forma permanente o Suecia que posee un tercio de la población migrante que tiene Italia sin contar con el gran factor del origen de los migrantes en donde en el sur de Europa tienen el cariz de ser migrantes laborales o refugiados.

En definitiva, la lupa de los retos ha de incardinarse en este nuevo marco que ejerce su presión sobre unos Estados miembros sureuropeos dado que la competencia aduanera y de fronteras es exclusiva de la UE dado que el Pacto de Migración y Asilo de 2020 para operar en origen en terceros países[32] se hace insuficiente (Carrera, 2020) y requiere de medidas legislativas que den respuesta integradora a la Decisión del Comité

---

29 Disponible en: https://datosmacro.expansion.com/demografia/migracion/inmigracion/noruega?utm_source=chatgpt.com (consultado el 01/01/2025).

30 Disponible en: https://es.statista.com/estadisticas/635547/porcentaje-de-poblacion-extranjera-en-los-estados-miembros-de-la-union-europea/?utm_source=chatgpt.com (consultado el 01/01/2025).

31 Disponible en: https://datosmacro.expansion.com/demografia/migracion/inmigracion/suecia?utm_source=chatgpt.com (consultado el 01/01/2025).

32 La UE ha firmado numerosos acuerdos de cooperación con países africanos para gestionar la migración. Estos acuerdos incluyen asistencia financiera para el desarrollo, apoyo a la gestión de fronteras y mecanismos de readmisión. Ejemplos destacados son los acuerdos con Marruecos, Níger y Libia.

de Derechos Humanos que ratifica que el factor climático es una razón para conceder asilo y que conjugado junto con la ola migratoria puede encarnar un colapso judicial de magnitudes desconocidas.[33]

3. INFLUENCIA DE LOS ÚLTIMOS SUCESOS MIGRATORIOS EN EL ABORDAJE LEGAL

Como vienen señalando las anuales COP[34] del medio ambiente, existen adversidades de calentamiento que afectan con mayor hostigamiento a los países del hemisferio sur, lo que motiva el blindaje de garantizar flujos seguros protegidos por instrumentos como los arts. 2, 13.2, 14, 15 de la DUDH, el 26 del PIDCP, el art. 3 de la Convención contra la Tortura y Otros Tratos o Penas Crueles, Inhumanos o Degradantes, el art. 14 de la Convención Internacional sobre la Protección de los Derechos de Todos los Trabajadores Migratorios y de sus Familiares o los mismos arts. 13 y 42 CE.

Si ya hemos expuesto la fuente legislativa y la jurisprudencial, podemos añadir que, en cuanto a la doctrina, esta es

---

33 A parte de estos foros, es la Agencia Europea de la Guardia de Fronteras y Costas *(Frontex)* la que desempeña un mayor servicio ante la inmigración irregular desde la prevención.

34 Disponible en: https://cop25.mma.gob.cl/que-es-la-cop/ (consultado el 23/06/2024). Hablábamos de las COP, en donde en la de 2023 se imprime por primera vez la responsabilidad de los Estados desarrollados en cuanto al compromiso de no obstaculizar la industrialización de Estados en dicha vía con la excusa climática, lo que se puede compensar con fondos económicos, algo que recupera los postulados de Shue, H. (2014) o Roberts, J. T., & Parks, B. C. (2006).

variada y dividida en cuanto a si hay influencia o no de la temperatura en ascenso, de la sequía y otros desastres climáticos en la inmigración; así autores como Myers (2002), McLeman y Smit (2006) ya ha manifestado que los eventos climáticos extremos ya son una constante y abogan por un reconocimiento legal de los migrantes climáticos.[35]

Existen algunas declaraciones ya en este sentido como lo refleja la Convención de Kampala de 2012 de la UA que reconoce explícitamente a las personas desplazadas internamente por desastres naturales (no cubre a quienes cruzan fronteras internacionales) o la Declaración de Cartagena de 1984 que amplía la definición de refugiado para incluir a quienes huyen de "circunstancias que han perturbado gravemente el orden público", lo que podría abarcar desastres climáticos en ciertos casos.

Pero estos enfoques son todos, como hemos podido ver, de hace décadas en donde los profesores eran visionarios pioneros de lo que se venía y que además se analizaba en clave sociopolítica, posteriormente le siguió un posicionamiento centrado ya hoy en derechos humanos como la de Kälin, W., & Schrepfer (2012) o McAdam (2012) argumentando que la migración climática debe ser gestionada dentro de un marco de derechos humanos.

Además, los defensores de esta postura argumentan que la libertad de movimiento es un derecho humano fundamental por consolidar por no ser explícitamente formulado como un derecho a la inmigración Carens (1987); pero se enfrenta a posicionamientos pro-soberanía y de mayor impermeabilización nacional (Walzer,1983).

---

35 *Contrario sensu,* otro bloque con profesores como Adger (2006) o Piguet, E., Pécoud, A., & de Guchteneire, P. (2011) sostienen que esta inmigración climática es meramente anecdótica debido a la generación de resiliencias de adaptación por aquello de las perspectivas de adaptación y mitigación ante el cambio climático.

Si ubicamos en el estrecho de Gibraltar la atención del lector es oportuno rescatar la perspectiva de González Filiberti (2022) en base a sucesos como el salto masivo de la valla del 2021[36]:

> *"Se ha comprobado a partir del análisis desarrollado con respecto a la crisis migratoria de Ceuta y Melilla que es un fenómeno que a partir del año 2014 ha crecido de forma exponencial [...] Las olas migratorias que han llegado en los últimos años a las vallas que envuelven a las ciudades enclave españolas en África, representan un punto crítico en seguridad tanto para Madrid como para la misma comunidad europea dada la fragilidad y el coste que representan estas fronteras. La procedencia de estas personas ha variado con el tiempo, a principios de la década de 2010, los sirios conformaban el principal país de origen de las personas llegadas a Ceuta y Melilla. Sin embargo, esta tendencia ha cambiado y actualmente, son las personas de procedencia magrebí las que mayor llegada tienen a las ciudades"* (p.23).

Dicho lo cual, podríamos preguntarnos si la migración se ha convertido en una nueva forma de presionar o generar estrés migratorio a los Estados europeos dado que los servicios sociales, de rescate y los recursos humanos y materiales del área son limitados. Recordemos que tras la pandemia por el COVID-19 España rompe con su prudente política exterior de mantenerse al margen de las tensiones interestatales Marruecos-Argelia, en donde en primer lugar se baja los brazos a la hora de defender un referéndum en el Sahara Occidental como territorio descolonizado como resolvió la ONU en su Resolución 690 de 29 de abril de 1991[37] y seguidamente se dio paso a tensiones diplomáticas con desacreditaciones incluidas.

---

36 Disponible en: https://www.elmundo.es/internacional/2021/05/18/60a4014821efa0a8148b459d.html (consultado el 3/03/2024).

37 Disponible en: c hrome-extension://efaidnbmnnnibpcajpcglclefindmkaj/https://www.usc.es/export9/sites/webinstitucional/gl/institutos/ceso/descargas/S_RES_690_1991_Plan2_es.pdf (consultado el 23 de junio de 2024).

A continuación, se le da cobijo sanitario en España al líder del *Frente Polisario* durante un tratamiento en donde se crea un conflicto diplomático con Marruecos[38] dado que este país pretende la ocupación y anexión del Sahara para, posteriormente conceder las pretensiones que Marruecos pretendía, algo que nos enfrentó a Argelia, enemistado histórico con Marruecos y aliado fiel del *Frente Polisario*, por lo que España pone en grave riesgo el abastecimiento del gasoducto que transcurre desde Argelia, por Marruecos, hacia España y el resto de Europa; lo que supuso una tentativa de desabastecimiento gasístico dado que el *Nordstream 2* que venía desde Rusia se anuló como sanción internacional por la invasión de Ucrania, aliada de la UE.[39]

Por tanto, podríamos preguntarnos si los derechos humanos de los migrantes son considerados atendiendo a la ubicación del inmigrante, lo cual tendría una solución si se instalasen consulados administrativos por parte de los Estados Miembros en los Estados Africanos donde aún no existen, algo que reduciría las vías ilegales de migración y favorecerían un cauce cercano y ordenado. En este sentido, si hoy la emisión de resoluciones sobre

---

38 Disponible en: https://elpais.com/espana/2021-04-23/el-lider-del-frente-polisario-hospitalizado-en-espana.html (consultado el 24 de junio de 2024).

39 Este asunto no es baladí, y es que no se han realizado por parte de estos Estados represalias comunes, no se usa la retirada de diplomáticos, su mera desacreditación, desplantes ante el gobierno español al no acudir a reuniones institucionales el Rey Mohamed VI, ni meras manifestaciones de disconformidad por escrito, sino que se rompe el acuerdo hispano-marroquí de protección de fronteras y entra un numero exacerbado de inmigrantes en Ceuta, los cuales lanzaban cuan horda como un nuevo método proyectil de presión dado el colapso de la pequeña ciudad ante tal crecimiento imprevisto de transeúntes, hecho inaudito en las relaciones hispano-marroquíes ni en otro escenario de estudio de las relaciones internacionales.

asilo y refugio tardan de media en la UE más de 100 días[40] o si se evidencia el colapso en la Oficina de Asilo y Refugio[41] podríamos preguntarnos también si esa entrada ilegal obedece a la falta de eficiencia de estos medios.

Así, la expuesta situación migratoria ha motivado recientemente el citado nuevo ReLOEX que reduce plazos y favorece integración de inmigrantes irregulares desde el arraigo o la actualización de la Orden Gecco[42] para 2025 que favorecerá cauces contractuales para los inmigrantes pero se prevé que la próxima reforma se centre no ya en la presión migratoria sobre los Estados del sur de Europa, sino siendo más certeros, en las regiones

---

40 Llegando la tardanza a producir tráfico en las citas telefónicas previas en España donde el diario *El País* lo tituló como "*Mercado negro de citas*". Disponible en: https://elpais.com/economia/2023-03-20/el-mercado-negro-de-las-citas-se-extiende-por-la-administracion.html (consultado el 27/06/2024).

41 Como indica Carmelo Jordá: "Según datos recogidos por Migraempleo, dedicada a ayudar a los inmigrantes a regularizar su situación y encontrar trabajo en nuestro país, las llamadas se acumulan y no logran ni siquiera que alguien descuelgue el teléfono al otro lado: tal y como nos comentan sus responsables a partid de los datos que han recogido de sus clientes de 1.200 personas que han llamado para obtener su cita sólo dos lo han logrado "El trámite es sencillo, hay facilidades de traducción, pero hay un momento que bien por los servidores bien por la capacidad de la página o la secuenciación administrativa que empuja a realizar presencialmente o telefónicamente la labor. Disponible en: https://sede.administracionespublicas.gob.es/pagina/index/directorio/icpplus (consultado el 27/07/2024). También Libertad Digital, medio conservador, se hizo eco de la ineficiencia del servicio con cifras o con datos. Disponible en: https://www.libertaddigital.com/espana/2023-04-27/interior-hace-imposible-conseguir-una-cita-para-pedir-asilo-de-1200-personas-solo-lo-han-logrado-dos-7008620/ (consultado el 1 de junio de 2024).

42 Orden ISM/1488/2024, de 27 de diciembre, por la que se regula la gestión colectiva de contrataciones en origen para 2025. BOE núm. 313, de 28 de diciembre de 2024.

del sur de España a través de una nueva LOEX dado que la falta de reparto equitativo, por ejemplo de MENAS, supone un enorme desequilibrio con otras Comunidades Autónomas a la hora de afrontar la recepción masiva de estos nuevos flujos.

Y es que la legislación actual no contempla la migración forzada por causas ambientales o climáticas como invita a hacer el Comité de Derechos Humanos, lo cual contradice postulados a pesar de las muchas reformas que se vienen observando para ir resolviendo contradicciones amparadas en esta nueva realidad.

Así, observamos otro cambio nacido a la luz de esta actualidad –como el propio Consejo de Ministros reconoce[43]– con una de las más claras contradicciones abordadas es que la LOEX establece que los inmigrantes deben acreditar un contrato de trabajo para regularizar su situación si se van a acoger a dicho modelo de visado, pero muchas veces esta exigencia resulta imposible para quienes ya están en situación irregular o dentro de España y no lo han solicitado *a priori* desde su Estado de origen.

Esto ha ido generando un círculo vicioso que fuerza a muchas personas a trabajar en la economía sumergida, perpetuando su situación de vulnerabilidad solo atajada con "amnistías inmigratorias" de regularización masiva como la que ha producido la última reforma del ReLOEX con un promedio de 900.000 inmigrantes[44] que no tendrán que abandonar territorio español para tramitar la residencia de larga duración después de haber tenido una residencia temporal; o que podrán acogerse a la figura del arraigo familiar.

---

43 Disponible en: https://www.inclusion.gob.es/w/el-gobierno-aprueba-un-nuevo-reglamento-de-extranjeria-para-mejorar-la-integracion-de-las-personas-migrantes-a-traves-de-tres-palancas-trabajo-formacion-y-familia (consultado el 01/01/2025).

44 Disponible en: https://www.bbc.com/mundo/articles/c99rl8dx2pdo (consultado el 01/01/2025).

Otra contradicción normativa es que los MENA´s tienen derechos reconocidos por la Convención sobre los Derechos del Niño de 1989, pero en España, enfrentan desprotección al cumplir la mayoría de edad, quedando en situación irregular pues muchos pierden el derecho a la residencia si no cumplen con requisitos imposibles, como demostrar ingresos estables.

Una de las inobservancias de la realidad actual frente a la normativa es cómo se va esta alejando de la garantía del fomento cultural y de un derecho cultural propio como filtro de integración y salvaguarda de identidad, idiosincrasia, costumbre y tradición nacional (párrafo cuarto del preámbulo y art. 46 CE) a tenor de que según fuentes del INE más del 8% de los ciudadanos españoles corresponden a otra cultura y más del 10% de los natalicios también[45] donde solo quedan las preferencias pro inmigración iberoamericana respecto a España en el Código Civil en línea con la CE al momento de establecer los plazos necesarios en la solicitud de nacionalidad por residencia.

En el caso de Italia, sin embargo, se ha tomado una política de contención muy coercitiva endureciendo las penas por delitos derivados de la inmigración irregular –con penas de 10 a 30 años de privación de libertad– o facilitando las expulsiones con el nuevo Decreto-Ley de Inmigración 2023[46] *in materia di flussi di ingresso legale dei lavoratori stranieri e di prevenzione e contrasto*

---

45 Disponible en: https://www.ine.es/dyngs/Prensa/ECP1T24.htm#:~:text=Esta%20poblaci%C3%B3n%20%C2%BFde%208.915.831,trimestre%2C%20hasta%206.581.028. (consultado el 27/01/2025).

46 (23G00030) (GU Serie Generale n.59 del 10-03-2023) disponible en: https://www.gazzettaufficiale.it/atto/serie_generale/caricaDettaglioAtto/originario?atto.dataPubblicazioneGazzetta=2023-03-10&atto.codiceRedazionale=23G00030&elenco30giorni=true (consultado el 01/01/2025).

all'immigrazione irregolare aunque por otro lado Los cupos de extranjeros que se admitirán en Italia por trabajo subordinado se fijarán ya no solo para un año, sino para un periodo de tres años (2023-2025) por lo que lo que hace es fomentar la canalización de las solicitudes de entrada por la vía regular.

Sin perjuicio de los acuerdos con Albania para el centro de retención de inmigrantes[47] y aliviar la presión en la red italiana de procesado de inmigración, con el Decreto de 7 de mayo de 2024 con la lista *dei Paesi di origine sicuri prevista dall'articolo 2-bis del decreto legislativo 28 gennaio 2008, n. 25.*[48] *Disposizioni urgenti in materia di procedure per il riconoscimento della protezione internazionale*[49] se amplía la lista de países de origen de inmigrantes que se consideran seguros para así poder realizar su expulsión o deportación a origen y así salvar la sentencia del Tribunal de Justicia de 4 de octubre de 2024, por el art. 2 bis al eliminar la referencia a la posibilidad de designar un país de origen seguro con excepción de partes del territorio, quedando únicamente la referencia a "categorías de personas".

4. CONCLUSIONES

Expuestas sintéticamente las principales respuestas del sistema europeo y nacional al actual fenómeno migratorio podemos concluir:

Primero.- Estadísticamente se expone una alta tensión migratoria en las redes de recepción de inmigración que soportan los Estados del sur de Europa tanto en términos cuantitativos

---

47 Disponible en: https://efe.com/mundo/2024-10-21/italia-decreto-centros-inmigrantes-albania/ (consultado el 02/01/2025).

48 (24A02369) (GU Serie Generale n.105 del 07-05-2024)

49 (24G00177) (GU Serie Generale n.249 del 23-10-2024)

como en cuanto al perfil del inmigrante y respecto a la irregularidad sumado a la serie de acontecimientos recientes que acrecientan las llegadas anuales para lo que existe un aparataje instrumental y estructural considerable pero muy heterogéneo en materia de migración y derechos humanos (convenciones, directivas, grupos de trabajo, relatorías, comisiones, ombudsman, denuncias ante comités, etc) que aborda la nueva realidad migratoria. Esto es así, pero, no obstante, se observa que luego no tiene su correspondiente reflejo en la normativa vinculante ni en la jurisprudencia europea o comunitaria en reconocer la figura del refugiado climático o abordarlo legislativamente.

Segundo.- Los nuevos ordenamientos y la jurisprudencia estudiada demuestran que las migraciones desde África a España son un fenómeno multifacético estructural, histórico e influenciado por factores económicos, sociales y ambientales por su posición geoestratégica hoy donde el calentamiento global está emergiendo como un factor muy significativo que exacerba las condiciones de vida y contribuye a las migraciones forzadas en donde el Estado de tránsito cumple un papel, en nuestra opinión, más importante que el de destino y que sin embargo no tiene el suficiente poder de abordar la llegada masiva de inmigrantes ni existe una respuesta comunitaria certera como tampoco para Italia, existiendo una gran heterogeneidad en cómo se enfrenta desde la soberanía de cada Estado y generando una desigualdad por no considerarse las necesidades que estas zonas requieren con una respuesta unánime de carácter comunitario.

Referencias bibliográficas

ACNUR. (2020). *Informe sobre la crisis migratoria en el Mediterráneo.* https://www.acnur.org/es-es/noticias/comunicados-de-prensa/nuevo-informe-de-acnur-oim-mmc-desvela-aciagos-horrores

Adger, W. N. (2006). Vulnerability. *Global Environmental Change, 16*(3), 268–281. https://www.scirp.org/reference/referencespapers?referenceid=1507442

Bárbulo, J. (2020). La sentencia del Tribunal Europeo de Derechos Humanos en el caso N.D. y N.T. contra España: Una reflexión sobre las expulsiones sumarias y el derecho a un recurso efectivo. *Revista de Derecho Comunitario Europeo, 24*(68), 353–376. https://www.mjusticia.gob.es/es/AreaInternacional/TribunalEuropeo/Documents/Sentencia%20de%20Gran%20Sala%20en%20N.D.%20y%20N.T.%20v.%20Espa%C3%B1a.pdf

Barros, L., Lahlou, M., Escoffier, C., Pumares, P., & Ruspini, P. (2002). *La inmigración irregular subsahariana a través y hacia Marruecos.* Organización Internacional del Trabajo. https://www.researchgate.net/publication/242451547

Bellver Capella, V. (1996). El movimiento por la justicia ambiental: Entre ecologismo y los derechos humanos. *Anuario de Filosofía del Derecho, 13,* 327–347. https://revistas.mjusticia.gob.es/index.php/AFD/article/view/1596/1596

Bellver Capella, V. (2024). Justicia climática, una utopía imposible pero necesaria. En L. Aparicio Chofré (Coord.), *Del desarrollo humano sostenible a la justicia climática* (pp. 126–180). Tirant lo Blanch.

Bermúdez-Tamayo, C., García Mochón, L., Ruiz Azarola, A., & Lacasaña, M. (2023). Cambio climático y enfermedades transmitidas por vectores: Convertir el conocimiento en acción. *Gaceta Sanitaria, 37,* 1–4. https://www.sciencedirect.com/science/article/pii/S0213911122001674

Betts, A. (2013). *Survival Migration: Failed Governance and the Crisis of Displacement.* Cornell University Press. https://www.jstor.org/stable/10.7591/j.ctt32b5cd

Biermann, F., & Boas, I. (2010). Preparing for a warmer world: Towards a global governance system to protect climate refugees. *Global Environmental Politics, 10*(1), 60–88. https://direct.mit.edu/glep/article/10/1/60/14455

Bulanikian, G. M., & Boco, A. N. R. (2022). Abriendo el debate sobre los discursos ecológicos para la descolonización de la transición energética. *Encrucijadas: Revista Crítica de Ciencias Sociales, 22*(1), 1–32. https://dialnet.unirioja.es/servlet/articulo?codigo=8556748

Carens, J. H. (1987). Aliens and citizens: The case for open borders. *The Review of Politics, 49*(2), 251–273. https://www.jstor.org/stable/1407506

Carrera, S. (2020). *The EU Pact on Migration and Asylum in light of the United Nations Global Compact on Refugees.* CEPS. https://op.europa.eu/en/publication-detail/-/publication/d57fbff0-a312-11eb-9585-01aa75ed71a1/language-en

Casillas, R. (2020). Migración internacional y cambio climático: Conexiones y desconexiones entre México y Centroamérica. *URVIO: Revista Latinoamericana de Estudios de Seguridad, 26*, 73–92. https://revistas.flacsoandes.edu.ec/urvio/article/view/4038

Cassarino, J. P. (2018). Beyond the criminalisation of migration: A non-western perspective. *European Journal of Migration and Law, 20*(1), 121–142. https://www.researchgate.net/publication/329574522

Colom Jaén, A., & Bidarratzaga Aurre, E. (2022). COP27: ¿Hacia la justicia climática para África? *The Conversation*, 1–5. https://diposit.ub.edu/dspace/handle/2445/190980

Colom Naval, J., Fernández de Soto Blass, M. L., Sotelo Navalpotro, J., Acierno, S., Palanco, J. M. A., Luzárraga, F. A., & Beneyto, J. V. (2005). *Exégesis conjunta de los Tratados vigentes y Constitucional Europeos.* https://dialnet.unirioja.es/servlet/libro?codigo=302053

De Armenteras Cabot, M. (2021). La acción global por el clima y la importancia de los jóvenes en el movimiento por la justicia climática. *Oxímora. Revista Internacional de Ética y Política, 18*, 153–169. https://revistes.ub.edu/index.php/oximora/article/view/32722

De Lucas, J. (2002). La herida original de las políticas de inmigración: A propósito del lugar de los derechos humanos en las políticas de inmigración. *Isegoría, 26*, 59–84. https://isegoria.revistas.csic.es/index.php/isegoria/article/view/571

De Romero, J. G., Menéndez, F. G. M., & Chica, T. K. M. (2019). Migración: Como fenómeno social vulnerable y salvaguarda de los derechos humanos. *Revista de Ciencias Sociales, 25*(1), 281–294. https://www.redalyc.org/journal/280/28065583018/28065583018.pdf

De Soto Blass, M. L. F. (1997). *Utopía y realidad de la condición de ciudadano en la Unión Europea* (Tesis doctoral, Universidad CEU San Pablo). https://www.cervantesvirtual.com/descargaPdf/utopia-y-realidad-de-la-condicion-de-ciudadano-en-la-union-europea—0/

Del Valle Gálvez, J. A. (2020). Inmigración, derechos humanos y modelo europeo de fronteras: Propuestas conceptuales sobre extraterritorialidad, desterritorialidad y externalización de controles y flujos migratorios. *Revista de Estudios Jurídicos y Criminológicos, 2*, 145–210. https://revistas.uca.es/index.php/rejucrim/article/view/6877

Egea Jiménez, C., & Suescún, J. I. (2011). Los desplazados ambientales, más allá del cambio climático: Un debate abierto. *Cuadernos Geográficos, 49*, 201–215. https://www.redalyc.org/pdf/171/17122051008.pdf

Embid Irujo, A. (2020). El derecho del cambio climático: Reflexiones generales. En S. Salinas Alcega (Dir.), *La lucha contra el cambio climático: Una aproximación desde la perspectiva del derecho.* Tirant lo Blanch.

Erazo, J. P. S. (2018). Migración por cambio climático en Colombia: Entre los refugiados medioambientales y los migrantes económicos. *Jurídicas, 15*(2), 53–69. https://www.researchgate.net/publication/329655520

Estévez, A. (2016). ¿Derechos humanos o ciudadanía universal? Aproximación al debate de derechos en la migración. *Revista Mexicana de Sociología, 78*(1), 61–87. https://www.scielo.org.mx/scielo.php?pid=S0188-25032016000100061&script=sci_abstract

Fernández, L. (2020). La proporcionalidad en las expulsiones de inmigrantes irregulares: Comentario al caso N.D. y N.T. contra España. *Derecho Internacional y Derechos Humanos, 15*(2), 217–239. https://www.mjusticia.gob.es/es/AreaInternacional/TribunalEuropeo/Documents/Sentencia%20de%20Gran%20Sala%20en%20N.D.%20y%20N.T.%20v.%20Espa%C3%B1a.pdf

Ferrer-Gallardo, X. (2020). Borders, migration, and class in an age of crisis: Producing and contesting borders in Southern Europe. *Journal of Ethnic and Migration Studies, 46*(8), 1475–1489. https://bristoluniversitypress.co.uk/borders-migration-and-class-in-an-age-of-crisis

Flesler, D. (2001). De la inmigración marroquí a la invasión mora: Discursos pasados y presentes del (des)encuentro entre España y Marruecos. *Arizona Journal of Hispanic Cultural Studies,* 73–88. https://dialnet.unirioja.es/servlet/articulo?codigo=2577559

García, B. L. (2004). La evolución de la inmigración marroquí en España (1991–2003). En *Atlas de la inmigración marroquí en España* (pp. 213–221). https://www.academia.edu/2285972

García, M. (2020). Políticas migratorias y derechos humanos en la Unión Europea: El impacto del caso N.D. y N.T. contra España. *Anuario de Derecho Europeo, 28*(1), 99–123. https://teoriayderecho.tirant.com/index.php/teoria-y-derecho/article/view/521/516

Gemenne, F. (2015). Una buena razón para hablar de los «refugiados climáticos». *Revista Migraciones Forzadas, 49,* 70–71. https://rua.ua.es/dspace/handle/10045/47652

González-Enríquez, C. (2018). The Spanish exception: Unemployment, inequality, and immigration. *Mediterranean Politics, 23*(1), 87–107. https://www.realinstitutoelcano.org/en/work-document/the-spanish-exception-unemployment-inequality-and-immigration-but-no-right-wing-populist-parties/

González-Filiberti, B. A. (2022). Crisis migratoria de Ceuta y Melilla: Relaciones entre España-Marruecos para el control migratorio y la influencia securitista de la Unión Europea durante el periodo 2014–2021. *Universidad Siglo 21.* https://repositorio.21.edu.ar/handle/ues21/25604

Gzesh, S. (2008). Una redefinición de la migración forzosa con base en los derechos humanos. *Migración y Desarrollo, 10,* 97–126. http://www.scielo.org.mx/scielo.php?script=sci_arttext&pid=S1870-75992008000100005

Iglesias Márquez, D. (2020). Empresas, derechos humanos y el régimen internacional del cambio climático: La configuración de las obligaciones climáticas para las empresas. *Anuario Mexicano de Derecho Internacional, 20,* 85–134. https://www.scielo.org.mx/pdf/amdi/v20/1870-4654-amdi-20-85.pdf

IPCC. (2022). *Cambio climático 2022: Mitigación del cambio climático. Contribución del Grupo de trabajo III al sexto informe de evaluación del Grupo Intergubernamental de Expertos sobre el Cambio Climático.* Cambridge University Press. https://www.researchgate.net/publication/367179816

Jeandesboz, J. (2017). Securitization of migration in Europe: Frontex and its evolving security practices. *Journal of Ethnic and Migration Studies, 43*(5), 793–810.

Kälin, W., & Schrepfer, N. (2012). *Protecting people crossing borders in the context of climate change: Normative gaps and possible approaches.* UNHCR. https://www.researchgate.net/publication/347738069

Kofi Annan. (2006). Un concepto más amplio de la libertad: Desarrollo, seguridad y derechos humanos. *Informe del Secretario General de Naciones Unidas,* 285–310.

Leff, E. (2010). Imaginarios sociales y sustentabilidad. *Cultura y Representaciones Sociales, 5*(9), 42–121. https://www.scielo.org.mx/pdf/crs/v5n9/v5n9a2.pdf

Lijphart, A. (2012). *Modelos de democracia: Formas de gobierno y resultados en 36 países* (1.ª ed.). Ariel.

Llanos Mansilla, H. (2019). El cambio climático y sus efectos en determinados derechos humanos. *Anuario Hispano-Luso-Americano de Derecho Internacional, 24,* 237–245. https://dialnet.unirioja.es/servlet/articulo?codigo=7222266

Lucena Cid, I. V. (2019). Las nuevas tecnologías y su impacto en los derechos humanos: Hacia un nuevo enfoque. *Cuadernos Electrónicos de Filosofía del Derecho, 40,* 128–146.

Marchal González, A. N. (2023). La necesidad de un nuevo tipo delictivo: La desinformación como una amenaza para el orden público. *Boletín Criminológico, 29.*

Martínez, J. (2019). Return migration, reintegration and diaspora engagement in North Africa. *International Migration, 57*(4), 111–125. https://www.oecd.org/en/publications/return-reintegration-and-remigration_625fb5e6-en.html

Martínez, R. (2021). La responsabilidad de los migrantes en el uso de vías legales: Una lectura crítica del caso N.D. y N.T. contra España. *Revista de Estudios Migratorios, 12*(3), 445–470. https://dialnet.unirioja.es/descarga/articulo/7677445.pdf

McAdam, J. (2012). *Climate change, forced migration, and international law.* Oxford University Press. https://academic.oup.com/book/7411

McLeman, R., & Smit, B. (2006). Migration as an adaptation to climate change. *Climatic Change, 76,* 31–53. https://link.springer.com/article/10.1007/s10584-005-9000-7

Miranda, R. (2023). Luchando por el futuro: Derechos humanos, medio ambiente y la agenda contra el cambio climático. En E. Olejnic (Ed.), *Tratado de las políticas públicas para la efectivización del derecho fundamental al medio ambiente* (pp. 25–48). https://accedacris.ulpgc.es/handle/10553/127657

Mora Paniagua, C., & Calle Valladares, I. (2021). El Acuerdo de Escazú y la Agenda 2030 como eje fundamental de la reactivación económica nacional en el caso peruano. En L. Muñoz Ávila, A. Bárcena & V. Torres (Eds.), *El Acuerdo de Escazú sobre democracia ambiental y su relación con la Agenda 2030 para el Desarrollo Sostenible* (pp. 23–42). Universidad del Rosario. https://dialnet.unirioja.es/servlet/articulo?codigo=8847926

Moreno Molina, Á. M. (2023). *El Derecho del Cambio Climático: Retos, instrumentos y litigios.* Tirant lo Blanch.

Myers, N. (2002). Environmental refugees: A growing phenomenon of the 21st century. *Philosophical Transactions of the Royal Society B: Biological Sciences, 357*(1420), 609–613. https://pmc.ncbi.nlm.nih.gov/articles/PMC1692964/

Nebrera, M. (2004). La reforma como garantía de la Constitución en el Estado de Derecho. *Derecho & Sociedad, 22,* 149–161.

Olcina Cantos, J. (2021). Cambio climático: Una evidencia científica. En J. Romero González & J. Olcina Cantos (Eds.), *Cambio climático en el Mediterráneo: Procesos, riesgos y políticas* (pp. 19–46). Tirant lo Blanch.

Ortiz-Paniagua, C. F., & Pérez, B. I. F. (2017). Migración, deterioro ambiental y cambio climático: Hacia un modelo bajo la perspectiva del análisis regional. *Acta Universitaria, 27*, 46–58. https://www.redalyc.org/pdf/416/41654513005.pdf

Pasquali, L. (2011). ¿La pena de prisión para inmigrantes irregulares perjudica la política de retorno de la unión? *Revista de Derecho Comunitario Europeo, 39*, 541–558. https://dialnet.unirioja.es/ejemplar/291990

Perdomo Vielma, J. L. (2022). Los derechos de las generaciones futuras desde la perspectiva del bienestar sustentable como mecanismo de justicia y acción por el futuro. *Cadernos de Dereito Actual, 18*, 107–156.

Pereira, A. (2019). El nexo entre migración, seguridad y derechos humanos en la política migratoria de Argentina (1990–2015). *Desafíos, 31*(1), 273–309. https://revistas.urosario.edu.co/index.php/desafios/article/view/6031/6823

Piguet, E., Pécoud, A., & de Guchteneire, P. (2011). Migration and climate change: An overview. En E. Piguet, A. Pécoud & P. de Guchteneire (Eds.), *Migration and climate change* (pp. 1–33). Cambridge University Press. https://environmentalmigration.iom.int/sites/g/files/tmzbdl1411/files/documents/2023-10/hdr006.pdf

Piguet, E., Pécoud, A., & de Guchteneire, P. (2011). Migración y cambio climático. *Migraciones, 30*, 161–196. https://revistas.comillas.edu/index.php/revistamigraciones/article/view/1032

Pont, A., Passera, M. A., & Castilla, K. (2022). Impactos de las nuevas tecnologías en los derechos humanos. *Institut de Drets Humans de Catalunya*, 72 páginas.

Ribera, S. J. A. (2016). La participación ciudadana en los procesos constituyentes. En *Memoria XII Congreso Iberoamericano de Derecho Constitucional: El diseño institucional del estado democrático* (pp. 137–157).

Roberts, J. T., & Parks, B. C. (2006). *A climate of injustice: Global inequality, North–South politics, and climate policy*. MIT Press. https://www.researchgate.net/publication/226602673_J_Timmons_Roberts_and_Bradley_C_Parks_A_Climate_of_Injustice_Global_Inequality_North-South_Politics_and_Climate_Policy

Rua, T. A. (2024). *Refugiados ambientales: Cambio climático y migración forzada*. Fondo Editorial de la PUCP. https://repositorio.pucp.edu.pe/index/handle/123456789/174250

Rubio Correa, M. (2010). *Los derechos fundamentales en la jurisprudencia del Tribunal Constitucional* (1.ª ed.). Fondo Editorial PUCP.

Saceda Montesinos, M. (2016). *Evolución de las migraciones entre Marruecos y España (1999–2014): La gestión migratoria en Ceuta ante la encrucijada de intereses UE–Marruecos.* Universidad Complutense de Madrid. https://eprints.ucm.es/38046/1/T37328.pdf

Santos, F. R. (2024). Una aproximación al sistema de fuentes del Derecho de la Unión Europea. *Unión Europea Aranzadi, 10.* https://portalinvestigacion.uniovi.es/documentos/6740d5e8d21bb866449f5b5f

Shue, H. (2014). *Climate justice: Vulnerability and protection.* Oxford University Press. https://philpapers.org/rec/SHUCJV

Torrecilla, E. R. (2002). Inmigración y derechos humanos: Retos y perspectivas. *Jueces para la Democracia, 44,* 54–66. https://dialnet.unirioja.es/descarga/articulo/264128.pdf

Walzer, M. (1983). *Spheres of justice: A defense of pluralism and equality.* Basic Books. https://philpapers.org/rec/WALSOJ-2

Zubrzycki, B., & Agnelli, S. (2009). Allá en África, en cada barrio por lo menos hay un senegalés que sale de viaje: La migración senegalesa en Buenos Aires. *Cuadernos de Antropología Social, 29,* 135–152. https://www.redalyc.org/pdf/1809/180913914008.pdf

Capítulo II. El cambio climático como crisis global: justicia climática y protección de los desplazados ambientales

RUBÉN MIRANDA GONÇALVES[1]
Universidad de Las Palmas de Gran Canaria

INTRODUCCIÓN

¿Es el cambio climático un reflejo de nuestras fallas éticas como sociedad? Me atrevo a afirmar que, ahora mismo, nos encontramos ante un problema de gran envergadura; un problema no solo por sus efectos en el medioambiente, sino también por la capacidad que tiene de descabalar los fundamentos éticos y jurídicos que sostienen nuestra sociedad. No todos somos conscientes de que el cambio climático no solo es un fenómeno físico, sino que más allá se encuentra una crisis multidimensional que, en mi opinión, pone en tela de juicio la relación que tenemos los seres humanos con la naturaleza, con otros seres humanos e incluso con nosotros mismos.

Desde inundaciones y sequías, hasta olas de calor o frío sin precedentes, sus consecuencias se manifiestan, cuanto menos, en violaciones sistemáticas de derechos humanos. Curiosamente, estas violaciones de derechos humanos afectan sobremanera a las regiones más pobres y vulnerables del planeta que, paradójicamente, bajo mi perspectiva, son las que menos responsabilidad tienen del deterioro ambiental. Por si no fuese suficiente, a ello

---

[1] Profesor Titular acreditado de Filosofía del Derecho

debe sumarse que no solo se destruyen medios de subsistencia, sino que también por culpa del cambio climático millones de personas se ven obligadas a desplazarse, se agrava la inseguridad alimentaria y se exacerban las desigualdades preexistentes.

Evidentemente, esto impacta también en los derechos humanos. Todos los años, millones de personas pierden sus tierras y medios de subsistencia y deben desplazarse en busca de refugio, enfrentándose, muchas veces, a un futuro un tanto incierto. De este modo, la situación se agrava todavía más al no contar con un marco jurídico internacional garantista y eficaz. Bajo los auspicios de una comunidad internacional que todavía no ha logrado consensuar una respuesta efectiva, hasta la fecha, la legislación vigente sigue sin reconocer a estos desplazados climáticos como refugiados, situación que, a mi juicio, les deja en un limbo jurídico y humanitario.

Desde tiempos inmemorables se ha observado a la naturaleza como fuente de explotación y de dominio, una costumbre marcada por el antropocentrismo que ha ido tratando al medioambiente como un recurso al servicio de todas nuestras necesidades. Cada vez son más frecuentes los movimientos sociales a favor del reconocimiento de derechos de la naturaleza o de los animales, especialmente en Latinoamérica, y que ya han reconocido a la naturaleza como sujeto de derechos. Basta con observar, por ejemplo, la Constitución de Ecuador o la Ley de la Madre Tierra en Bolivia. A mi modo de ver, todo esto nos sitúa en un cambio epistemológico un tanto radical: ¿puede concebirse un marco jurídico que atribuya a la naturaleza un estatus equivalente al de los seres humanos? Si la naturaleza tiene derechos, ¿quién debe representarla y decidir en su nombre? ¿Cómo impactaría este reconocimiento en cuestiones como la propiedad, la soberanía o la responsabilidad?

Indiscutiblemente, estos planteamientos no cuentan con una fácil respuesta ya que, en este caso, no sólo hablamos de la naturaleza, sino de las transformaciones que deja a su paso en las costumbres de una persona, su autonomía, libertad y seguridad personal, especialmente en aquellas poblaciones más vulnerables y que sufren todavía más las desigualdades que ya existen. Frente a esta situación, el derecho no puede permanecer inmóvil ni limitarse a proteger exclusivamente la dignidad humana sin considerar el entorno que la hace posible. Precisamente por ello, y en el marco que nos ocupa, se hace imprescindible repensar cómo queremos implementar la eficacia de los derechos porque, en este caso, la defensa de los derechos humanos implica, sin duda alguna, la protección del planeta en el que vivimos. Así pues, lo que queremos evidenciar es que no se trata de proteger un ecosistema concreto que está en peligro de extinción, sino de garantizar un futuro donde el individuo pueda desarrollar su vida de manera libre y plena.

La realidad, casi siempre, nos presenta una verdad que a menudo preferimos ignorar. Las consecuencias del uso irresponsable por nuestra parte de los recursos naturales muestran con más intensidad sus efectos adversos. De esta manera, ya no solo representan una amenaza lejana ni un problema del futuro, sino una crisis terrible que afecta a millones de personas y que, además, compromete el derecho a vivir en un mundo habitable. Por ello, quizás ha llegado el momento de reconocer que la protección del medio ambiente no es una causa ajena en la defensa de los derechos humanos; sobre todo, creo que ha llegado el momento de preguntarnos qué es lo que estamos dispuestos a hacer para, al menos, mitigar los efectos devastadores que lleva aparejada esta crisis.

1. LA HUELLA DEL CAMBIO CLIMÁTICO EN LOS DERECHOS HUMANOS

En el debate actual sobre el cambio climático y la crisis ambiental, no es extraño que en muchos sectores se imponga un discurso tecnocrático privilegiando el conocimiento científico y las soluciones diseñadas desde organismos internacionales. Evidentemente, estos enfoques pueden ser básicos para entender la magnitud del problema ante el que nos encontramos y nos permitirán implementar estrategias para mitigar los impactos. No obstante, cuando uno intenta limitar la respuesta a una perspectiva técnica, puede caer en la tentación de ignorar otros factores como la justicia social, la participación de las comunidades afectadas o la necesidad de una transformación ética a la hora de relacionarnos con la naturaleza.

A lo largo de la historia, las comunidades han desarrollado formas propias de relacionarse con la naturaleza, sustentadas en sus cosmovisiones, valores y modos de vida *sui generis*. Desde esta perspectiva, no solo se trata de entender cómo perciben el riesgo ecológico, sino de reconocer su capacidad para actuar como agentes de cambio. Estas comunidades, diferenciadas culturalmente en sus saberes y prácticas, han mantenido durante siglos una relación de respeto con el entorno natural. Aun así, con el paso del tiempo, sus conocimientos –fundamentales para la manutención de un medio ambiente equilibrado[2]– han sido sistemáticamente ignorados o sustituidos por modelos de desarrollo que, en la mayoría de las ocasiones, priorizan el crecimiento económico sobre la preservación del equilibrio natural. Así lo entiende Enrique Leff cuando reconoce que "fuera del contexto de los imaginarios generados por el discurso del desarrollo sostenible, de las teorías de la sustentabilidad, del pensamiento de la complejidad, de las ecosofías de diferente cuño y las "ciencias ambientales", se trata de acercarnos a los imaginarios de los pueblos, de comunidades

---

2 SICILIANO AIETA, Vânia; MIRANDA GONÇALVES, Rubén (2019). "Valores espirituais das comunidades tradicionais indígenas como patrimônio imaterial no Brasil", *Studi sui diritti emergenti*, Università degli Studi Mediterranea di Reggio Calabria, Reggio Calabria, p. 178.

diferenciadas culturalmente en sus ideologías, cosmovisiones e intereses, capaces de generar una disposición colectiva para comprender y actuar ante la crisis ambiental y el cambio climático"[3].

Desde esta perspectiva, existe una importante relación entre el cambio climático y los derechos humanos, cuestión que nos obliga a plantearnos que ya no podemos concebir a la naturaleza como un recurso permanente o inagotable. La humanidad entera se ha convertido en un agente transformador encargado de velar por la biodiversidad y por todas las vidas que se encuentran amenazadas por los efectos devastadores del cambio climático, problema que ya no es solo una cuestión ambiental, sino que se ha convertido en una gran crisis global que afecta a muchos derechos humanos y derechos fundamentales como pueden ser el derecho a la vida, salud, agua potable y saneamiento, derecho a la vivienda digna, entre otros[4]. Paradójicamente, en la mayoría de las ocasiones, mientras que los países más industrializados generan la mayor parte de las emisiones de gases de efecto invernadero, son los países menos desarrollados quienes sufren los desastres climáticos, así como también las poblaciones más vulnerables[5], en situación de pobreza o comunidades indígenas, aun no habiendo contribuido a esa crisis climática y que ven conculcados sus derechos humanos[6].

---

3 LEFF, Enrique (2010). "Imaginarios Sociales y Sustentabilidad", *Cultura y representaciones sociales*, v. 5, n. 9, p. 45.

4 LLANOS MANSILLA, Hugo (2019). "El cambio climático y sus efectos en determinados derechos humanos", *Anuario Hispano-Luso-Americano de derecho internacional*, n. 24, p. 241.

5 ZAMBRANO GONZÁLEZ, Karla (2023). "Crisis climática, mujeres y menores: entre la vulnerabilidad y la protección urgente de sus derechos. Miradas desde el continente europeo", *Relaciones Internacionales*, n. 53, p. 43.

6 ALANIZ PÉREZ, Wilfredo Abraham & GÓMEZ RODRÍGUEZ Juan Manuel. (2024). "Globalización y cambio climático: ¿un asunto de

El calentamiento global debe entenderse como un desequilibrio de un proceso natural conocido como el efecto invernadero. Este fenómeno es lo que permite que la Tierra tenga una temperatura habitable, ya que retiene parte del calor del Sol y nos permite vivir en ella. Sin embargo, son muchas y diferentes las razones por las que la Tierra ya no es capaz de absorber todo el dióxido de carbono (CO^2) que generamos, y el resultado es que hay un aumento de la temperatura. Hay quienes argumentan que, debido a la quema masiva de combustibles fósiles, la tala indiscriminada de bosques y una agricultura intensiva que librera grandes cantidades de gases a la atmósfera, hemos llevado al sistema ambiental a un punto crítico de saturación. Este calentamiento no es algo lejano ni abstracto; de hecho, se comprueba, sin ir más lejos, en cómo se está sufriendo el deshielo en el Ártico, en las olas de calor o de frío cada vez más extremas y en los cambios climáticos impredecibles que afectan a cultivos, ecosistemas y comunidades enteras[7].

Así las cosas, Pigrau Solé advierte que los Estados deben garantizar no solo la salvaguarda de los derechos, sino también prevenir e implementar medidas de apoyo frente a los efectos provocados por el cambio climático. Evidentemente, todo esto no debe considerarse únicamente como un deber ambiental, sino también como una responsabilidad ineludible en materia de derechos humanos, pues, no nos olvidemos, los Estados están supeditados a la obligación de "proteger los derechos

---

derechos humanos?", *Revista Científica de la Facultad de Derecho y Ciencias Sociales y Políticas – UNNE*, v. 3, n. 1, p. 6.

7 BULANIKIAN, Gisela Mariana & BOCO, Alicia Noemi Rita (2022). "Abriendo el debate sobre los discursos ecológicos para la descolonización de la transición energética", *Encrucijadas: Revista Crítica de Ciencias Sociales*, v. 22, n. 1 p. 7.

humanos, incluidos los de las generaciones futuras"[8]. Resulta significativo cómo la demanda a la protección del cambio climático ha generado un elevado número de litigios, reforzando la idea de que los Estados no pueden ignorar las implicaciones jurídicas del cambio climático.

Aunque ha habido avances en la regulación de las obligaciones ambientales de las empresas, no solo a nivel nacional sino también a nivel internacional, todavía existen ciertos vacíos o lagunas en cuanto a su aplicación y cumplimiento. En este sentido, algunos estudios muestran que ya hay empresas que tienen en cuenta la implementación de medidas para reducir el impacto sobre el medio ambiente. No obstante, subsisten serias dudas que llevan a pensar que estas medidas no se realizan por una verdadera concienciación hacia el medio ambiente; más bien, la sensación que nos queda es que se llevan a cabo para alcanzar un marco competitivo en la reducción de emisiones con el crecimiento económico[9]. Asimismo, hay posturas contrarias que no solo tergiversan el impacto real de estas actividades, sino que también se resisten a la implementación de políticas y acciones destinadas a la transición energética, tanto a nivel nacional como a nivel internacional, lo que dificulta la lucha contra la crisis climática[10].

---

8 PIGRAU i SOLÉ, Antoni (2022). "Cambio climático y responsabilidad internacional del Estado", *Anuario de la Facultad de Derecho de la Universidad Autónoma de Madrid*, n. 26, p. 59.

9 IGLESIAS MÁRQUEZ, Daniel (2020). "Empresas, derechos humanos y el régimen internacional del cambio climático: la configuración de las obligaciones climáticas para las empresas", *Anuario mexicano de Derecho Internacional*, v. XX, p. 91.

10 IGLESIAS MÁRQUEZ, Daniel (2020). "Empresas, derechos humanos y el régimen internacional del cambio climático: la configuración de las obligaciones climáticas para las empresas", cit., p. 91.

Precisamente, por esa falta de compromiso y, a su vez, la resistencia a la hora de adoptar medidas efectivas, han llevado a la comunidad internacional a implementar una serie de acuerdos globales cuya finalidad ha sido tratar de mitigar los efectos del cambio climático. A este respecto, un logro importante es el Acuerdo de París en el cual numerosos países han ratificado la importancia de considerar al cambio climático dentro de sus políticas. Con este Acuerdo, lo que se busca es promover un desarrollo sostenible que garantice el valor que representa la dignidad y el bienestar de las personas. Para alcanzar sus objetivos, los países firmantes han de proporcionar un plan de medidas que hayan sido implementadas para reducir, precisamente, todas esas emisiones y onde muestren cómo se han adaptado o se están adaptando a los efectos del cambio climático.

Desde esta perspectiva, la humanidad se enfrenta de forma irremisible a uno de los fuertes impactos que nos deja la globalización. Esto significa, sin muchos preámbulos, que, si bien el mundo ha experimentado un notable desarrollo tanto en la economía como en el avance de la tecnología, este crecimiento ha impactado significativamente en el medio ambiente. La demanda que exigen los nuevos modelos de economía de mercado lleva consigo una variable que, hasta hace poco, no era tenida en cuenta. Todo esto ha provocado un excesivo consumo de recursos naturales cuya explotación descontrolada ha contribuido, sin ninguna duda, al calentamiento global.

Las consecuencias de este fenómeno, en mi opinión, van más allá del daño ecológico. Sus efectos devastadores afectan tanto a la climatología como a los derechos humanos. Aquí es donde entra la polémica, pues el debate sobre el calentamiento global o el cambio climático derivado de la explotación de los recursos todavía no cuenta con un apoyo uniforme, pese a demostrarse el aumento de enfermedades graves transmitidas por vectores como puede ser el dengue, el zika o la malaria[11], y que guardan una relación estrecha con las alteraciones climáticas provocadas por la actividad humana.

Bajo esta premisa, el punto de partida es la cuestión sobre si el cambio climático cuenta con un impacto en la salud humana y en el deterioro de la vida de millones de personas. Más allá de ser una mera cuestión ambiental, no cabe duda que el cambio climático representa una amenaza directa para la calidad de vida y la dignidad humana. De esta manera, no es extraño que, para dar respuesta a esta cuestión, debamos centrarnos en la problemática que se relaciona. En este sentido, la escasez del agua y la imposibilidad de producción tanto agrícola como ganadera, ponen en jaque los ecosistemas, obligando a las poblaciones afectadas a desplazarse de manera forzada.

En base a este escenario, es imperativo plantearse el siguiente interrogante: ¿existe una relación entre la globalización y los efectos que impactan en los ecosistemas? Algunos autores, dando respuesta a esta pregunta, plantean que "para empezar a contestar y resolver este dilema, la ciencia y los organismos internacionales identifican que este enemigo global nace en la revolución industrial y es esta transformación en las actividades humanas lo que ha engendrado la mayor producción de dióxido de carbono en la concentración atmosférica y la aceleración del CC en el planeta"[12]. Pues bien, no queremos, de ninguna manera, hacer una valoración sesgada de los beneficios que

---

11 BERMÚDEZ-TAMAYO, Clara; GARCÍA MOCHÓN, Leticia; RUIZ AZAROLA, Ainhoa & LACASAÑA, Marina (2023). "Cambio climático y enfermedades transmitidas por vectores. Convertir el conocimiento en acción", *Gaceta Sanitaria*, v. 37, p. 2.

12 ALANIZ PÉREZ, Wilfredo Abraham & GÓMEZ RODRÍGUEZ Juan Manuel. (2024). "Globalización y cambio climático: ¿un asunto de derechos humanos?", cit., p. 4.

llevan implícitos la globalización y el impacto significativo en el crecimiento económico; un crecimiento que, desde luego, posiciona como primer valor la producción masiva, el consumo desmedido y la sobreexplotación de los recursos naturales.

Precisamente por ello, y tomando en cuenta este planteamiento, resulta ineludible cuestionarnos si es posible reconfigurar la globalización desde un prisma que garantice la sostenibilidad y respete los principios fundamentales de los derechos humanos. Con mayor razón, cabe preguntarnos si estamos dispuestos a transformar nuestras estructuras económicas y sociales con el fin de lograr un equilibrio entre el desarrollo y la preservación ambiental.

Como construcción humana y forma de organización social, el derecho no puede ser concebido como un *corpus* normativo alejado de las realidades sociales. Dicho de otra manera, "el Derecho es fabricado por los hombres sobre todo bajo el estímulo de una urgencia de certeza (saber a qué atenerse) y de seguridad (saber que eso a lo cual puede uno atenerse tendrá forzosamente que ser cumplido); o sea bajo el estímulo de una urgencia de orden en la vida social"[13]. Por ello, debe asegurar la protección de los derechos inherentes que permitan, con certeza y seguridad, el derecho a la vida. Pues, desde luego, el derecho existe para organizar el poder y restringir sus abusos, pero esta función pierde su legitimidad si no se orienta a proteger el pilar donde se proyectan los derechos del ser humano, que no es otro que la vida. En esta línea, tal y como reconoce el profesor Luis Recaséns, "el Derecho no sólo organiza el poder político, sino que además lo legitima o intenta legitimarlo, en cuanto que lo organiza o se propone organizarlo según criterios de justicia, según valores de rango superior"[14].

---

13 RECASÉNS SICHES, Luis (1973). "Las funciones del Derecho", *Anuario de Filosofía del Derecho*, p. 114.

14 RECASÉNS SICHES, Luis (1973). "Las funciones del Derecho", cit., p. 118.

Considerando este planteamiento, el derecho a la vida deviene en un pilar axiomático porque, en el marco que nos ocupa, hay que comprender a la vida en su conjunto. En virtud de lo expuesto, podemos inferir que al hablar del derecho a la vida requiere que se garantice un entorno habitable, un acceso efectivo a bienes esenciales y un equilibrio entre humanidad y naturaleza. Sin estas condiciones, toda disertación sobre derechos humanos se vuelve insuficiente. Por lo tanto, y a la luz de las consideraciones precedentes, resulta pertinente traer a colación las palabras de Uribe Arzate y Uribe Bustamante cuando sostienen que "el derecho en normas, hechos y valores, debe servir para cuidar el entorno, el agua y los animales, es un asunto que ni siquiera merece algún debate, pues basta la afirmación de su relación condicionante con la vida de los seres humanos, para entender que si la tierra se deteriora o los animales se extinguen, la vida humana irá en declive"[15]. En este caso, es evidente que el derecho no sólo debe configurarse como una herramienta de resolución de conflictos, sino que su dinamismo se debe proyectar a los nuevos problemas que se presentan. Solo así podremos estar en presencia de una justicia con carácter intergeneracional y no un simple compendio de normas incapaces de mantener situaciones venideras. En su defecto, estaríamos condenando a las generaciones futuras a vivir bajo un marco normativo ineficaz y anacrónico.

Si realmente se quiere alcanzar un sentido de justicia intergeneracional, debe afrontarse al derecho desde una perspectiva más dinámica, capaz de equilibrar los derechos en juego.

---

15 URIBE AZRATE, Enrique; URIBE BUSTAMANTE, Diego Enrique (2021). "El nuevo derecho humano a la pervivencia y sus retos frente al cambio climático", *Derecho y cambio climático*, (Coords. Marisol LUNA LEAL y Luis Gerardo SAMANIEGO SANTAMARÍA), Tirant lo Blanch, Valencia, p. 62.

Así lo defiende Antonio Embid cuando afirma que la regulación jurídica sobre el cambio climático es ineficaz y plantea grandes incertidumbres sobre su viabilidad real[16]. La razón no es otra, sino que los instrumentos normativos existentes son frágiles y todavía insuficientes en relación con la magnitud del problema, ya que, como apunta el autor, el cambio climático "no solamente incluye el aspecto antropogénico sino también el natural"[17]. En esta misma línea también se pronuncia Karla Zambrano, quien afirma que, "a pesar de que la comunidad internacional ha realizado grandes progresos en la instrumentalización del cambio climático, éstos siguen siendo insuficientes y blandos"[18].

Precisamente por ello, y teniendo en cuenta que las políticas se centran en la maximización de beneficios en detrimento de salvaguardar la naturaleza, en "el escenario político-institucional, el cambio climático es solo un interés u objetivo más, que tiene que pugnar con otros objetivos o prioridades socioeconómicas más "inmediatas" y que para el cargo público son mucho más provechosas desde el punto de vista político, tales como la lucha contra el desempleo, el acceso a la vivienda o la construcción de infraestructuras"[19]. Considerando este en-

---

16 EMBID IRUJO, Antonio (2020). "El derecho del cambio climático. Reflexiones generales", *La lucha contra el cambio climático. Una aproximación desde la perspectiva del derecho,* (dir. Sergio SALINAS ALCEGA), Tirant lo Blanch, Valencia, p. 24.

17 Ibídem, p. 24.

18 ZAMBRANO GONZÁLEZ, Karla (2021). "El impacto del cambio climático em la movilidad humana: Las migraciones climáticas en el contexto internacional europeo", *Revista Boliviana de Derecho,* n. 32, p. 554.

19 MORENO MOLINA, Ángel Manuel (2023). *El Derecho del Cambio Climático: retos, instrumentos y litigios,* 2023, Tirant lo Blanch, Valencia, p. 69.

foque, vale la pena señalar que no son pocos los Estados que, lejos tener conciencia en la problemática que se impone con relación al cambio climático, se centran en problemas más perceptibles, es decir, aquellos que generan un impacto más directo en la opinión pública y, en consecuencia, les reportan mayores beneficios electorales.

Ante esta coyuntura, la preocupación latente sobre el cambio climático y su necesaria protección han sido reconocidas en varios instrumentos internacionales. Uno de los tratados jurídicamente vinculantes es el Acuerdo de París aprobado en el año 2015 al que ya nos hemos referido anteriormente y que entró en vigor en 2016, cuyo objetivo es reforzar la respuesta global ante la amenaza del cambio climático. A tenor de lo dispuesto en su artículo 2, los Estados firmantes se ratificaron en el compromiso de "mantener el aumento de la temperatura media mundial muy por debajo de 2°C con respecto a los niveles preindustriales, y proseguir los esfuerzos para limitar ese aumento de la temperatura a 1,5°C con respecto a los niveles preindustriales, reconociendo que ello reduciría considerablemente los riesgos y los efectos del cambio climático".

Como respuesta a ese compromiso, los Estados quedaron obligados a presentar cada cinco años sus planes nacionales en relación con las emisiones de gases de efecto invernadero, con el objetivo de evaluar y aumentar progresivamente su nivel de ambición en la lucha contra el cambio climático. Del mismo modo, el Acuerdo de París, al admitir que se trata de un problema que se proyecta en la humanidad, reconoce que "el cambio climático es un problema de toda la humanidad y que, al adoptar medidas para hacerle frente, las Partes deberían respetar, promover y tener en cuenta sus respectivas obligaciones relativas a los derechos humanos, el derecho a la salud, los derechos de los pueblos indígenas, las comunidades locales, los migrantes, los niños, las personas con discapacidad y las personas en situaciones vulnerables y el derecho al desarrollo, así como la igualdad de género, el empoderamiento de la mujer y la equidad intergeneracional"[20].

En términos semejantes, resulta destacable, dentro del reconocimiento de los derechos humanos en el ámbito que nos ocupa, la Convención Marco de las Naciones Unidas sobre el Cambio Climático de 1992. Son varios quienes han coincidido en que en este instrumento se reconoce un pilar fundamental a la hora de comprender la trascendencia del cambio climático y su origen, en tanto en cuanto pone de manifiesto que el cambio climático viene provocado por la actividad humana, e insta a una respuesta legislativa tanto a nivel nacional como internacional que, en cierta manera, garantice la adopción de medidas efectivas para mitigar sus efectos y adaptarse a sus consecuencias. La importancia de esta Convención radica, precisamente, el reconocimiento de otros acuerdos y protocolos orientados al mismo objetivo de garantía. Evidentemente, no podemos olvidarnos del Protocolo de Kioto del año 1997, reconocido como uno de los primeros compromisos internacionales de reducción de emisiones para los países industrializados.

En términos semejantes, la Resolución 41/21 del año 2019 destaca por exaltar la relación indiscutible que guardan los derechos humanos y su imprescindible reconocimiento del impacto medioambiental. Es interesante como identifica el valor de la "justicia climática"[21] al reconocer que el impacto provocado por el

---

20 NACIONES UNIDAS, (2015). *Acuerdo de París*, p. 1. Disponible en: https://unfccc.int/files/meetings/paris_nov_2015/application/pdf/paris_agreement_spanish_.pdf Consultado el 31/01/2025.

21 NACIONES UNIDAS, (2019), *Resolución aprobada por el Consejo de Derechos Humanos el 12 de julio de 2019*, Disponible https://docs.un.org/es/A/HRC/RES/41/21 p. 4 y consultada el 31/01/2025. "Expresando preocupación por los efectos adversos del cambio climático en las personas con múltiples factores de vulnerabilidad,

cambio climático no solo amenaza los ecosistemas, sino que también agrava las desigualdades existentes y que afectan de manera desproporcionada a los colectivos espacialmente vulnerables.

En esta misma línea, también la Agenda 2030, a través de los Objetivos de Desarrollo Sostenible reafirman su compromiso con la lucha contra el cambio climático. Ciertamente, se ve reflejado en el ODS 13 que reconoce la necesidad de implementar acciones que tengan como objetivo la lucha contra el cambio climático. En consecuencia, efectivamente, cuando se alude al impacto que genera el cambio climático, no puede entenderse de manera superficial. Desde luego, en mi opinión, la desprotección de los colectivos especialmente vulnerables deja en evidencia lo que, en muchas ocasiones, no se quiere visibilizar. No podemos objetar que se están llevando a cabo numerosos esfuerzos; sin embargo, todavía queda un largo camino por recorrer para proteger y garantizar los derechos humanos.

Por ende, indudablemente, son muchas las poblaciones que ven cómo se comprometen sus condiciones de habitabilidad, viéndose forzadas a buscar amparo en otros territorios. Me atrevo a afirmar que ya no se trata de un riesgo futuro, sino de una realidad que muchas personas enfrentan a diario. Lo curioso es cómo seguimos atrapados en la paradoja de nuestra propia inacción: somos conscientes de que el tiempo se agota, pero, aun así, actuamos como si fuésemos ajenos a sus consecuencias. Será la historia quien juzgue si fuimos arquitectos de soluciones o cómplices de nuestra propia ruina. Creo que

---

como las mujeres y las niñas con discapacidad, y poniendo de relieve la necesidad de que los Estados adopten y apoyen medidas adecuadas para hacer frente a sus necesidades específicas y para asegurar su participación en la planificación de la respuesta a los desastres en situaciones de emergencia y evacuación, la respuesta de emergencia humanitaria y los servicios de atención de la salud".

la mayor tragedia no es solo el cambio climático en sí, sino la indiferencia ante su evidencia.

2. LA JUSTICIA CLIMÁTICA COMO RESPUESTA

El devenir de la historia nos hace comprobar la relevancia que ha asumido con el tiempo. Desde su inicio como un "fenómeno inevitable", hasta la actualidad donde se le reconoce como un fenómeno natural que influye en las estructuras sociales. Desde esta particularidad, el debate ha cambiado en el sentido de que ha pasado de ser una cuestión meramente natural para convertirse en un tema prioritario en las agendas de las ciencias sociales, políticas y económicas. A colación de lo anterior, la justicia climática está intrínsecamente ligada a la gestión del clima, lo que evidencia que los recursos naturales esenciales se configuran como un elemento necesario para la supervivencia.

Sin embargo, tal y como apuntábamos *ut supra,* el cambio climático deja de ser un problema de la naturaleza y se convierte en un problema con profundas repercusiones ambientales, económicas[22] y sociales. Por ello, lo que en la actualidad se identifica como una catástrofe natural no sólo es identificable con un desastre de naturaleza medioambiental, sino que por su impacto se debe reconocer de igual manera como una catástrofe social. En este contexto, debemos plantearnos si es la intensidad de un huracán o una sequía lo que determina su impacto o, por el contrario, si es la vulnerabilidad de las

---

22 PARDO BUENDÍA, Mercedes; ORTEGA, Jordi (2018). "Justicia ambiental y justicia climática: el camino lento pero sin retorno, hacia el desarrollo sostenible justo" *Barataria. Revista Castellano-Manchega de Ciencias Sociales,* n. 24, p. 86.

poblaciones, la capacidad de respuesta de los gobiernos y las desigualdades estructurales las que amplifican los daños. Es en este contexto donde la justicia climática cobra toda su intensidad atendiendo a todos los agentes afectados. Así las cosas, haciendo alusión a las palabras de Colom Jaén y Bidaurratzaga Aurre, "el contraste entre los impactos del cambio climático y la participación en las emisiones globales de gases de efecto invernadero son el principal argumento para exigir a los países de alto ingreso un reparto de responsabilidades justo[23]".

El impacto del cambio climático cuenta con una característica que lo identifica y lo diferencia con relación a otros fenómenos. Como se ha venido defendiendo hasta ahora, se insiste en la necesidad de salvaguardar no sólo los derechos humanos sino también el ecosistema. Teniendo en cuenta esta consideración, lo relevante es que el impacto más significativo lo sufren los colectivos y poblaciones más vulnerables. Dicho esto, es lógico pensar que entre los colectivos que se identifican dentro de este marco de vulnerabiliadad, se encuentran, por ejemplo, los grupos raciales minoritarios, las poblaciones indígenas y, por supuesto, aquellos colectivos que se ven obligados a desplazarse por los desastres naturales. Estamos haciendo alusión a aquellos colectivos que de entrada se encuentran en una posición inferior, expuestos a mayores riesgos y con menos capacidad de respuesta ante los efectos del cambio climático.

Hay que advertir que los efectos que se derivan del cambio climático no impactan por igual en todas las regiones o países. En efecto, tal y como afirma Marcos de Armenteras, "el cambio climático es el resultado del calentamiento global producido por la acumulación excesiva de gases de efecto invernadero en la

---

23 COLOM JAÉN, Artur, BIDAURRATZAGA AURRE, Eduardo (2022) "COP27: ¿hacia la justicia climática para África?", *The Conversation,* p. 3.

atmósfera"[24] y su impacto variará en función de la ubicación geográfica y de los recursos disponibles para enfrentarlo. Es verdad que el movimiento por la justicia ambiental se ha hecho eco sobre los colectivos agraviados por el cambio climático y, precisamente, "para que las minorías raciales no queden más expuestas que el resto de la población a los efectos del cambio climático urge acabar con toda forma de discriminación racial pues, al impedir el acceso a los recursos en igualdad de condiciones con respecto a los demás, les priva de las capacidades para adaptarse a los efectos del cambio climático"[25]. Asimismo, "el proceso actual de cambio climático ha dejado de ser una cuestión de creencias para devenir en un tema de evidencias, de evidencias científicas"[26]. Bajo este enfoque, la justicia climática adquiere mayor relevancia, convirtiéndose en una cuestión de primer orden por el impacto en los derechos humanos. Considerando esto, se debe reforzar el sentido de justicia climática en los colectivos que se ven sometidos a un desplazamiento forzoso, así como también en aquellas poblaciones que se vuelven más vulnerables a medida que el entorno se degrada y la desertificación avanza como consecuencia del cambio climático. Al final, son las poblaciones más afectadas las que cuentan con menos recursos para adaptarse.

---

24 DE ARMENTERAS CABOT, Marcos (2021). "La acción global por el clima y la importancia de los jóvenes en el movimiento por la justicia climática", *Oxímora. Revista Internacional de Ética y Política*, n. 18, p. 156.

25 BELLVER CAPELLA, Vicente (2024). "Justicia climática, una utopía imposible pero necesaria", *Del desarrollo humano sostenible a la justicia climática*, (Coord. Lucía APARICIO CHOFRÉ), Tirant lo Blanch, Valencia, p. 162.

26 OLCINA CANTOS, Jorge (2021). "Cambio climático. Una evidencia científica", *Cambio climático en el Mediterráneo: procesos, riesgos y políticas*, (Editores Joan ROMERO GONZÁLEZ & Jorge OLCINA CANTOS), Tirant lo Blanch, Valencia, p. 20.

No es casualidad que en el debate actual la justicia climática se presente como una herramienta que tiene objetivos muy claros: abordar las desigualdades, garantizar la protección de los más vulnerables, repartir de manera equitativa los costos del cambio climático y gestionar los recursos del planeta desde una perspectiva justa. Sin desmerecerla, "la valoración que hasta el momento cabe hacer del movimiento por la justicia ambiental es doblemente positiva, tanto por lo ya realizado como por las expectativas que genera"[27]. Ahora bien, hace falta algo más que buenas intenciones a la hora de implementar acciones concretas. Creo que no basta con reconocer la justicia climática como un principio básico si ello no se traduce en medidas efectivas y, por supuesto, en compromisos reales. Al final, la retórica no va a cambiar la realidad de quienes ya están padeciendo las consecuencias del cambio climático. Hace falta que los gobiernos, las empresas y toda la sociedad civil asumamos nuestra responsabilidad y actuemos con determinación, no puede ser que se siga ignorando una crisis que afecta a millones de personas en todo el mundo. En este caso, la inacción no es una opción.

Los informes realizados por el *Grupo Intergubernamental de Expertos sobre el Cambio Climático (IPCC)*, han advertido que "las actividades humanas ya han provocado un calentamiento global de aproximadamente 1,0°C con respecto a los niveles preindustriales. De continuar la tendencia actual, se prevé que el calentamiento global alcance 1,5°C entre 2030 y 2052"[28], por

---

27 BELLVER CAPELLA, Vicente (1996). "El movimiento por la justicia ambiental: Entre ecologismo y los derechos humanos". *Anuario de Filosofía del Derecho,* n. 13, p. 329.

28 Calentamiento global de 1,5°C. Informe especial del IPCC sobre los impactos del calentamiento global de 1,5°C con respecto a los niveles preindustriales y las trayectorias correspondientes que deberían seguir las emisiones mundiales de gases de efecto invernadero, en el contexto del reforzamiento de la respuesta mundial a la amenaza del cambio

lo que resulta más que evidente que la degradación ambiental afecta con mayor gravedad a quienes se encuentran en alguna situación de desventaja, haciéndolos más vulnerables a las enfermedades ligadas a la contaminación, a los eventos climáticos extremos y a la pérdida de medios de sustento causados por la degradación de los ecosistemas y de los recursos naturales[29].

Es incuestionable que promover una justicia climática lleva implícito superar las dinámicas de poder que hasta el momento han venido marcando el devenir de la historia. Desde luego, no es una tarea fácil, pues supone afrontar la explotación de los recursos naturales del Sur global por parte de empresas y países del Norte global, un fenómeno que ha contribuido significativamente a la crisis climática[30]. En este sentido, Scarpelo et. al., sostienen que la justicia ambiental debe constreñirse a un ideal proteccionista sobre los ecosistemas o rodearse de naturaleza, teniendo en consideración que la responsabilidad no debe recaer exclusivamente en la población, sino que se debe potenciar mecanismos sólidos que respalden la protección de la ciudadanía[31]. Sorprende,

---

climático, el desarrollo sostenible y los esfuerzos por erradicar la pobreza. https://www.ipcc.ch/site/assets/uploads/sites/2/2019/09/IPCC-Special-Report-1.5-SPM_es.pdf

29 MORA PANIAGUA, Carol & CALLE VALLADARES, Isabel (2021). "El Acuerdo de Escazú y la Agenda 2030 como eje fundamental de la reactivación económica nacional en el caso Peruano", *El Acuerdo de Escazú sobre democracia ambiental y su relación con la Agenda 2030 para el Desarrollo Sostenible.* (Editoras Lina MUÑOZ ÁVILA, Alicia BÁRCENA & Valeria TORRES), Universidad del Rosario, Colombia, p. 26.

30 SCARPELO, Andrea, et al. (2021) "Ecocidio y responsabilidad corporativa: el vínculo necesario para alcanzar la justicia ambiental", *Revista Electrónica de Derecho Internacional Contemporáneo*, n. 4, e. 021, p. 4. disponible en: https://sedici.unlp.edu.ar/handle/10915/133831

31 Ibídem, p. 2.

cuanto menos, que todavía no se haya considerado como un crimen internacional el ecocidio. Me atrevo a vaticinar que, si así fuese, sería un reconocimiento que, desde luego, sentaría los cimientos hacia una justicia climática eficaz. Igual en un futuro, quien sabe, seamos testigos de la creación de un tribunal ambiental internacional que persiga y sancione a los responsables de crímenes ecológicos a gran escala.

3. DESPLAZAMIENTOS FORZADOS Y MIGRACIONES CLIMÁTICAS

A lo largo de estas líneas hemos comprobado los efectos que conlleva la crisis climática, unos efectos que van desde la intensificación de eventos climáticos extremos hasta el desplazamiento forzoso de millones de personas y el colapso de los ecosistemas. Una crisis que, a diferencia de lo que se podría decir de las crisis anteriores como, por ejemplo, la contaminación industrial masiva del siglo XIX, ya se ha comprobado que la actual viene principalmente provocada por las acciones humanas y las exigencias del sistema económico, un sistema basado, prácticamente, en el crecimiento ilimitado y la explotación indiscriminada de recursos.

Ahora bien, llegados a este punto, se hace necesario atender a la génesis del problema migratorio. Con el propósito de materializar esta cuestión, se hace necesario entender los distintos tipos de desplazamientos reconocidos, así como la causa primigenia de su aparición. Desde luego, el punto de partida se encuentra en las condiciones en las que se encuentra una persona en un contexto de desigualdad en el acceso a recursos, conflictos armados, corrupción institucional, violaciones de derechos humanos o, como demostraremos, los desastres ambientales como alternativa para alcanzar un modo de vida que garantice su supervivencia.

Las razones que impulsan a las migraciones forzadas son tan diversas como intrincadas, hallando su raíz, con harta frecuencia, en conflictos bélicos que asolan las naciones y en las implacables persecuciones que, desprovistas de clemencia, empujan a estas personas a buscar asilo en tierras menos hostiles. Sin embargo, la distinción entre ambos tipos de migraciones no siempre es clara. En muchos casos, por ejemplo, las situaciones de extrema pobreza, las crisis políticas o las condiciones de vida insostenibles pueden inducir a las personas a buscar nuevas oportunidades, incluso sin que exista una persecución directa. De esta manera, estas migraciones no siempre van a encajar en una única categoría ya que nada impide que exista un solapamiento de categorías. Pensemos, sin ir más lejos, en un migrante que huye de un país tanto por persecución política como también por crisis económica; difícilmente se podrá definir su estatus.

Esta cuestión evidencia que la movilidad humana no puede reducirse a una única categoría ni a explicaciones simplistas. Aunque tradicionalmente se ha diferenciado entre quienes migran por razones económicas y quienes lo hacen por necesidad de protección internacional, esta distinción no siempre refleja la realidad de quienes cruzan fronteras en busca de mejores condiciones de vida. Lo que se desprende con total claridad es que intentar buscar una clasificación unívoca no es, desde luego, beneficiosa. A medida que las sociedades avanzan, con ellas también lo hacen los nuevos desafíos a los que se deben enfrentarse. Lo que sí es cierto es que las clasificaciones permiten, cuanto menos, concretar marcos normativos más claros en materia de migración.

Dentro de los efectos que generan las crisis climáticas, destaca de manera incuestionable su estrecha e ineludible vinculación con los movimientos migratorios. En este sentido, es preceptivo hacer una distinción entre la migración por razones climáticas y aquellas situaciones en las que los factores ambientales se combinan con otros elementos estructurales que impulsan la decisión de migrar. Lejos de ser una distinción caprichosa, creo que constituye un criterio esencial, imprescindible para una comprensión rigurosa y matizada del fenómeno migratorio porque, al final, permite diferenciar con precisión entre quienes se ven forzados a migrar debido al impacto de las condiciones ambientales y aquellos cuya decisión migratoria responde a otros factores.

Cuando se alude a un desplazamiento ambiental hay que considerar que este puede proyectarse de diversas formas; por ende, podrá responder a diferentes dinámicas en su origen. En este supuesto concreto, es un desastre climático quien obliga al desplazamiento poblacional. Me refiero, por ejemplo, a fenómenos como un tornado, un huracán o sequías que impiden a la población autóctona asegurar condiciones de vida dignas. Se trata de una migración motivada más por la necesidad de supervivencia que por una elección; al final, la permanencia en la zona de origen resulta completamente inviable. Ahora bien, la relación entre cambio climático y migración no siempre es tan evidente. De hecho, no es extraño que existan otros factores que impulsan el desplazamiento poblacional. Se alude, en este caso, a las situaciones en las que se entrecruzan diversos factores no exclusivos del cambio climático, como pueden ser la falta de oportunidades derivadas de elementos estructurales –inestabilidad política o grupos paramilitares– que limitan o restringen las oportunidades de la población. Ante este escenario, también se podría entender que la pobreza viene acompañada por falta de una tierra fértil que impide a los agricultores, a las poblaciones que viven de la tierra, poder llevar a cabo una producción agrícola o ganadera. De este modo, el cambio climático no es la única causa de migración, sino que se configura como otro elemento que condiciona al desplazamiento[32].

---

32 EGEA JIMÉNEZ, Carmen & SOLEDAD SUESCÚN, Javier Iván (2011). "Los desplazados ambientales, más allá del cambio climático. Un debate abierto", *Cuadernos geográficos,* n. 49, p. 201.

Según lo planteado, resulta constatable cómo ACNUR[33] o la OIM[34] arrojan resultados alarmantes de personas que forzosamente se ven obligadas a desplazarse de la tierra que los ha visto nacer por la devastación forestal, huracanes o sequías que hacen imposible la sostenibilidad de sus comunidades. A partir de esta realidad, son muchos los sectores que muestran especial interés en llevar a cabo un análisis del problema, aunque, pese a la gravedad del fenómeno, siguen sin traducir sus diagnósticos en propuestas concretas y efectivas.

Es curioso cómo se aumentan los controles fronterizos en vez de implementar una regulación que proteja a las víctimas identificadas por una migración debido a las condiciones climáticas, obviando la protección de los derechos humanos de quienes migran por razones ambientales. Sin ir más lejos, este es el enfoque que se ha visto reflejado en las recientes políticas migratorias que ha implementado Donald Trump con la llegada al poder en 2025. Asimismo, resulta igualmente significativo que en la Agenda 2030 y los Objetivos de Desarrollo Sostenible no exista un reconocimiento específico sobre la grave situación que padecen quienes se ven forzados a desplazarse debido a desastres ambientales, dejándolos sin un marco jurídico claro que respalde su derecho a una migración segura y digna. En este contexto, Santiago Salvador se pronuncia afirmando que el "panorama de las migraciones climáticas podría hacernos pensar en la necesidad de una mayor implicación por parte de los países (o grupos de países) desarrollados más contaminantes a la hora de abordar esta cuestión y de prestar soluciones y apoyo directo los nacionales de terceros Estados

---

33 ACNUR https://www.acnur.org/es-es/que-hacemos/medio-ambiente-desastres-y-cambio-climatico

34 OIM https://www.iom.int/es/plataforma-sobre-desplazamiento-por-desastre

–por lo general, menos desarrollados– que se ven forzados a migrar como consecuencia de los efectos negativos derivados del cambio climático"[35].

Visto lo anterior, debe tenerse en cuenta que cuando se trata de inmigración "se pone en juego no solo un aspecto secundario de la regulación general, sino el modo en que se va a articular la nueva sociedad en formación, ante la necesidad real de acoger inmigrantes y de integrarlos sin traumas en el elemento constitutivo del Estado que son sus pueblos. Ni más ni menos, por lo que una política discriminatoria y groseramente selectiva solamente podrá crear bolsas de miseria y exclusión, sin atender a la realidad social de quienes se arraiguen en el territorio, siendo utilizados como simple mano de obra barata, sin ofrecerles otras medidas de acogida e inserción"[36]. Precisamente por ello, tal y como afirman Juan Carlos Pernia et. al., "es necesario abordar el análisis del impacto social del mismo de manera amplia, incluyendo las diversos y diferentes esferas que componen las sociedades, de manera interrelacionada y en clave de cambio social. Por tratarse de un hecho social también por razón que su solución (o resolución), no puede hacerse por la naturaleza, por el medioambiente, sino por la sociedad"[37].

---

35 SALVADOR GIMENO, Santiago (2022). "La Respuesta Jurídica de la Unión Europea ante las Migraciones Climáticas. ¿Es Suficiente?, *Revista de Estudios Europeos*, n. 79, p. 116.

36 VICENTE BLANCO, Dámaso Francisco Javier (2021). "La exclusión del otro: discriminación y privación de derechos en el Siglo XXI en el derecho de las migraciones internacionales", *Las cadenas que amamos: una panorámica sobre el retroceso de occidente a todos los niveles*, (Editores Jorge GONZÁLEZ del POZO & Javier CAMPELO BERMEJO), Páramo, Valladolid, p. 97.

37 PERNIA, Juan Carlos; PALACIOS SANABRIA, Luis Guillermo; TRASFI MOSQUEDA, María de la Luz & SANABRIA CHÓPITE, María Elena (2022) "Objetivos de Desarrollo Sostenible y

Esta problemática se ve aún más exacerbada debido a la ausencia de un marco jurídico que permita identificar y garantizar los derechos de las personas que migran por razones climáticas, pues no cuentan con un estatus jurídico que los identifique y los reconozca, lo que limita el acceso a mecanismos de protección y salvaguarda de sus derechos. Así lo defiende la profesora Ángeles Solanes, cuando reconoce que el estatus del refugiado climático es una de las grandes ausencias dentro del marco jurídico internacional, particularmente en lo que respecta a la Convención sobre el Estatuto de los Refugiados de 1951 y su Protocolo de 1967. Pese a que dichos instrumentos han sido ratificados por todos los Estados de la Unión Europea, su marco normativo todavía persiste en una rigidez que limita el reconocimiento del estatus de refugiado, limitándolo exclusivamente a aquellos que puedan demostrar un temor fundado de persecución, sin contemplar, por ejemplo, a quienes se ven forzados a migrar debido a los efectos del cambio climático[38]. Por ende, defiende la autora que quienes se ven obligados a desplazarse por causas ambientales, como el cambio climático o los desastres naturales, no encajan dentro de esta definición y, por lo tanto, no pueden acceder a la protección internacional[39].

Frente a esta realidad, se impone la necesidad ineludible de implementar políticas que aseguren una protección jurídica efectiva para las personas que, por cuestiones climáticas, se

---

Responsabilidad Social Universitaria: Alternativas para cambio climático y desplazados ambientales", *Revista de Ciencias Sociales,* v. 28, n. 1, p. 372. Disponible en: https://www.redalyc.org/journal/280/28069961026/28069961026.pdf

38 SOLANES CORELLA, Ángeles (2021). "Desplazados y refugiados climáticos. La necesidad de protección por causas medioambientales", *Anales de la Cátedra Francisco Suárez,* n. 55, p. 440.

39 Ibídem p. 440.

han visto abocados a desplazarse. Aun cuando la Convención de 1951 no les confiera un estatus jurídico consolidado, ello no comporta, en modo alguno, el deber de reconocer y garantizar sus derechos humanos. Ante esta situación, algunos autores afirman que abandonar el término refugiado climático no hace más que despolitizar la realidad de estas migraciones y negar que, en muchos casos, el cambio climático opera como una forma de opresión estructural sobre las poblaciones más vulnerables. Si bien no existe un "perseguidor" en el sentido clásico del término, quienes se ven forzados a abandonar sus hogares a causa del impacto del cambio climático lo hacen, en última instancia, debido a la imposibilidad de adaptación, fenómeno que no es sino la manifestación de una desigualdad estructural deliberadamente configurada y perpetuada por decisiones de índole política, económica y social[40].

Bajo esta perspectiva, la migración climática no es solo un fenómeno ambiental, sino también un fenómeno político, pues es el resultado de la falta de políticas de mitigación y adaptación, de la degradación de ecosistemas causada por modelos de desarrollo insostenibles y de la ausencia de mecanismos de protección para quienes sufren las consecuencias más severas de la crisis climática. Así, utilizar el término "refugiado climático" no solo es una cuestión de terminología, sino una forma de visibilizar la injusticia global que recae sobre las comunidades más desfavorecidas. Por esta razón, y con independencia de las dificultades jurídicas que lleva implícito su reconocimiento formal, la denominación de refugiado climático se configura como un elemento clave de reconocimiento. Hay que considerar que estos desplazamientos no son únicamente el resultado de fenómenos naturales, sino que responden a una problemática que perpetúa

---

40 GEMENNE, François (2015). "Una buena razón para hablar de los «refugiados climáticos»", *Revista Migraciones Forzadas*, n. 49, p. 71.

la vulnerabilidad de poblaciones que se hallan en un estado de especial consideración. De igual manera, con el reconocimiento no hacemos otra cosa que posibilitar acciones contra los Estados y organismos internacionales para potenciar sus derechos.

De lo anterior se desprende que "la protección de los derechos también podría concebirse en términos estructurales, dado que el proceso para abordar las desigualdades estructurales y sistémicas y los riesgos que subyacen a las vulnerabilidades en casos de desastre así como a las repercusiones de la tensión ambiental (...) resulta inherentemente político y por tanto mucho más problemático"[41] . De esta manera, defienden Zetter y Morrissey que la protección de los derechos de los desplazados climáticos no debe limitarse, únicamente, a la ayuda material, sino más bien abordar las causas estructurales de su vulnerabilidad[42]. Más allá de estas respuestas básicas, la protección de los derechos debe proyectarse desde una perspectiva estructural, es decir, considerando las desigualdades sistémicas y los riesgos subyacentes que hacen que ciertas poblaciones sean más vulnerables a los desastres ambientales. Desde luego, la cuestión se torna complicada cuando los Estados no quieren asumir este enfoque, priorizando políticas asistencialistas en lugar de garantizar derechos políticos y estructurales. Esto ocurre porque aceptar estos derechos implicaría reconocer problemas más complejos, como desigualdades históricas, falta de acceso a recursos y desequilibrios en la distribución del poder, temas que muchos gobiernos prefieren evitar.

A este respecto, también resulta interesante el informe del Grupo Intergubernamental de Expertos sobre el Cambio

---

[41] ZETTER, Roger & MORRISSEY, James (2014). "La tensión ambiental, el desplazamiento y el reto de los derechos de protección", *Revista Migraciones Forzadas,* n. 45, p. 68.

[42] Ibídem, p. 68.

Climático[43] que, ya en el año 2002, advertía cómo afectarían los cambios climáticos en las poblaciones. En este contexto, se recoge en dicho informe que "*por la erosión de la costa van a alterar a muchas poblaciones, y si se combinan sus impactos con la pérdida de agua dulce y el aumento de fuertes tormentas marinas, ejercerán más presión sobre las plantas de agua dulce y aumentarán la vulnerabilidad frente a las sequías*"[44]. *En este sentido, me atrevo a afirmar que estos efectos no solo comprometen el equilibrio ambiental, sino que, evidentemente, van a incidir directamente en la movilidad humana. A partir de esta premisa, la OIM define a* los migrantes ambientales como "personas o grupos de personas que, predominantemente por razones de cambios repentinos o progresivos en el medio ambiente que afectan negativamente a sus vidas o condiciones de vida, se ven obligados a abandonar sus hogares habituales, o deciden hacerlo, ya sea temporal o permanentemente, y que se desplazan dentro de su país o al extranjero"[45].

La crisis silenciosa, pero alarmante queda plasmada a través del informe realizado por el Centro de Monitoreo del Desplazamiento Interno (IDMC, 2023), sobre los desplazamientos internos por desastres climáticos[46]. Este informe, fechado en 2023, nos hace comprobar cómo los cambios climáticos han impulsado el movi-

---

43 GRUPO INTERGUBERNAMENTAL DE EXPERTOS SOBRE EL CAMBIO CLIMÁTICO (IPCC) (2002), *Cambio climático y biodiversidad.* Solicitado por el Convenio de las Naciones Unidas sobre Biodiversidad Biológica y preparado bajo los auspicios del Presidente del IPCC, el Dr Robert T. Watson.

44 Ibídem, p. 40.

45 OIM. NACIONES UNIDAS. *Migración ambiental.* Página web: https://environmentalmigration.iom.int/environmental-migration Consultada el 01/02/2025.

46 INTERNAL DISPLACEMENT MONITORING CENTRE (2023). *Global Report on Internal Displacement,* Internal Displacement Monitoring Centre, Ginebra. https://goo.su/tbfZTmx

miento masivo de personas. En este informe se señala que, en países como Colombia, Brasil y Pakistán, las lluvias torrenciales, combinadas con la falta de infraestructuras adecuadas, han provocado el desbordamiento de ríos, arrasando viviendas y obligando a la población a desplazarse sin garantía de retorno. A *sensu contrario,* la sequía y la escasez de agua han forzado el desplazamiento de familias en países como Madagascar y Somalia. En este contexto, es evidente que el impacto de la crisis climática no solo se traduce en la pérdida de hogares, sino también en la precarización de derechos humanos como la alimentación, la salud y la educación.

Ahora bien, se observa cómo los efectos del cambio climático no solo están limitados a países menos desarrollados. Sin ir más lejos, Canadá o Estados Unidos, países del primer mundo, que cuentan con buenos recursos y una mayor capacidad de respuesta, no fueron capaces de controlar eficazmente los últimos incendios forestales, lo que demuestra que han faltado estrategias de prevención y control frente al cambio climático. Si nos remontamos al Informe Global sobre Desplazamiento Interno del año pasado[47], el IDMC 2024, observamos que se registraron 46,9 millones de desplazamientos internos en 151 países. De estos, aproximadamente el 56% fueron desencadenados por desastres, lo que equivale a alrededor de 26.3 millones de desplazamientos relacionados con desastres naturales[48]. A pesar de ligeras variaciones en las cifras, los informes proporcionados por el IDMG del año 2023 y 2024 ponen de manifiesto el impacto que lleva implícito el cambio climático, por lo que podemos aseverar que, sin duda alguna, se reconoce como una de las causas de las migraciones y desplazamientos forzados.

---

47 INFORME GLOBAL SOBRE DESPLAZAMIENTO INTERNO 2024. https://www.internal-displacement.org/global-report/grid2024-espanol/

48 Ibídem, p. 11.

Referencias bibliográficas

ALANIZ PÉREZ, Wilfredo Abraham & GÓMEZ RODRÍGUEZ Juan Manuel. (2024). "Globalización y cambio climático: ¿un asunto de derechos humanos?", *Revista Científica de la Facultad de Derecho y Ciencias Sociales y Políticas – UNNE,* v. 3, n. 1, pp. 1-18. Disponible en: https://dialnet.unirioja.es/servlet/articulo?codigo=9571472

BELLVER CAPELLA, Vicente (1996). "El movimiento por la justicia ambiental: Entre ecologismo y los derechos humanos". *Anuario de Filosofía del Derecho,* n. 13, pp. 327-347. Disponible en: https://revistas.mjusticia.gob.es/index.php/AFD/article/view/1596/1596

BELLVER CAPELLA, Vicente (2024). "Justicia climática, una utopía imposible pero necesaria", *Del desarrollo humano sostenible a la justicia climática,* (Coord. Lucía APARICIO CHOFRÉ), Tirant lo Blanch, Valencia, pp. 126-180.

BERMÚDEZ-TAMAYO, Clara; GARCÍA MOCHÓN, Leticia; RUIZ AZAROLA, Ainhoa & LACASAÑA, Marina (2023). "Cambio climático y enfermedades transmitidas por vectores. Convertir el conocimiento en acción", *Gaceta Sanitaria,* v. 37, pp. 1-4. Disponible en: https://www.sciencedirect.com/science/article/pii/S0213911122001674

BULANIKIAN, Gisela Mariana & BOCO, Alicia Noemi Rita (2022). "Abriendo el debate sobre los discursos ecológicos para la descolonización de la transición energética", *Encrucijadas: Revista Crítica de Ciencias Sociales,* v. 22, n. 1 pp. 1-32. Disponible en: https://dialnet.unirioja.es/servlet/articulo?codigo=8556748

COLOM JAÉN, Artur, BIDAURRATZAGA AURRE, Eduardo (2022) "COP27: ¿hacia la justicia climática para África?", *The Conversation,* pp. 1-5, Disponible en: https://diposit.ub.edu/dspace/handle/2445/190980

DE ARMENTERAS CABOT, Marcos (2021). "La acción global por el clima y la importancia de los jóvenes en el movimiento por la justicia climática", *Oxímora. Revista Internacional de Ética y Política,* n. 18, pp. 153-169. Disponible en: https://revistes.ub.edu/index.php/oximora/article/view/32722

EGEA JIMÉNEZ, Carmen & SOLEDAD SUESCÚN, Javier Iván (2011). "Los desplazados ambientales, más allá del cambio climático. Un debate abierto", *Cuadernos geográficos,* n. 49, pp. 201-215. Disponible en: https://www.redalyc.org/pdf/171/17122051008.pdf

EMBID IRUJO, Antonio (2020). "El derecho del cambio climático. Reflexiones generales", *La lucha contra el cambio climático. Una aproximación desde la perspectiva del derecho,* (dir. Sergio SALINAS ALCEGA), Tirant lo Blanch, Valencia.

GEMENNE, François (2015). "Una buena razón para hablar de los «refugiados climáticos»", *Revista Migraciones Forzadas,* n. 49, pp. 70-71. Disponible en: https://rua.ua.es/dspace/handle/10045/47652

IGLESIAS MÁRQUEZ, Daniel (2020). "Empresas, derechos humanos y el régimen internacional del cambio climático: la configuración de las obligaciones climáticas para las empresas", *Anuario mexicano de Derecho Internacional,* v. XX, pp. 85-134. Disponible en: https://www.scielo.org.mx/pdf/amdi/v20/1870-4654-amdi-20-85.pdf

LEFF, Enrique (2010). "Imaginarios Sociales y Sustentabilidad", *Cultura y representaciones sociales,* v. 5, n. 9, pp. 42-121. Disponible en: https://www.scielo.org.mx/pdf/crs/v5n9/v5n9a2.pdf

LLANOS MANSILLA, Hugo (2019). "El cambio climático y sus efectos en determinados derechos humanos", *Anuario Hispano-Luso-Americano de derecho internacional,* n. 24, pp. 237-245. Disponible en: https://dialnet.unirioja.es/servlet/articulo?codigo=7222266

MORA PANIAGUA, Carol & CALLE VALLADARES, Isabel (2021). "El Acuerdo de Escazú y la Agenda 2030 como eje fundamental de la reactivación económica nacional en el caso Peruano", *El Acuerdo de Escazú sobre democracia ambiental y su relación con la Agenda 2030 para el Desarrollo Sostenible.* (Editoras Lina MUÑOZ ÁVILA, Alicia BÁRCENA & Valeria TORRES), Universidad del Rosario, Colombia, pp. 23-42. Disponible en: https://dialnet.unirioja.es/servlet/articulo?codigo=8847926

MORENO MOLINA, Ángel Manuel (2023). *El Derecho del Cambio Climático: retos, instrumentos y litigios,* 2023, Tirant lo Blanch, Valencia, p. 69.

OLCINA CANTOS, Jorge (2021). "Cambio climático. Una evidencia científica", *Cambio climático en el Mediterráneo: procesos, riesgos y políticas,* (Editores Joan ROMERO GONZÁLEZ & Jorge OLCINA CANTOS), Tirant lo Blanch, Valencia, pp. 19-46.

PALOMARES-HERRERA, Manuel (2024). "Comentarios sobre el estado de la tutela multinivel de los derechos humanos en el sistema Europeo y Americano desde la experiencia hispanocolombiana". *Revista Anuario Parlamento y Constitución,* (25), pp. 237-259. Disponible en: https://parlamentoyconstitucion.cortesclm.es/rapc/article/view/394

PARDO BUENDÍA, Mercedes; ORTEGA, Jordi (2018). "Justicia ambiental y justicia climática: el camino lento pero sin retorno, hacia el desarrollo sostenible justo" *Barataria. Revista Castellano-Manchega de Ciencias Sociales,* n. 24, pp. 83-100. Disponible en: https://www.redalyc.org/journal/3221/322158667005/322158667005.pdf

PERNIA, Juan Carlos; PALACIOS SANABRIA, Luis Guillermo; TRASFI MOSQUEDA, María de la Luz & SANABRIA CHÓPITE, María Elena (2022) "Objetivos de Desarrollo Sostenible y Responsabilidad Social Universitaria: Alternativas para cambio climático y desplazados ambientales", *Revista de Ciencias Sociales,* v. 28, n. 1, pp. 367-382. Disponible en: https://www.redalyc.org/journal/280/28069961026/28069961026.pdf

PIGRAU i SOLÉ, Antoni (2022). "Cambio climático y responsabilidad internacional del Estado", *Anuario de la Facultad de Derecho de la Universidad Autónoma de Madrid,* n. 26, pp. 45-80. Disponible en: https://dialnet.unirioja.es/servlet/articulo?codigo=8646087

RECASÉNS SICHES, Luis (1973). "Las funciones del Derecho", *Anuario de Filosofía del Derecho,* pp. 113-118. Disponible en: https://www.boe.es/biblioteca_juridica/anuarios_derecho/abrir_pdf.php?id=ANU-F-1973-10011300118

SALVADOR GIMENO, Santiago (2022). "La Respuesta Jurídica de la Unión Europea ante las Migraciones Climáticas. ¿Es Suficiente?, *Revista de Estudios Europeos,* n. 79, pp. 115-138. Disponible en: https://uvadoc.uva.es/handle/10324/53240

SCARPELO, Andrea, et al. "Ecocidio y responsabilidad corporativa: el vínculo necesario para alcanzar la justicia ambiental", *Revista Electrónica de Derecho Internacional Contemporáneo,* n. 4, e. 021, pp. 1-7. Disponible en: https://sedici.unlp.edu.ar/handle/10915/133831

SICILIANO AIETA, Vânia; MIRANDA GONÇALVES, Rubén (2019). "Valores espirituais das comunidades tradicionais indígenas como patrimônio imaterial no Brasil", *Studi sui diritti emergenti,* Università degli Studi Mediterranea di Reggio Calabria, Reggio Calabria, pp. 172-182.

SOLANES CORELLA, Ángeles (2021). "Desplazados y refugiados climáticos. La necesidad de protección por causas medioambientales", *Anales de la Cátedra Francisco Suárez,* n. 55, pp. 433-460. Disponible en: https://revistaseug.ugr.es/index.php/acfs/article/view/15534/15813

URIBE AZRATE, Enrique; URIBE BUSTAMANTE, Diego Enrique (2021). "El nuevo derecho humano a la pervivencia y sus retos frente al cambio climático", *Derecho y cambio climático,* (Coords. Marisol LUNA LEAL y Luis Gerardo SAMANIEGO SANTAMARÍA), Tirant lo Blanch, Valencia.

VICENTE BLANCO, Dámaso Francisco Javier (2021). "La exclusión del otro: discriminación y privación de derechos en el Siglo XXI en el derecho de las migraciones internacionales", *Las cadenas que amamos: una panorámica sobre el retroceso de occidente a todos los niveles,* (Editores Jorge GONZÁLEZ del POZO & Javier CAMPELO BERMEJO), Páramo, Valladolid, pp. 95-135. Disponible en: https://uvadoc.uva.es/handle/10324/65668

ZAMBRANO GONZÁLEZ, Karla (2021). "El impacto del cambio climático em la movilidad humana: Las migraciones climáticas en el contexto internacional europeo", *Revista Boliviana de Derecho,* n. 32, pp. 526-559. Disponible en: https://dialnet.unirioja.es/servlet/articulo?codigo=8055230

ZAMBRANO GONZÁLEZ, Karla (2023). "Crisis climática, mujeres y menores: entre la vulnerabilidad y la protección urgente de sus derechos. Miradas desde el continente europeo", *Relaciones Internacionales,* n. 53, pp. 31-48. Disponible en: https://dialnet.unirioja.es/servlet/articulo?codigo=9005494

ZETTER, Roger & MORRISSEY, James (2014). "La tensión ambiental, el desplazamiento y el reto de los derechos de protección", *Revista Migraciones Forzadas,* n. 45, pp. 67-71. Disponible en: https://rua.ua.es/dspace/handle/10045/36466

BLOQUE II. INSTITUCIONALIDAD Y LEGITIMIDAD DEMOCRÁTICA

Capítulo III. La designación y composición de los magistrados del tribunal constitucional

FRUELA RÍO SANTOS
Profesor sustituto en la Universidad de Oviedo
Acreditado a Profesor Contratado Doctor

1. LOS SISTEMAS DE CONTROL DE LA JUSTICIA CONSTITUCIONAL[1]

Las variantes de los modelos o sistemas de control de la constitucionalidad se encuentran en todos los Estados de derecho de después de la postguerra, y con independencia de la denominación interna que adquieran tienen una finalidad común, valorar si las leyes y las normas son o no compatibles con la Constitución. Lo anterior no cierra la posibilidad de que surjan otras competencias propias, como la garantía de los derechos fundamentales y otras que guarden relación con la distribución competencial interna.

Como se indicó, los modelos o sistemas encierran una clasificación general, que no quiere decir que sea cerrada porque pueden generarse variantes con peculiaridades autónomas que no impidan ser reconducidas a uno u otro sistema de justicia

---

1 Parte del presente artículo está basado en el capítulo "El Tribunal Constitucional". En Río Santos, Fruela (2024). *El Tribunal Constitucional de España. Guía jurídico-práctica de su funcionamiento.* Madrid: Editorial Aranzadi, S.A.U., págs. 25 a 42.

constitucional. Partiendo de las premisas anteriores, la doctrina general entiende desde hace décadas y con razón que existen tres grandes modelos de control de la constitucionalidad: concentrado, difuso y mixto/híbrido.

El primero es el modelo europeo o concentrado y tiene su origen más remoto en la obra *Ein Verfassungsgerichtshof für Österreich* de George Jellinek, publicada en 1885 por la editorial Hölder (Viena), donde se plantea la reforma del sistema constitucional austriaco para evitar los excesos producidos por las mayorías parlamentarias y los problemas de inspiración nacionalista que sucumbían el territorio austriaco. La tesis fue perfeccionada por su discípulo Hans Kelsen, quien presentó al gobierno presidido por Karl Renner un proyecto sobre la creación del Tribunal Constitucional, que culminó con la Ley de creación de un Tribunal Constitucional alemán-austriaco, de 25 de enero de 1919. Con ello no sólo se dejaba atrás la Corte Imperial («*Staatsgerichtshof*») sino todas las instituciones que se habían configurado a lo largo del período imperial, y que ahora, bajo la república y la soberanía popular, ya no tenían razón de su existencia. Con ello se crea un órgano constitucional *ad hoc* que controla los tres poderes del Estado y determinará si las disposiciones normativas son o no constitucionales (de ahí proviene la configuración inicial de Hans Kelsen de un legislador negativo). Esta nueva percepción de control se extiende desde la finalización de la Segunda Guerra Mundial a la mayoría de los Estados europeos y sus rasgos fundamentales son la presencia de un único órgano encargado de velar por la constitucionalidad, y lo hace de forma concentrada, es decir, para cada caso en concreto y de forma autónoma, pero nada impide que sus decisiones puedan ser base legal en otras resoluciones posteriores. Lo anterior no impide que los diferentes jueces y magistrados puedan, dentro del ejercicio de sus competencias jurisdiccionales, plantear una cuestión de inconstitucionalidad sobre una disposición normativa concreta. En último lugar, la sentencia produce efectos *erga omnes* y vincula a pasar por su contenido a todos los poderes públicos y a los ciudadanos.

El sistema difuso tiene su origen en los Estados Unidos de América[2] y se le conoce como el modelo «*judicial review*» a pesar de que la Constitución no prevé ningún modelo de control de constitucionalidad, pero debido a la sentencia *Marbury v. Madison* dictada en 1803 por la Corte Suprema de los Estados Unidos se admite el control difuso de la constitucionalidad[3] al entender que la interpretación de la Corte Suprema obliga no sólo a los jueces, sino a todos los poderes públicos (*Cooper v. Aaron,* 1959)[4]. Dentro de este modelo se aprecia la ausencia de un Tribunal Constitucional, y que la interpretación nace en exclusividad por parte de la Corte Suprema, sino que el control se ejerce en instancia inferiores por los órganos judiciales (federales o estatales) que tutelan los derechos de los ciudadanos[5].

Ahora bien, existe un sistema híbrido, o intermedio que rige en algunos Estados y disfruta de rasgos del sistema concentrado y del difuso, lo que implica que ambos sistemas no son excluyentes, sino que se pueden complementar. El ejemplo clásico y de mayor estudio en el sistema de control híbrido es el

---

2 Tiene una gran influencia en los Estados que forman parte del *Common Law,* entre los que encontramos a Canadá y Australia.

3 La doctrina de la sentencia Marbury v. Madison se perfeccionó con otras posteriores como la sentencia Fletcher v. Peck (1810) y la sentencia McCulloch v. Maryland (1819).

4 Las sentencias interpretativas de la Corte Suprema de los Estados Unidos no sólo obligan a los poderes públicos, sino que crea un precedente (*stare decisis*) de obligado cumplimiento hasta que otra decisión deje sin efecto la dictada con anterioridad (*pro futuro*).

5 Scarciglia, R. (2013). La justicia constitucional además de los modelos históricos: metodología comparada y perspectivas de análisis. “Anuario Iberoamericano de Justicia Constitucional”, núm. 17. Madrid. Página 328.

modelo portugués, donde el Tribunal Constitucional conoce de la cuestión de inconstitucionalidad de los tribunales ordinarios, cuando éstos en sus decisiones, y frente a las cuestiones ante ellos suscitadas, rehúsen la aplicación de normas que consideren inconstitucionales. Asimismo, mantiene el control abstracto de las leyes y el procedimiento de inconstitucionalidad por omisión. Como se ha indicado, el modelo portugués no rompe con su pasado, sino que lo reintroduce bajo un sistema mixto de control de constitucionalidad, en el que convive el control difuso (asumido en el artículo 63 de la Constitución de 1911, bajo la tradición norteamericana del «*judicial review*») y el concentrado (con una fuerte influencia en la Europa contemporánea).

2. EL TRIBUNAL CONSTITUCIONAL

2.1. Los antecedentes del Tribunal Constitucional: de la Primera a la Segunda república española

El texto constitucional *non nato*[6] de 1873 incorpora por primera vez en territorio español un sistema de control de la constitucionalidad que se ejerce por el Tribunal Supremo[7], donde el artículo 77 reconoce que «en el caso de que el Poder legislativo dé alguna ley contraria a la Constitución, el Tribunal Supremo en pleno tendrá facultad de suspender los efectos de esta ley». Como se puede observar, no se procede a

---

6 Por todos es conocido que la Primera República española de 1873 fracasó en el intento y su proyecto constitucional nunca fue aprobado.

7 De su contenido se puede apreciar la influencia del régimen constitucional norteamericano (*judicial review*).

la derogación sino a la suspensión de la ley por decisión del Pleno del Tribunal Supremo, quedando fuera del control los actos legislativos que emanan del Poder ejecutivo. De este modo, el control queda reservado a las leyes aprobadas por las Cortes.

El posterior paso hacia la implementación de un control de la constitucionalidad lo encontramos en el anteproyecto de la Constitución de la Monarquía española de 1929, presentado en los últimos años de la Dictadura de Primo de Rivera. De su contenido resalta el denominado «recurso de inconstitucionalidad» que se debe resolver por la Sección de Justicia del Consejo del Reino (artículo 47) sobre las materias previstas en los apartados tercero y cuarto del artículo 103.

El siguiente intento tiene lugar con la Constitución de la República española de 9 de diciembre de 1931, donde el Título IX que recibe la denominación de las «Garantías y reforma de la Constitución», contempla la conformación de un Tribunal de Garantías Constitucionales. Cabe recordar, aunque sea a efectos meramente ilustrativos, que el anteproyecto constitucional hacía referencia a un «Tribunal de Justicia Constitucional» bajo un régimen ambivalente de convivencia de control concreto y de control abstracto[8]. Retomando con el contenido de la Constitución republicana de 1931, el artículo 121 enumera las competencias de las que se dota al Tribunal de Garantías Constitucionales, siendo las siguientes:

1. El recurso de inconstitucionalidad.
2. El recurso de amparo de garantías individuales cuando resulte ineficaz la reclamación ante las autoridades.

---

8 Conforme al contenido del anteproyecto, el control directo se activaba por los órganos judiciales y el abstracto por los sujetos legitimados conforme la Constitución y la ley.

3. Los conflictos de competencia legislativa y cuantos otros surjan entre el Estado y las regiones autónomas y las de éstas entre sí.
4. El examen y la aprobación de los poderes de los compromisarios que con las Cortes eligen al Presidente de la República.
5. La responsabilidad criminal del Jefe del Estado, del Presidente del Consejo y de los Ministros.
6. La responsabilidad criminal del Presidente y los Magistrados del Tribunal Supremo y del Fiscal de la República.

Con la finalidad de poder materializar las competencias atribuidas al Tribunal de Garantías Constitucionales por la Constitución de 1931, se aprobaron diversas disposiciones normativas entre las que destacan:

1. La Ley Orgánica del Tribunal de Garantías Constitucionales de 14 de junio de 1933, que sigue en mayor medida el contenido del anteproyecto de la Ley Orgánica del Tribunal de Garantías Constitucionales elaborado por la Comisión Jurídica Asesora en 1932.
2. El Reglamento Orgánico del Tribunal de Garantías Constitucionales, aprobado por Decreto de 6 de abril de 1935.
3. El Dictamen de la Comisión de Justicia sobre el proyecto de Ley de 1936, por la que se modifica la Ley Orgánica del Tribunal de Garantías Constitucionales de 14 de junio de 1933.
4. Además de los artículos de la Constitución de 1931 que resultan de aplicación.

Desde el punto de vista constitucional y de su práctica efectiva, se puede afirmar que el Tribunal de Garantías Constitucionales es un verdadero Tribunal Constitucional a pesar del desacierto en la denominación, al asumir funciones y competencias que se encuentran en otros Tribunales Constitucionales de la época.

En cuanto a su composición, está formado por un Presidente, designado por el Parlamento y que podía recaer en un diputado, por el Presidente del alto Cuerpo Consultivo (artículo 93 de la Constitución de 1931), por el Presidente del Tribunal de Cuentas, por dos diputados elegidos por las Cortes, por un representante de cada una de las regiones españolas, por dos miembros nombrados por todos los Colegios de Abogados de la República, y por cuatro profesores integrantes de las Facultades de Derecho de la República. Estamos ante una composición variada y diversa que permite una alta representatividad de la sociedad española.

2.2. La normativa actual

En la actualidad está concebido en el Título X de la Constitución española de 1978, de 27 de diciembre, bajo la rúbrica del «Del Tribunal Constitucional», que se desarrolla por la Ley Orgánica 2/1979, de 3 de octubre, del Tribunal Constitucional, y por el Reglamento de Organización y Personal del Tribunal Constitucional, de 5 de julio de 1990, aprobado por el Pleno del Tribunal Constitucional. A las que debemos añadir otras normas secundarias que configuran el *corpus* del Tribunal Constitucional, como las Resoluciones y Acuerdos del Pleno, Resoluciones de la Presidencia y Resoluciones y Acuerdos de la Secretaría General del Tribunal Constitucional, con la finalidad de regular con precisión todas las competencias, funciones y atribuciones que tiene encomendado el Tribunal Constitucional como intérprete supremo, pero no único, de la Constitución.

2.3. La organización interna: Pleno, Salas y Secciones

Para el buen funcionamiento, el Tribunal Constitucional se organiza en Pleno, en Salas o en Secciones.

Desde una perspectiva interna, el Tribunal Constitucional actúa en Pleno cuando lo hace bajo la presencia de todos los Magistrados. En este caso, las sesiones se presiden por el Presidente y en su defecto por el Vicepresidente, y cuando falten ambos, por el Magistrado que ostente la mayor antigüedad, y en caso de igualdad, por el de mayor edad.

Las competencias del Pleno no se agotan con las previstas en el artículo 10 LOTC, sino que se extienden a cualquier otra que se regule en la misma Ley Orgánica, como sucede con las funciones gubernativas previstas en el artículo 2 del Reglamento de 5 de julio de 1990. Asimismo, se permite que el Presidente pueda proponer al Pleno para que delibere y en su caso se pronuncie sobre cualquier otro asunto que no tenga asignado en materia de organización y administración del Tribunal Constitucional, con la salvedad de las competencias que corresponden a la Junta de Gobierno.

Para dar salida a los asuntos de su competencia, el Presidente puede convocar el Pleno por iniciativa propia o cuando lo soliciten al menos tres Magistrados. En ambos casos, la convocatoria se anunciará con una antelación mínima de tres días contados desde su celebración, salvo en aquellos casos en los que por motivo de su urgencia se aprecie de manera razonable una convocatoria menor o inmediata. Por otra parte, en las sesiones ordinarias o extraordinarias se acompañará el orden del día de los asuntos a tratar con los antecedentes necesarios para proceder a la deliberación. Así pues, los acuerdos aprobados por el Pleno son inmediatamente ejecutivos salvo que se acuerde lo contrario.

Para finalizar, se debe mencionar que el Pleno queda válidamente constituido con la reunión de todos los Magistrados siempre que se acuerde por unanimidad. Mientras que para la adopción de acuerdos de los que tiene asignada su competencia se requiere que estén presentes, al menos, dos tercios de los Magistrados. Además, el Secretario General por decisión del Presidente puede asistir a las sesiones del Pleno gubernativo asumiendo funciones de Secretario del Pleno con voz, pero sin voto, y cuando éste no pueda asistir, ejerce sus funciones el Magistrado designado para esa sesión por el Pleno.

Las Salas del Tribunal Constitucional son dos y cada una está compuesta por seis Magistrados designados por el Pleno. La Sala Primera la preside el Presidente del Tribunal Constitucional y la Sala Segunda el Magistrado que asuma la vicepresidencia, y cuando los mencionados no puedan ejercer la presidencia de su respectiva Sala, corresponde al Magistrado más antiguo y en igualdad de condiciones al de mayor edad.

Por otro lado, las Salas adquieren las competencias de los asuntos de justicia constitucional que no se asignen al Pleno, así como los asuntos que inicialmente correspondan a las Secciones y que por su relevancia y trascendencia deba conocer la Sala, como sucede en los recursos de amparo.

En tercer lugar, para que las Salas estén válidamente constituidas se requiere de la presencia de dos tercios de los Magistrados que la conforman.

Las Secciones coinciden con la división interna de las Salas y están compuestas por el Presidente de la Sala, o de quien le sustituya, y de otros dos Magistrados. De esta lectura se aprecia que la Sala Primera se divide en la Sección Primera y Segunda, mientras que la Sala Segunda lo hace con la Sección Tercera y Cuarta.

Desde el punto de vista práctico, para que las Secciones puedan adoptar acuerdos internos se necesita la presencia de dos Magistrados y cuando exista discrepancia de tres. Si bien es cierto que para la admisión a trámite de los recursos de amparo está sujeta a unanimidad, y cuando el resultado sea de dos votos a favor y uno en contra, procede elevar las actuaciones a la Sala respectiva. Las competencias de las Secciones son más reducidas y comprenden el conocimiento y la resolución de los asuntos de amparo asignados.

3. LA DESIGNACIÓN DE LOS MAGISTRADOS DEL TRIBUNAL CONSTITUCIONAL

3.1. Los requisitos que deben concurrir en su persona

El artículo 159.2 CE señala que los miembros del Tribunal Constitucional son nombrados entre magistrados, fiscales, profesores de universidad, funcionarios públicos y abogados. No se hace mención a la categoría de los miembros de la Carrera judicial y fiscal, ni a la clase de juzgado o tribunal al que deban de pertenecer, tampoco a la categoría de los profesores universitarios, ni del cuerpo de los funcionarios públicos, sólo se requiere que sean juristas de reconocida competencia con un mínimo de quince años de ejercicio profesional.

El artículo 159 CE se desarrolla sin importantes modificaciones por los artículos 16 a 26 LOTC, donde se mantiene el espíritu del párrafo anterior, al garantizar que todos los Magistrados del Tribunal Constitucional deberán ostentar la nacionalidad española. El segundo cambio que se observa es la incorporación de un elemento sustancial, al adicionar a los quince años de ejercicio profesional la asimilación «o en activo en la respectiva función». Para el cómputo de los años, en el supuesto de haber prestado servicios en dos o más grupos, se estará a la suma de todos los años de servicio efectivo. En resumen, cuatro son los requisitos que debe de cumplir el candidato:

1. Ser ciudadano español.
2. Pertenecer a las profesiones jurídicas mencionadas o ser funcionario del respectivo Cuerpo.
3. Ostentar la condición de jurista de reconocida competencia.
4. Contar con más de quince años de ejercicio o estar en activo en la respectiva función.

Aunque no se indique expresamente, el candidato debe encontrarse en el pleno uso de sus derechos civiles y políticos, lo que implica que no concurra una causa de inhabilitación o de incapacitación que le imposibilite asumir el cargo.

3.2. El sistema de elección

Dispone el artículo 159.1 CE que, de los doce Magistrados del Tribunal Constitucional, cuatro lo son a propuesta del Congreso de los Diputados por mayoría de tres quintos de los diputados, cuatro a propuesta del Senado con idéntica mayoría, dos a propuesta del Gobierno, y otros dos a propuesta del Consejo General del Poder Judicial. Por tanto, el precepto establece y confecciona un Tribunal Constitucional con una proporción de dos tercios de sus Magistrados (ocho de doce) elegidos por el Poder legislativo, dejando el otro tercio, y por partes iguales, entre el Poder ejecutivo y el Poder judicial.

Las normas internas que regulan la propuesta de los candidatos están ubicadas en el Reglamento del Congreso de los Diputados (artículos 204 a 206), en el Reglamento del Senado (artículo 184) y en la Ley Orgánica del Poder Judicial (artículos 560, 570 *bis* y 599), ante el silencio que guarda La Ley de Gobierno, pero que se suple con la normativa de la Constitución española y de la Ley Orgánica del Tribunal Constitucional. Para la propuesta de nombramiento se necesita de los dos tercios en el Pleno del Congreso de los Diputados y del Senado, de la aprobación por el Consejo de Ministros y del Pleno del Consejo General del Poder Judicial.

3.2.1. El número de los Magistrados del Tribunal Constitucional

El artículo 159.1 CE establece que el Tribunal Constitucional está compuesto por doce miembros nombrados por el rey, situación que se reproduce por remisión en el artículo 16.1 LOTC, pero en este precepto no se indica el número total de los Magistrados ni las mayorías que se necesitan.

Realizando un somero estudio dentro del Derecho comparado, se aprecia que el reducido número se asienta en varios textos constitucionales de nuestro entorno más cercano, como sucede en los siguientes escenarios: 1. En la República Federal de Alemania, la Ley Fundamental de Bonn guarda silencio sobre su composición (artículo 94 LFB), y con remisión a la Ley del Tribunal Constitucional se fija su composición en dieciséis miembros (artículo 2 BVerfGG); 2. En la República de Austria, el Tribunal Constitucional está compuesto por un Presidente, un Vicepresidente y por doce magistrados, así como por seis magistrados suplentes (artículo 147.1 B-VG); 3. En la República de Portugal, el Tribunal Constitucional está compuesto por trece miembros, diez nombrados por la Asamblea de la República y tres cooptados por éstos (artículo 222 CRP); 4. En la República francesa, el Consejo Constitucional está compuesto por nueve miembros (artículo 56 CRF), y; 5. En la República italiana por quince jueces (artículo 135.1 CRI).

3.2.2. La propuesta de los candidatos y su origen tripartito

La respuesta se adelanta en el artículo 1591.1 CE, donde se afirma que los Magistrados del Tribunal Constitucional serán designados bajo propuesta del Poder legislativo en sus dos terceras partes (cuatro por el Congreso de los Diputados y cuatro por el Senado), y cuatro por iguales partes entre el Gobierno y el Consejo General del Poder Judicial, garantizando la presencia de los tres Poderes del Estado en su composición.

En relación con los cuatro miembros que corresponden al Congreso de los Diputados, las propuestas de los candidatos se acuerdan por el Pleno, y cada Grupo Parlamentario puede proponer un máximo de cuatro candidatos, y a su vez, cada diputado puede optar en su papeleta hasta por cuatro nombres. Una vez realizada la votación, se designan como candidatos propuestos los cuatro que más votos hubiesen alcanzado, siempre que se respete el quorum de tres quintos para cada candidato, y en caso de no lograrse en la primera votación se realizarán sucesivas votaciones con una reducción progresiva de los candidatos. En los escenarios de empate, se decide en una sucesiva votación sobre los dos candidatos que hubiesen alcanzado el mismo número de votos (artículo 204 Reglamento del Congreso de los Diputados).

La designación de los candidatos por el Senado resulta muy similar a la del Congreso de los Diputados, pero con las siguientes apreciaciones: 1. El número de candidatos que se puede proponer por cada Grupo Parlamentario coincide con el número de los puestos a cubrir; 2. Deben respetarse los criterios acerca de la persona designada, que se encuentran exigidos en la Constitución española y en las Leyes de su desarrollo; 3. Los candidatos tienen la obligación de comparecer ante la Comisión de designación para someterse a las preguntas de los senadores, y comprobar así su idoneidad (artículo 184 Reglamento del Senado).

La regulación en la Ley Orgánica del Poder Judicial es *per saltum* porque debemos acudir a tres de sus preceptos para determinar el mecanismo de designación (artículos 560, 570 *bis* y 599 LOPJ). La primera apreciación es determinar si el

Consejo tiene competencia sobre la designación de los candidatos propuestos, y su fundamentación no sólo aparece en el artículo 159.1 CE sino que se complementa con el artículo 560.1.3º LOPJ, extremo que se mantiene cuando el Consejo no se hubiese renovado (artículo 570.1.1º *bis* LOPJ). La mencionada competencia, por su importancia, sólo puede ser atribuida al Pleno del Consejo y su desarrollo normativo se perfila en los mismos términos que la Constitución, es decir, se mantiene el quorum de tres quintos y la designación tendrá lugar «en el plazo máximo de tres meses a contar desde el día siguiente al vencimiento del mandato anterior» (artículo 599.1.º LOPJ).

La Ley del Gobierno guarda silencio sobre la designación de los candidatos propuestos, pero resulta difícil que el Consejo de Ministros no llegue a un acuerdo sobre los mismos, y dicho silencio se suple con lo expuesto en el artículo 159 CE en sus párrafos primero y segundo, relativos a los requisitos que deben concurrir en su persona.

3.2.3. El trámite posterior (la verificación) y el nombramiento por parte del Rey

La verificación de los nombramientos de los Magistrados del Tribunal Constitucional es una de las competencias gubernativas que tiene atribuidas para juzgar y comprobar si los candidatos propuestos reúnen con los requisitos exigidos en la Constitución (artículo 159.2 CE) y en la Ley Orgánica del Tribunal Constitucional (Título I Capítulo II) de conformidad con el artículo 2.g) LOTC. Precisamente, la finalidad de la verificación es preservar y garantizar la independencia de los Magistrados del Tribunal Constitucional como mecanismo de autodefensa, para evitar que los órganos constitucionales que tienen potestad para designar a sus miembros puedan alterar los requisitos que se deben exigir a sus integrantes condicionando su composición.

Su conocimiento corresponde al Pleno en virtud del artículo 10.1.i) LOTC y sólo se extiende a la verificación de los requisitos exigidos por mandato constitucional, sin que puedan entrar a valorar su idoneidad. El alcance se extiende a la comprobación de los requisitos personales y formales del artículo 159.2 CE, quedando fuera cualquier otra apreciación o valoración que no guarde relación con el mismo.

Se trata de un procedimiento ágil y rápido, que hasta el día de hoy no se ha pronunciado en sentido contrario, más allá del sentido desfavorable de los votos emitidos, no sólo por la confianza que tiene depositada en otros órganos constitucionales, sino porque los candidatos siempre han cumplido con creces los requisitos que se les exigen.

Si alguna queja debe hacerse a este procedimiento es la ausencia de una regulación específica en la Ley Orgánica del Tribunal Constitucional y en el Acuerdo de 5 de julio de 1990, del Pleno del Tribunal Constitucional, por el que se aprueba el Reglamento de Organización y Personal, que permitiese regular de forma clara y precisa el procedimiento a seguir.

Hoy en día el órgano constitucional comunica la propuesta al Tribunal Constitucional por conducto de su Presidente, a continuación, se manda publicar en el Boletín Oficial del Estado señalando el nombre del candidato y es el Pleno del Tribunal Constitucional el que se reúne para verificar si cumple con el mandato constitucional, emitiendo para ello un acuerdo que se traslada al órgano constitucional de origen y se publica definitivamente en el Boletín Oficial del Estado con la intervención del Rey y el refrendo del Presidente del Gobierno.

3.3. El juramento y la toma de posesión

Como sucede en la función pública, el Presidente y los Magistrados están obligados a prestar juramento al asumir el cargo después de la verificación de los nombramientos por parte del Tribunal Constitucional, y lo hacen ante el Rey bajo la siguiente fórmula: «Juro (o prometo) guardar y hacer guardar fielmente y en todo tiempo la Constitución española, lealtad a la Corona y cumplir mis deberes como Magistrado Constitucional».

Es costumbre que en el acto de juramento y toma de posesión estén presentes los representantes de las instituciones más altas del Estado, miembros del Gobierno y del Consejo General del Poder Judicial, así como los Magistrados del Tribunal Constitucional salientes y otros que lo ejercieron en el pasado. En este sentido, se inviste formalmente como Magistrado del Tribunal Constitucional al candidato propuesto. Acto seguido se procede con la publicación en el Boletín Oficial del Estado del nombramiento efectivo.

3.4. El periodo de designación

3.4.1. El tiempo de mandato

El mandato es de nueve años sin posibilidad de renovación inmediata (artículo 159.3 CE), salvo que hubiese ocupado el cargo por un plazo inferior a los tres años, y la renovación de sus miembros tiene lugar por terceras partes cada tres años. Además, durante el ejercicio de su mandato los Magistrados son independientes e inamovibles.

En relación con la duración del mandato, tanto el Presidente como el Vicepresidente del Tribunal Constitucional ejercen sus funciones por un periodo de tres años, con posibilidad de renovación dentro del mandato de los nueve años. Cuando el mandato de los tres años no venga a coincidir con la renovación de los Magistrados, el mandato del Presidente y del Vicepresidente se prorrogará para que finalicen en el momento en que se produzca y tomen posesión los Magistrados entrantes.

3.4.2. La renovación parcial.

A diferencia de otros textos constitucionales, como el austriaco que permite el carácter vitalicio de sus miembros hasta la edad de jubilación, la regla general consiste en atribuir la condición de Magistrado del Tribunal Constitucional dentro de un periodo más o menos largo para dotar al órgano constitucional de estabilidad, y garantizar la renovación parcial, pues ésta sólo se mantiene en Francia[9] y en España.

El artículo 159.3 CE dispone que el periodo de duración de los Magistrados es de nueve años con renovación por terceras partes cada tres años. La fórmula incorporada en la Constitución sigue el contenido de la Constitución francesa (artículo 56. 1 CRF) y permite dotarles de una cierta continuidad y estabilidad en sus funciones constitucionales, al evitar los cambios bruscos de su composición que podrían repercutir en el cambio de la doctrina del precedente constitucional (*stare decisis*). Además, impide que el cambio de la mayoría parlamentaria, al que le corresponden ocho de los doce miembros, pueda posibilitar un cambio radical de los Magistrados del Tribunal Constitucional.

---

9 El artículo 56.1 CRF de 1958 dispone "El Consejo Constitucional estará compuesto por nueve miembros, cuyo mandato durará nueve años y no será renovable. El Consejo Constitucional se renovará por tercios cada tres años. (…)».

3.4.3. La irreelegibilidad inmediata.

La no ilegibilidad inmediata es una garantía institucional y la Constitución guarda silencio sobre esta cuestión en el artículo 159 CE a pesar de los esfuerzos durante su tramitación para incorporar un inciso final en el párrafo tercero[10]. El vacío fue corregido en el artículo 16.2 *in fine* LOTC al permitir «Ningún Magistrado podrá ser propuesto al Rey para otro período inmediato salvo que hubiera ocupado el cargo por un plazo no superior a tres años». Con ello se abre la vía de la excepcionalidad, como situación intermedia entre la enmienda 640 y la 641 presentada por la Agrupación Independiente, al entender que en aquellos escenarios donde un Magistrado ha ejercido su puesto por un periodo inferior a tres años, siendo éste excesivamente corto para su cometido de la designación inicial, se permita una reelección, alterando así la regla general de la irreelegibilidad. Esta situación tiene lugar: 1. En la primera renovación de la composición del Tribunal Constitucional (Dis-

---

10 La enmienda 697, proveniente del Grupo Parlamentario Comunista hacía alusión, en aras de garantizar la imparcialidad del Tribunal Constitucional, a la necesidad de incorporar un inciso sobre dicha cuestión, para evitar que los Magistrados salientes pudiesen ser nuevamente elegidos. Esta cuestión fue planteada en la enmienda 963 del Senado presentada por Luis Angulo Montes en sentido contrario, para garantizar la reelección indefinida. La Agrupación Independiente del Senado planteó dos enmiendas, en la primera se proponía una alteración del artículo 159.3 para impedir la reelección inmediata (enmienda 640) al entender que la función principal del Tribunal Constitucional, como intérprete de la Constitución, «difícilmente podría ser satisfecha por un Tribunal cuyos componentes pudieran perpetuarse en el cargo»; la segunda de las enmiendas propuestas por la Agrupación Independiente giraba en sentido contrario, permitir que los Magistrados pudiesen ser reelegidos por una sola vez pero de manera consecutiva.

posición transitoria tercera, párrafo segundo[11]); 2. Cuando un Magistrado cese de su cargo de forma anticipada (fallecimiento o renuncia) y el entrante esté en el cargo por la diferencia de tiempo de mandato si es inferior a los tres años. En esta última circunstancia la reelección sólo tiene lugar si el órgano que propone la reelección es diferente del que le propuso.

En sentido contrario, la Constitución y la Ley Orgánica de su desarrollo no impiden que un Magistrado saliente, una vez cumplido su mandato de nueve años, pueda ser reelegido, siempre que la nueva propuesta no sea inmediata a su cese. En este escenario, que no se ha producido hasta el día de hoy, caben dos posibilidades, aplicar la renovación del tercio o esperar al transcurso de los nueve años siguientes de mandato, pero la Ley menciona el «período inmediato» y se debería estar a la renovación parcial, pues con ella se garantiza la ruptura de la continuidad.

4. LA COMPOSICIÓN DEL TRIBUNAL CONSTITUCIONAL

4.1. El elemento personal

La condición de Magistrado del Tribunal Constitucional se adquiere en la persona de los miembros que acceden a dicha condición con sujeción al procedimiento regulado en la Constitución española y en la Ley Orgánica del Tribunal Constitucional. En principio se debe distinguir la situación de los Magistrados del

---

11 «No será aplicable la limitación establecida en el artículo dieciséis, dos, de esta Ley a los Magistrados del Tribunal que cesarán en sus cargos, en virtud de los establecido en la disposición transitoria novena de la Constitución, a los tres años de su designación».

Tribunal Constitucional que ejercen sus funciones en la composición actual (como Magistrado, Vicepresidente o Presidente), de aquella que se atribuye a los que ejercieron el cargo en el pasado y disfrutan de los honores y atribuciones que corresponden a los Magistrados eméritos.

A continuación, se procede con una breve indicación de las notas básicas que se encuentran en cada una de las clasificaciones anteriores.

4.1.1. Los Magistrados eméritos del Tribunal Constitucional

El Reglamento de Organización y Personal, de 5 de julio de 1990, desarrolla dentro de los artículos 40 a 42 el orden de precedencia y los Magistrados eméritos del Tribunal Constitucional.

Cuando el Tribunal Constitucional celebre actos públicos no jurisdiccionales se estará al orden de precedencia fijado en la normativa del Estado con las especialidades del artículo 40 del Reglamento de Organización y Personal. En relación con los Presidentes eméritos del Tribunal Constitucional, éstos se sitúan a continuación de la persona que ocupe la Presidencia del Consejo General del Poder Judicial, y los Magistrados eméritos del Tribunal Constitucional después de los Ministros.

Las prerrogativas de los Presidentes, Vicepresidentes y Magistrados eméritos del Tribunal Constitucional se acuerdan por el Pleno del Tribunal, y en todo caso ostentan las siguientes:

1. Ocupan un lugar preferente en los actos solemnes y en las vistas de carácter jurisdiccional que tengan lugar en la sede del Tribunal Constitucional.

2. Se les permite el acceso libre a la sede y el uso, conforme a su dignidad, de las instalaciones y servicios.

3. Reciben las publicaciones del Tribunal Constitucional.

4.1.2. El Presidente y Vicepresidente del Tribunal Constitucional

El Tribunal Constitucional como órgano colegiado requiere de la existencia de un presidente, a quien se asigna por tiempo limitado el desarrollo y dirección del funcionamiento interno y la más alta representación. Todo ello es un rasgo común de los órganos colegiados que permite diferenciarle del resto de sus componentes al actuar como algo más que un *primus inter partes* porque entre sus atribuciones existe un gran abanico de competencias y funciones que conforman el denominado estatuto personal. En efecto, el presidente del Tribunal Constitucional se concibe como un magistrado constitucional superior porque bajo su persona se depositan las expectativas del buen funcionamiento del órgano constitucional.

Entre sus principales funciones encontramos la representación del órgano constitucional frente a otras instituciones nacionales e internacionales, la ejecución material del presupuesto económico del Tribunal Constitucional, la dirección de los elementos materiales y personales, entre otras. A modo de ejemplo y dentro del ordenamiento jurídico español, el presidente del Tribunal Constitucional asume las siguientes funciones y competencias:

1. Las que derivan de los artículos 160 y 165 CE;
2. Los artículos 2.2, 6.2, 7.2 y 3, 8.1, 9.1 y 4, 10, 12, 15, 16.3, 17.1, 21, 23.1 y 2, 90.1 y 2, 98, 99 y en la disposición transitoria primera, todas de la Ley Orgánica del Tribunal Constitucional;
3. Los artículos 1, 2 en sus letras i), l) y m), 3, 4, 5, 8, 9, 10, 11, 13, 14 a 19, 20, 21.c, 22, 25.1.a), b) y d), 25.3 y 4, 26.1.a), b), c) d), 27.2, 33.1, 36, 39.3, 40, 41, 42, 53.6.a), 54, 56, 59, 62.2.b), 63.1 y 2, 64.3, 71, 73, 78.2, 84.2, 88,

89, 91, 92, 93.3 y 95 del Reglamento de Organización y Personal del Tribunal Constitucional;

4. El artículo 5 del Acuerdo de 15 de junio de 1982, sobre el Funcionamiento del Tribunal Constitucional durante el período de vacaciones.

4.1.3. Los Magistrados del Tribunal Constitucional

La primera precisión que debe realizarse es que las personas que ejerzan cualquiera de los cargos anteriores, ya sea el de Presidente o Vicepresidente, son a su vez Magistrados del Tribunal Constitucional, y en todos ellos se aprecia la condición de participar en los asuntos atribuidos al Pleno, en la Sala o Sección a la que pertenezcan. En estos casos, los Magistrados no asumen funciones de dirección o de representación, sino de manera exclusiva las que traten sobre asuntos jurisdiccionales, de conformidad con su estatuto y dentro del mandato de nueve años, con las excepciones de renuncia anticipada o cuando se aprecie una incompatibilidad sobrevenida en el asunto a tratar, ya sea por abstención o renuncia.

4.2. Las diferentes composiciones del Tribunal Constitucional

El Tribunal Constitucional es uno de los órganos del Estado y para garantizar el ejercicio de sus competencias y atribuciones constitucionales se necesita dotarlo de miembros no permanentes. En los próximos dos apartados se procede con el estudio de los periodos de las composiciones del Tribunal Constitucional y de sus renovaciones, identificando las modificaciones internas y su incidencia desde la perspectiva de género y de su formación de acceso.

4.2.1. Los períodos, renovaciones y las composiciones del Tribunal Constitucional

En los siguientes cuadros se establecen los turnos de renovaciones parciales y los ciclos de renovaciones totales del Tribunal Constitucional de conformidad con el artículo 159.3 CE, dentro de los cuales los Magistrados ostentan su mandato por un período de nueve años con renovaciones por terceras partes cada tres años.

Renovaciones	Gobierno-CGPJ	Senado	Congreso
Inicio	1980	1980	1980
1, 2, 3 y 4	1986	1989	1983–1992
5, 6 y 7	1995	1998	2001
8, 9 y 10	2004	2007	2010
11, 12 y 13	2013	2016	2019
14, 15 y 16	2022	2025	2028

El primer periodo comprende entre 1980 a 1983, y dentro del mismo se configura la primera composición del Tribunal Constitucional por medio del Real Decreto de 14 de febrero de 1980 (BOE del 22 de febrero de 1980), tomando posesión el 12 de julio de 1980.

Elección	**Nombramiento**	**Sustitución**
1.Congreso de los Diputados	Manuel Díez de Velasco Vallejo *(Renuncia: Enero 1986)*	
2.Congreso de los Diputados	Aurelio Menéndez Menéndez *(Renuncia: Octubre 1980)*	Antonio Truyol Serra
3.Congreso de los Diputados	Francisco Rubio Llorente	
4.Congreso de los Diputados	Francisco Tomás y Valiente	
5.Congreso de los Diputados	Jerónimo Arozamena Sierra	
6.Congreso de los Diputados	Rafael Gómez-Ferrer Morant	
7.CGPJ	Ángel Escudero del Corral	

8.CGPJ	Plácido Fernández Viagas *(Fallece: 9 de diciembre de 1982)*	Francisco Pera Verdaguer
9.Senado	Gloria Begué Cantón	
10.Senado	Luís Díez-Picazo y Ponce de León	
11.Senado	Manuel García-Pelayo y Alonso	
12.Senado	Ángel Latorre Segura	

El siguiente periodo abarca los años 1983 a 1995, y dentro del mismo se suceden cuatro renovaciones. La primera renovación estaba prevista para el 22 de febrero de 1983, pero no se materializó hasta el 24 de octubre de 1983 (BOE de 25 de octubre de 1983), y afecta a los primeros cuatro Magistrados del Tribunal Constitucional que renuevan su situación. La segunda renovación estaba prevista para el 22 de febrero de 1986, y a diferencia de la primera en la que no se cumplieron los plazos, en esta ocasión se aprueba un Real Decreto el 21 de febrero de 1986 dentro del plazo establecido (BOE del 22 de febrero de 1986). La toma de posesión tuvo lugar el mismo día de la publicación y afectó a las elecciones de los Magistrados elegidos por el Congreso de los Diputados (número 1), el Gobierno (números 5 y 6), el Consejo General del Poder Judicial (números 7 y 8) y el Senado (número 11). La tercera renovación estaba programada para el 22 de febrero de 1989, y como sucedió en la anterior, antes del vencimiento, se aprobó el Real Decreto de 21 de febrero de 1989 (BOE del 22 de febrero de 1989). La toma de posesión tuvo lugar el 27 de febrero de 1989. En esta ocasión, la renovación afectó al Congreso de los Diputados (número 2) y por el Senado (números 9, 10, 11 y 12). El cierre del periodo comprendido entre 1983-1995 concluye con la cuarta renovación, prevista para el 22 de febrero de 1992, y demorada su aprobación hasta el Real Decreto de 2 de julio de 1992 (BOE del 6 de julio de 1992). La toma de posesión se celebró el 8 de julio de 1992. Los Magistrados del Tribunal Constitucional afectados fueron los previamente designados por el Congreso de los Diputados (números 1, 2, 3 y 4) y el Senado (número 9).

Primera renovación del periodo de 1983-1995.

Elección	Nombramiento	Sustitución
1. Congreso de los Diputados	Manuel Díez de Velasco Vallejo *(Renuncia: Enero 1986)*	
2. Congreso de los Diputados	Antonio Truyol Serra *Renuncia: Junio 1990*	
3. Congreso de los Diputados	Francisco Rubio Llorente	
4. Congreso de los Diputados	Francisco Tomás y Valiente	

Segunda renovación del periodo de 1983-1995.

Elección	Nombramiento	Sustitución
1. Congreso de los Diputados	Jesús Leguina Villa	
5. Gobierno	Luis María López Guerra	
6. Gobierno	Miguel Rodríguez-Piñero y Bravo-Ferrer	
7. CGPJ	Carlos de la Vega Benayas	
8. CGPJ	Eugenio Díaz Emil	
11. Senado	Fernando García-Mon y González-Regueral	

Tercera renovación del periodo de 1983-1995.

Elección	Nombramiento	Sustitución
2. Congreso de los Diputados	José Gabaldón López	
9. Senado	José Luis de los Mozos y de los Mozos *(Renuncia: Julio de 1992)*	
10. Senado	José Vicente Gimeno Sendra	
11. Senado	Fernando García-Mon y González Regueral *(Renuncia: Septiembre de 1994)* *(Retira la renuncia: Abril de 1996)*	
12. Senado	Álvaro Rodríguez Bereijo	

Cuarta renovación del periodo de 1983-1995.

Elección	Nombramiento	Sustitución
1. Congreso de los Diputados	Pedro Cruz Villalón	
2. Congreso de los Diputados	Julio González Campos	
3. Congreso de los Diputados	Rafael de Mendizábal Allende	
4. Congreso de los Diputados	Carles Viver Pi-Sunyer	
9. Senado	José Gabaldón López	

El siguiente periodo comprende los años 1995-2004, y se suceden tres renovaciones, que en términos generales afectan a la quinta, sexta y séptima renovación. La primera de las tres renovaciones estaba prevista para el 22 de febrero de 1995, y el Real Decreto de 7 de abril de 1995 (BOE de 7 de abril de 1995) estableció los nuevos miembros entrantes. La toma de posesión tuvo lugar el 8 de abril de 1995, y afectó a los Magistrados elegidos por el Gobierno (números 5 y 6) y el Consejo General del Poder Judicial (números 7 y 8). La sexta renovación estaba prevista para el 22 de febrero de 1998, y se aprueba por Real Decreto de 16 de diciembre de 1998 (BOE del 17 de diciembre de 1998). La toma de posesión, debido al retraso, se celebró el mismo día de la publicación, y afectó a los cuatro Magistrados designados por el Senado (números 9, 10, 11 y 12). La séptima renovación estaba prevista para el 6 de julio de 2001, dejando atrás la fecha del 22 de febrero que se había mantenido desde la primera renovación, y se aprueba por el Real Decreto de 6 de noviembre de 2001 (BOE del 7 de noviembre de 2001). La toma de posesión tuvo lugar el 8 de noviembre, y quedaron afectados los Magistrados elegidos por el Congreso de los Diputados (números 1, 2, 3 y 4).

Quinta renovación del periodo de 1995-2004.

Elección	Nombramiento	Sustitución
5. Gobierno	Manuel Jiménez de Parga Cabrera	
6. Gobierno	Tomás Salvador Vives Antón	

7. CGPJ	Javier Delgado Barrio *(Renuncia: Julio de 1996)*	Pablo García Manzano
8. CGPJ	Enrique Ruiz Vadillo *(Fallece: 16 de mayo de 1998)*	Pablo Cachón Villar

Sexta renovación del periodo de 1995-2004.

Elección	Nombramiento	Sustitución
9. Senado	María Emilia Casas Baamonde	
10. Senado	Vicente Conde Martín de Hijas	
11. Senado	Fernando Garrido Falla *(Renuncia: Diciembre de 2002)*	Jorge Rodríguez-Zapata Pérez
12. Senado	Guillermo Jiménez Sánchez	

Séptima renovación del periodo de 1995-2004.

Elección	Nombramiento	Sustitución
1. Congreso de los Diputados	Javier Delgado Barrio	
2. Congreso de los Diputados	Roberto García-Calvo y Montiel *(Fallece: 17 de mayo de 2008)*	
3. Congreso de los Diputados	Eugeni Gay Montalvo	
4. Congreso de los Diputados	Elisa Pérez Vera	

El tercer periodo comprende los años 2004-2013 y se suceden tres renovaciones (octava, novena y décima). La renovación octava estaba programada para el 8 de abril de 2004, y se aprobó por el Real Decreto de 8 de junio de 2004 (BOE del 9 de junio de 2004). La toma de posesión tuvo lugar el 9 de junio, y afectó a dos Magistrados propuestos por el Gobierno (números 5 y 6) y otro número igual del Consejo General del Poder Judicial (números 7 y 8). La novena renovación se retrasó hasta el 17 de diciembre de 2007, y se aprobó por Real Decreto de 29 de diciembre de 2010 (BOE del 10 de enero de 2001). La toma de posesión tuvo lugar el 12 de enero y afectó a los cuatro Magistrados propuestos por el Senado (números 9, 10, 11 y 12). La décima y última de las renovaciones de este periodo (2004-2013), estaba prevista para el 7 de noviembre de 2010, y se demoró hasta el Real Decreto de 20 de julio de 2012 (BOE del 21 de julio de 2012). La toma de posesión tuvo lugar el 23 de julio de 2012, afectando a los cuatro Magistrados propuestos por el Congreso de los Diputados (números 1, 2, 3 y 4).

Octava renovación del periodo 2004-2013.

Elección	Nombramiento	Sustitución
5. Gobierno	Manuel Aragón Reyes	
6. Gobierno	Pablo Pérez Tremps	
7. CGPJ	Ramón Rodríguez Arribas	
8. CGPJ	Pascual Sala Sánchez	

Novena renovación del periodo 2004-2013.

Elección	Nombramiento	Sustitución
9. Senado	Adela Asua Batarrita	
10. Senado	Francisco José Hernando Santiago *(Fallece: 29 de noviembre de 2013)*	Ricardo Enríquez Sancho
11. Senado	Luis Ignacio Ortega Álvarez *(Fallece: 15 de abril de 2015)*	
12. Senado	Francisco Pérez de los Cobos Orihuel	

Décima renovación del periodo 2004-2013.

Elección	Nombramiento	Sustitución
1. Congreso de los Diputados	Juan José González Rivas	
2. Congreso de los Diputados	Andrés ollero Tassara	
3. Congreso de los Diputados	Encarnación Roca Trías	
4. Congreso de los Diputados	Fernando Valdés Dal-Ré	

El siguiente periodo comprende los años 2013-2022 y dentro del mismo se suceden tres renovaciones (undécima, duodécima y decimotercera). La primera de las renovaciones mencionadas estaba prevista para el año 2013 (nótese que en este periodo se rompe con la costumbre de fijar una fecha exacta para cada renovación), y se aprobó por el Real Decreto de 12 de junio (BOE del 13 de junio). La toma de posesión se celebró el 13 de junio, y se vieron afectados los Magistrados propuestos por el Gobierno (números 5 y 6) y los del Consejo General del Poder Judicial (números 7 y 8). La duodécima renovación estaba prevista para el año 2017, y se aprobó por Real Decreto de 10 de marzo de 2017 (BOE del 15 de marzo de 2017). La toma de posesión tuvo lugar el 15 de marzo de 2017, y afectó a los cuatro Magistrados designados por el Senado (números 9, 10, 11 y 12). La decimotercera renovación, estaba prevista para el año 2021, y se aprobó por Real Decreto el 17 de noviembre de 2017 (BOE del 18 de noviembre de 2017). La toma de posesión tuvo lugar el 18 de noviembre de 2017, y afectó a los cuatro Magistrados designados por el Congreso de los Diputados (números 1, 2, 3 y 4), es la primera ocasión en que existe paridad en los nombramientos de los Magistrados entrantes del Tribunal Constitucional.

Undécima renovación del periodo 2013-2022.

Elección	Nombramiento	Sustitución
5. Gobierno	Pedro José González-Trevijano Sánchez	
6. Gobierno	Enrique López y López *(Renuncia: Junio de 2014)*	Antonio Narváez Rodríguez
7. CGPJ	Juan Antonio Xiol Ríos	
8. CGPJ	Santiago Martínez-Vares García	

Duodécima renovación del periodo 2013-2022.

Elección	Nombramiento	Sustitución
9. Senado	Alfredo Montoya Melgar *(Renuncia: 28 de julio de 2022)*	José María Macías Castaño *(Real Decreto 757/2024)*
10. Senado	Ricardo Enríquez Sancho	
11. Senado	Cándido Conde-Pumpido Tourón	

12. Senado	María Luisa Balaguer Callejón	

Decimotercera renovación del periodo 2013-2022.

Elección	Nombramiento	Sustitución
1. Congreso de los Diputados	Ramón Sáez Valcárcel	
2. Congreso de los Diputados	Enrique Arnaldo Alcubilla	
3. Congreso de los Diputados	Concepción Espejel Jorquera	
4. Congreso de los Diputados	Inmaculada Montalbán Huertas	

En la actualidad estamos en el periodo que comprende los años 2022-2031. La renovación decimocuarta estaba prevista para el año 2022, y se aprobó por el Real Decreto de 30 de diciembre de 2022 (BOE del 31 de diciembre de 2022). La toma de posesión se celebró el 9 de enero, y se designaron los Magistrados que corresponden al Gobierno (números 5 y 6) y los del Consejo General del Poder Judicial (números 7 y 8), donde la paridad se mantiene entre los nuevos integrantes del Tribunal Constitucional.

Decimocuarta renovación del periodo 2022-2031.

Elección	Nombramiento	Sustitución
5. Gobierno	Juan Carlos Campo Moreno	
6. Gobierno	Laura Díez Bueso	
7. CGPJ	María Luisa Segoviano Astaburuaga	
8. CGPJ	César Tolosa Tribiño	

Como hecho llamativo, por Real Decreto 757/2024, de 29 de julio, se nombra Magistrado del Tribunal Constitucional a José María Macías Castaño, como consecuencia de la renuncia de 28 de julio de 2022 de Alfredo Montoya Melgar

Elección	Nombramiento	Sustitución
9. Senado	José María Macías Castaño	Alfredo Montoya Melgar *(Renuncia el 28 de julio de 2022)*

4.2.2. Datos estadísticos de formación académica y sexo en sus diferentes renovaciones

En el presente epígrafe se estudian las renovaciones desde la vertiente de la formación académica y profesional de los Magistrados del Tribunal Constitucional y su incidencia desde una perspectiva de género.

Periodo	Carrera judicial	Catedrático	Vocal CGPJ	Abogado	Carrera fiscal
1980-1983 - Primera composición	 3 (MTS[12])[13] 1(MAT[14])	 9 (Derecho)[15] 1 (Economía)			
1983-1995 - 1ª renovación - 2ª renovación - 3ª renovación - 4ª renovación	2 (MTS) 1 (MTS) 2 (MTS)[16]	 4 (Derecho) 3 (Derecho) 3 (Derecho) 3 (Derecho)	 1 1		
1995-2004 - 5ª renovación - 6ª renovación - 7ª renovación	 4 (MTS)[17] 2 (MTS)[18] 2 (MTS)	 2 (Derecho) 3 (Derecho) 1 (Derecho)		 1	

12 Magistrado del Tribunal Supremo.

13 Uno por sustitución de otro Magistrado del Tribunal Constitucional, siendo presidente de Sala del Tribunal Supremo.

14 Magistrado de Audiencia Territorial.

15 Uno por sustitución de otro Magistrado del Tribunal Constitucional.

16 Uno siendo presidente de Sala del Tribunal Supremo.

17 Uno siendo presidente de Sala del Tribunal Supremo, y dos por sustitución de Magistrado del Tribunal Constitucional.

18 Uno siendo a su vez Letrado Mayor del Consejo de Estado y Profesor Titular.

2004-2013 - 8ª renovación - 9ª renovación - 10ª renovación	 2 (MTS) 2 (MTS)[19] 2 (MTS)[20]	 2 (Derecho) 3 (Derecho) 2 (Derecho)			
2013-2022 - 11ª renovación - 12ª renovación - 13ª renovación	1 (MAN[21]) 2 (MTS) 2 (MTS) 2 (MAN) 1 (MTSJ[22])	1 (Derecho) 2 (Derecho) 1 (Derecho)			1 (TFFTS[23])
2022-2031 - 14ª renovación	1 (MAN) 2 (MTS) 1 (M[24])	1 (Derecho)	(ver nota)	(ver nota)	

En el siguiente cuadro, y partiendo del contenido establecido en el artículo 159.2 CE con el desarrollo del artículo 18 LOTC, se realiza un estudio por periodos y renovaciones del requisito académico y profesional que debe concurrir en su persona. De su resultado se aprecia que dos son las categorías principales que colman más del noventa por ciento de las plazas asignadas para la condición de Magistrado de Tribunal Constitucional, siendo la de miembro de la carrera judicial y de catedrático, en sus diferentes variantes. Además, el acceso por otras profesiones es meramente anecdótico, pues, en realidad sólo un vocal del CGPJ ha accedido a la condición de Magistrado del Tribunal Constitucional (esta-

19 Uno por sustitución de otro Magistrado del Tribunal Constitucional.

20 Una siendo a su vez Catedrática de Derecho Civil.

21 Magistrado de la Audiencia Nacional.

22 Magistrada del Tribunal Superior de Justicia.

23 Teniente Fiscal de la Fiscalía del Tribunal Supremo.

24 Magistrado en excedencia, vocal del CGPJ y abogado, de ahí la remisión en la 14ª renovación a la procedencia de vocal del CGPJ y de abogado.

mos ante el mismo Magistrado que renunció y retiró la renuncia de su condición), y lo mismo sucede con el acceso por la carrera fiscal y la profesión de abogado, aunque en este caso se aprecia que uno de los afectados era magistrado en excedencia.

Desde el punto de vista de género, la inmersión de la mujer en el Tribunal Constitucional en la composición de 1980 fue anecdótica con tan sólo un miembro, y desde el año 1998 hasta el 2017, con las excepciones de las renovaciones de 2004 y 2013, se incorporaron 5 mujeres, consiguiendo la igualdad de nombramientos en la decimotercera (2021) y decimocuarta (2022) renovación, tendencia que se espera se mantenga en los sucesivos nombramientos.

Periodo	Hombres	Mujeres
1980-1983 - Renovación de 1980	11	1 (Gloria Begué Cantón) Senado
1983-1995 - 1ª renovación 1983 - 2ª renovación 1986 - 3ª renovación 1989 - 4ª renovación 1992	4 6 4 5	0 0 0 0
1995-2004 - 5ª renovación 1995 - 6ª renovación 1998 - 7ª renovación 2001	4 3 3	0 1 (María Emilia Casas Baamonde) Senado 1 (Elisa Pérez Vera) Congreso de los Diputados
2004-2013 - 8ª renovación 2004 - 9ª renovación 2010/2011 - 10ª renovación 2012	4 3 3	0 1 (Adela Asua Batarrita) Senado 1 (Encarnación Roca Trías)

2013-2022 - 11ª Renovación 2013 - 12ª renovación 2017 - 13ª renovación 2021	4 3 2	0 1 (María Luisa Balaguer Callejón) Senado 2 (Concepción Espejel Jorquera e Inmaculada Montalbán Huertas) Congreso de los Diputados
2022-2031 - 14ª renovación 2022/2023	2	2 (Laura Díez Bueso y María Luisa Segoviano Astaburuaga) Gobierno Consejo General del Poder Judicial

Valorando las designaciones de presidentes y vicepresidentes, el Tribunal Constitucional mantiene la mayoría de sexo masculino, pues, de los doce designados sólo encontramos una mujer en el cargo. Los datos resultan de mayor proporcionalidad en el puesto de vicepresidente del Tribunal Constitucional, de hecho, de los doce designados, cuatro han sido mujeres.

Listado del presidente de sexo femenino del Tribunal Constitucional.

Duración del mandato / Periodo	Presidente de sexo femenino
Real Decreto 1470/2004, de 15 de junio, por el que se nombra Presidenta del Tribunal Constitucional a doña Emilia Casas Baamonde. Real Decreto 1782/2010, de 29 de diciembre, por el que se declara el cese de doña María Emilia Casas Baamonde como Presidenta del Tribunal Constitucional. Periodo 2004-2013	María Emilia Casas Baamonde 8ª renovación

Listado de los vicepresidentes de sexo femenino del Tribunal Constitucional.

Duración del mandato / Periodo	Vicepresidente de sexo femenino
Real Decreto 461/1986, de 4 de marzo, por el que se nombra Vicepresidente del Tribunal Constitucional a doña Gloria Begué Cantón. Real Decreto 172/1989, de 21 de febrero, por el que se declara el cese de doña Gloria Begué Cantón como Vicepresidente del Tribunal Constitucional. Periodo 1983-1995	Gloria Buegué Cantón 2ª renovación

Real Decreto 474/2013, de 19 de junio, por el que se nombra Vicepresidente del Tribunal Constitucional a doña Adela Asúa Batarrita. Real Decreto 258/2017, de 10 de marzo, por el que se declara el cese de doña Adela Asúa Batarrita como Vicepresidente del Tribunal Constitucional. Periodo 2013-2022	Adela Asúa Batarrita 11ª renovación
Real Decreto 282/2017, de 22 de marzo, por el que se nombra Vicepresidente del Tribunal Constitucional a doña Encarnación Roca Trías. Real Decreto 1031/2021, de 17 de noviembre, por el que se declara el cese de doña Encarnación Roca Trías como Vicepresidente del Tribunal Constitucional. Periodo 2013-2022	Encarnación roca Trías 12ª renovación
Real Decreto 11/2023, de 11 de enero, por el que se nombra Vicepresidenta del Tribunal Constitucional a doña Inmaculada Montalbán Huertas. Periodo 2022-2031	Inmaculada Montalbán Huertas 14ª renovación

Bibliografía

Alzaga Villaamil, Ó. (1999). Comentarios a la Constitución Española de 1978. Tomo XII. Artículos 159 al final. Madrid: Cortes generales-Editoriales de Derecho reunidas.

Fernández Segado, F. (1984). La jurisdicción constitucional en España. Madrid: Dykinson.

Gómez de la Escalera, C.R. y Casas Baamonde, M.E. (dirs.) (2008). Comentarios a la Constitución Española. Madrid: Fundación Wolters Kluwer.

González Rivas, J.J. (dir.) (2010). Comentarios a la Ley Orgánica del Tribunal Constitucional. Madrid: La Ley.

González Rivas, J.J. (dir.) (2020). Comentarios a la Ley Orgánica 2/1979, de 3 de octubre, del Tribunal Constitucional. Madrid: BOE-Tribunal Constitucional-Fundación Wolters Kluwer-CEPC.

González Trevijano, P. (2000). El Tribunal Constitucional. Pamplona: Aranzadi.

Requejo Pagés, J.L. (coord.) (2001). Comentarios a la Ley Orgánica del Tribunal Constitucional. Madrid: Tribunal Constitucional-BOE.

Río Santos, Fruela (2024). El Tribunal Constitucional de España. Guía jurídico-práctica de su funcionamiento. Madrid: Editorial Aranzadi.

Rodríguez-Piñero, M. y Casas Baamonde, M.E. (dirs.) (2018). Comentarios a la Constitución Española. Tomo II. Madrid: BOE- Fundación Wolters Kluwer-Tribunal Constitucional-Ministerio de Justicia.

Scarciglia, R. (2013). La justicia constitucional además de los modelos históricos: metodología comparada y perspectivas de análisis. "Anuario Iberoamericano de Justicia Constitucional", núm. 17. Madrid.

Capítulo IV. La autonomía local y su protección constitucional: conflictos en defensa de la autonomía local

FRANCISCO JAVIER SANJUÁN ANDRÉS[1]
Profesor Ayudante Doctor en la Universidad Miguel Hernández de Elche

FRUELA RÍO SANTOS[2]
Profesor sustituto en la Universidad de Oviedo
Acreditado a Profesor Contratado Doctor

1. LA AUTONOMÍA LOCAL

1.1. Introducción

El sistema local español se articula de conformidad al principio de autonomía establecido en la Constitución en concreto, en el Título VIII que se dedica a la organización territorial del Estado, y específicamente en su Capítulo Segundo sobre la Administración.

El artículo 140 de la Constitución Española determina que «La Constitución garantiza la autonomía de los municipios. Estos gozarán de personalidad jurídica plena». La Constitución

---

1 Le corresponde la autoría de apartado primero (*La autonomía local*) que comprende los epígrafes 1.1 a 1.6.

2 Le corresponde la autoría de apartado segundo (*El conflicto en defensa de la autonomía local*) que comprende los epígrafes 2.1 a 2.9.

por tanto en este artículo 140 establece una doble condición de los municipios por un lado forman parte de la estructura organizativa del Estado, en ese estado multinivel español -integrado por administración del Estado, administración de las comunidades autónomas y administración local. Entre ellas habrá que diferenciar entre la administración provincial y la administración municipal-. En ese sentido también el artículo 140 de la Constitución reconoce la personalidad jurídica plena y la autonomía de los municipios

Además, en cuanto al artículo 140 en relación con la autonomía municipal cabe poner de relieve que durante la elaboración de la Constitución fue un elemento de consenso sin recibir modificación alguna durante la tramitación parlamentaria antes de la aprobación mediante referéndum por parte de la ciudadanía española. Dicha cuestión evidencia la tradición municipalista española que se desarrolla en el estado moderno desde la aprobación de la Constitución Española de 1812. Más recientemente con la incorporación de España a las Comunidades Europeas actual Unión Europea se produce una protección en materia de autonomía local por parte de las instancias comunitarias.

Merece señalase que, aunque la Constitución reconozca la autonomía municipal no incorpora una definición de autonomía local, cuestión que sí detalla de manera explícita la Carta Europea de la Autonomía Local (1985). En el artículo 3 de la Carta se establece que «por autonomía local se entiende el derecho y la capacidad efectiva de las entidades locales de ordenar y gestionar una parte importante de los asuntos públicos, en el marco de la ley, bajo su propia responsabilidad y en beneficio de sus habitantes.

La Carta reconoce la capacidad real y efectiva de participación de la ciudadanía en los asuntos públicos locales, y por ello, asumir la responsabilidad de sus decisiones en el marco de las competencias de los municipios y ciudades, por tanto, no estamos ante un mero principio administrativo más bien ante un derecho reconocido a los municipios y ciudades.

Igualmente, es significativo el reconocimiento en el marco de la Carta Europea de la Autonomía Local del principio de subsidiariedad, que determina que el ejercicio de las competencias de los poderes públicos debe de realizarse lo más próximo al ciudadano en la búsqueda de una mayor calidad y eficiencia. Además, al ser nuestros municipios la institución y administración más próxima a la ciudadanía implica la visualización directa de las decisiones públicas e igualmente esa proximidad física de la administración con la ciudadanía pudiendo reducir la distancia entre ciudadanos e instituciones -una de las principales causas de desafección política-.

La Carta Europea de la Autonomía Local y la Constitución española desarrollan la autonomía como una cuestión principal de los municipios españoles, pero no podemos olvidar que esa autonomía dispone de límites.

En España la propia estructura multinivel del Estado español que determina un sistema competencial determinado las atribuciones a cada nivel gubernativo. Asimismo, el mapa municipal español dispone de una heterogeneidad de municipios y ciudades atendiendo al número de habitantes, y en ese sentido el legislador español y la Ley Reguladora de las Bases del Régimen Local -en adelante, LBRL- determina unas competencias mínimas para todos los Ayuntamientos y estás se incrementarán en función de la población.

Por último, no podemos olvidar que en los últimos años se ha producido un importante desarrollo normativo en relación con los distintos niveles de gobierno y administración que han afectado a la Administración local. En nuestro sistema multinivel la Unión Europea, Estado español y comunidades autónomas han desarrollado normas y medidas para mejorar la calidad democrática de nuestras sociedades con el respeto a la autonomía local de los ayuntamientos, ya que la autonomía local es una garantía institucional que reconoce la Constitución y que determina que los ayuntamientos son componentes esenciales del orden jurídico político.

Así la Unión Europea incentiva a los gobiernos y de manera especial a los locales para que hagan visible su labor, y al mismo tiempo determinen el interés público municipal mediante diversos instrumentos que pueden implementar en virtud de su autonomía local. No obstante, estamos ante un concepto de autonomía local no puede corresponderse de conformidad con las categorías dogmáticas clásicas, con una mera descentralización administrativa. La autonomía local es también autonomía política, con independencia de la naturaleza de las normativas que las desarrolla y así las corporaciones locales son auténticas entidades gubernativas donde el principio democrático se manifiesta y proyecta.

1.2. La organización territorial del Estado y la autonomía local

La regulación constitucional de la autonomía local se produce en los artículos 140 a 142, fijando las siguientes cuestiones:

En primer lugar, la naturaleza de la autonomía de los municipios no es una mera descentralización administrativa sino una autonomía política, pues estas categorías conceptuales no se pueden diferenciar únicamente por la naturaleza de las potestades normativas de que disponen, como anteriormente hemos apuntado.

En segundo lugar, la administración local en España se compone de dos sujetos principales como son las diputaciones provinciales y los municipios, pero el régimen jurídico de la provincia, como entidad local con personalidad jurídica propia, desde nuestro parecer la autonomía predicada de esta entidad local es cualitativamente diferente a la atribuida a los municipios.

En tercer lugar, respecto al régimen jurídico de las haciendas locales.

Además, en el artículo 137 de la Constitución que ha sufrido numerosas críticas doctrinales en relación con la dirección «para la gestión de sus respectivos intereses», el concepto interés no solo se circunscribe al ámbito competencial del que son titulares todas las entidades locales, o, sino que va más allá al formar parte las entidades locales del Estado, y, por tanto, contribuir a la conformación del interés general. Es cierto que nos encontramos ante conceptos jurídicos indeterminados que precisan de la intervención del legislador o de la jurisprudencia para concretar dichos términos.

La Constitución en su artículo 137, dentro del Título VIII de la organización territorial del Estado, señala la existencia de tres tipos de Administraciones Públicas territoriales diferenciadas. Nuestra Constitución de manera imprecisa no define el modelo de Estado, sin embargo, sí señala de manera explícita que nos encontramos en un Estado de Derecho, Social y Democrático -artículo 1.1-, y que la forma política es la monarquía parlamentaria -artículo 1.3-. Cabe señalar que al respecto la doctrina ha venido a utilizar diversas afirmaciones para referirse a la configuración del Estado, pudiendo determinar que las más adecuadas serían «Estado autonómico» o «Estado de las autonomías», por cierto, ha sido la denominación utilizada por parte del Tribunal Constitucional que ha desempeñado con su función un papel fundamental en el desarrollo del Estado Autonómico español.

La Constitución de 1978 en el marco del artículo 2 reconoce el derecho a la autonomía de las nacionalidades y las regiones, y pudiendo señalar que nos encontramos ante un texto marcadamente autonómico porque introduce un nuevo una nueva organización territorial como es la Comunidad Autónoma. que no tenía precedente en el constitucionalismo español salvo las regiones de la segunda República española.

El Tribunal Constitucional español en su sentencia 32/1981 ha venido a determinar que el Estado autonómico dispone de una distribución vertical del poder público entre entidades de diverso nivel, lo que son básicamente el Estado como titular de la soberanía, las comunidades autónomas caracterizadas por la autonomía política, y, por último, las provincias y municipios que disponen de una autonomía administrativa.

En definitiva, nuestro Tribunal Constitucional ha señalado que esa autonomía es posible, pero con el límite a la unidad del Estado como señaló en la STC 4/1981, y además el Tribunal Constitucional ha concretado que nuestro Estado español es complejo con una diversidad y pluralidad de órganos, pero que debe de entenderse que actúan como Estado respetando la unidad y existiendo una distribución entre los distintos órganos.

Así el artículo 137 de la Constitución señala la administración local en España se compone de dos sujetos principales como son las diputaciones provinciales y los municipios se organiza territorialmente en municipios, en provincias y en las comunidades autónomas que se constituyan.

El Tribunal Constitucional en la sentencia 25/1981, de 14 de julio, instaura de forma precisa que las comunidades autónomas «gozan de una autonomía cualitativa superior a la administrativa que corresponde a los entes locales, ya que añaden potestades legislativas y gubernamentales que la configuran como autonomía de la naturaleza política». En ese sentido la autonomía política de las comunidades autónomas de conformidad con el artículo 2 de la Constitución disponen de una mayor protección constitucional que la autonomía administrativa de las provincias y municipios.

La jurisprudencia constitucional a lo largo de su dilatada interpretación en la materia ha sostenido de manera permanente que la autonomía política que disponen las comunidades autónomas es diferente a la autonomía administrativa de las corporaciones locales. Aunque la jurisprudencia ha matizado que los entes locales disponen de autonomía y también de carácter político.

En relación a los tipos de entes locales que disponen de autonomía en el ejercicio de sus competencias la Ley Reguladora de las Bases del Régimen Local en su artículo 3.1 viene a señalar una variada tipología o una heterogeneidad de entidades locales como son: el municipio, la provincia o la isla en los archipiélagos de las Islas Baleares y las Islas Canarias. Igualmente, dispondrán de la condición de entidades locales: las «A. Las entidades de ámbito territorial inferior al municipal, instituidas o reconocidas por las comunidades autónomas, conforme al artículo 45 de la LBRL. B. Las comarcas u otras entidades que agrupen varios municipios, instituidas por las comunidades autónomas de conformidad con esta ley y los correspondientes estatutos de autonomía. C. Las áreas metropolitanas. D. Las mancomunidades de municipios. Todos los entes locales dispondrán de la autonomía local que les permitirá garantizar y ejercer el derecho a la participación en la gestión de los intereses respectivos de sus gentes».

1.3. La autonomía local en la Constitución española y su desarrollo legislativo

La Constitución en su artículo 137 señala «para la gestión de sus respectivos intereses» los entes locales dispondrán de autonomía, e igualmente se establece que «la gestión de sus respectivos intereses por tanto nuestros entes locales disponen de competencias exclusivas para satisfacer sus intereses respectivos». Sin embargo, no podemos olvidar la diferencia entre los órganos constitucionales de aquellos que son desarrollados por el propio legislador, como es el caso de los entes locales «(...) la configuración institucional concreta se refiere al legislador ordinario al que no se fija más límite que el del reducto indispensable un núcleo esencial de la institución que la Constitución garantiza (...)».

Así el Tribunal Constitucional ha venido a señalar en relación a la autonomía local reconocida en los artículos 137 y 140 de la Constitución que disponen de garantía institucional que se materializa con el derecho de la comunidad local a la participación mediante sus órganos propios de gobierno y administración, en los asuntos que les afecte (Sentencia del Tribunal Constitucional 84/1982, de 23 de diciembre, o sentencia 17/1989, de 19 de octubre). En efecto la autonomía local tiene sentido en tanto en cuanto los órganos representativos de las entidades locales disponen de potestades necesarias para su ejercicio, no obstante, como veremos más adelante tendremos que diferenciar entre un contenido mínimo que es la garantía institucional de la autonomía local, y otro contenido adicional.

La regulación de la autonomía local y más concretamente la Ley Reguladora de las Bases del Régimen Local en su artículo 2 atribuye una serie de competencias a los entes locales: «1. Para la efectividad de la autonomía garantizada constitucionalmente a las entidades locales, la legislación del Estado y de las comunidades autónomas, reguladora de los distintos sectores de acción pública, según la distribución constitucional de competencias, deberá asegurar a los municipios, las provincias y las islas su derecho a intervenir en cuanto a asuntos afecten directamente al círculo de sus intereses, atribuyéndoles las competencias que proceda en atención a las características de la actividad pública de que se trate y a la capacidad de gestión de la entidad local, de conformidad con los principios de descentralización y de máxima proximidad de la gestión administrativa a los ciudadanos. 2. Las leyes básicas del Estado previstas constitucionalmente deberán determinar las competencias que ellas mismas atribuyan o que, en todo caso coma deben corresponder a los lentes locales en las materias que regule».

Además la Ley 57/2003, de 16 de diciembre, de medidas para la modernización del Gobierno local que modifica el artículo cuatro de la LRBL concreta que: «en su calidad de Administraciones Públicas de carácter territorial, y dentro de la esfera de sus competencias, corresponden en todo caso a los municipios, las provincias y las islas: A. Las potestades reglamentarias y de auto organización. B. Las potestades tributaria y financiera. C. La potestad de programación o planificación. D. Las potestades expropiatorias y de investigación, deslinde y recuperación de oficio de sus bienes. E. La presunción de legitimidad y de ejecutividad de sus actos. F. Las potestades de ejecución forzosa y sancionadora. G. La posibilidad de una revisión de oficio de sus actos y acuerdos. H. Las relaciones y preferencias y demás prerrogativas reconocidas a la Hacienda Pública para los créditos de la misma coma sin perjuicio de las que correspondan a las haciendas del Estado y de las comunidades autónomas; así como la inversión inembargabilidad de sus bienes y derechos en los términos previstos en las leyes».

La Ley Orgánica del Tribunal Constitucional con la inclusión del conflicto en defensa de la autonomía local fruto de la modificación mediante la Ley Orgánica 7/1999 refuerza la garantía institucional de la autonomía local.

Es complejo determinar el carácter de la autonomía local y ha sido una cuestión que ha tenido una significativa trascendencia doctrinal para establecer ese reconocimiento de los entes locales de su condición administrativa y política. Podemos sostener que es adecuada esa posición de parte de la doctrina en relación a la autonomía local señalando que dispone de un componente de carácter político, la autonomía local da expresión no a una mera autonomía administrativa sino a una autonomía política, si bien su ámbito de expresión es inferior al de los ordenamientos estatal y autonómico.

La cuestión también tradicionalmente se planteaba en una dialéctica entre Estado y Administración local pero la concepción de nuestros días determina que las corporaciones locales forman parte del Estado, y que en el marco del reparto competencial entre entes gubernativos las provincias y los ayuntamientos en el marco de sus competencias pondrán desplegar el principio de autonomía local con la correspondiente participación de la ciudadanía.

Por otra parte, en las últimas décadas en el marco de los modelos de modernización y búsqueda de la eficiencia de las administraciones pública se ha puesto en entredicho la administración local o la asunción por instituciones especializadas de determinadas competencias que disponen los ayuntamientos. La modernización no debe de entenderse como una reducción del mapa municipal español sino una dotación desde el Estado a los municipios y provincias de los instrumentos y financiación suficiente para desempeñar las competencias atribuidas por la Constitución y la legislación en materia local. No se debe olvidar que la autonomía local bien establecida en la propia Constitución, y así el Tribunal Constitucional ha puesto de relieve el carácter bifronte de la autonomía local que posibilita su garantía y defensa, y por tanto, es algo que obliga tanto al Estado como a las comunidades autónomas.

En definitiva, el concepto de autonomía local es un desarrollo jurisprudencial que recoge el derecho de la ciudadanía de los municipios a la participación mediante órganos propios en los asuntos de competencia de las localidades, en el respeto al principio de unidad estatal (sentencias 32/1981, 27/1987, 33/1993 o 385/1993. Así el Tribunal Constitucional en la sentencia 159/2001 falla que la autonomía local se configura como una garantía institucional que permite la indisponibilidad de su núcleo por parte de los legisladores autonómicos y estatal, incidiendo en que los entes locales están dotados de autogobierno y así se puede afirmar que la autonomía va más allá de lo puramente administrativo. Por ello podemos afirmar el carácter bifronte de la Administración local en la que concurren competencias autonómicas y estatales en la materia.

Por otra parte, en momentos coyunturales como han sido los de crisis económica se ha puesto en entredicho el propio concepto de autonomía local. En ese sentido, la Ley 27/2013, de 27 de diciembre, de racionalización y sostenibilidad de la Administración local, implementa los principios de estabilidad, eficiencia o sostenibilidad financiera junto a la máxima de «una administración, una competencia», y que puede afectar a la estructura administrativa local por la posible privatización de determinados servicios locales. Al respecto se pronunció el Tribunal Constitucional mediante las sentencias 111/2016 y 41/2016 señalando que la competencia estatal en materia en la materia permite la regulación relativa al funcionamiento de las corporaciones locales.

En relación con la Ley 27/2013, de 27 de diciembre, como ha señalado el Tribunal Constitucional puede constituir una serie de controles sobre la Administración local mediante el principio de estabilidad presupuestaria que puede poner en entredicho a la propia autonomía local. En otras palabras, los ayuntamientos no podrán realizar determinadas actuaciones si se superaban unos determinados límites de conformidad a los parámetros establecidos para el cumplimiento de la estabilidad presupuestaria, cuestión que puede condicionar las capacidades que le correspondían en virtud de la autonomía local.

En ese sentido la agenda local puede estar condicionada por la limitación presupuestaria, y al no disponer de los recursos económicos necesarios para implementar las políticas municipales o las decisiones locales. Y para mayor abundamiento la estabilidad presupuestaria en el marco de la reforma constitucional del artículo 135 de la Constitución dan prioridad al abono o amortización de la deuda municipal, y al pago de gastos corrientes todo ello supone un porcentaje elevado del presupuesto municipal que pudiera conllevar la restricción o limitación de los recursos económicos necesarios para llevar a cabo acuerdos de la propia institución local.

Por último, señalar que la participación que se realiza desde la institución mediante la autonomía local permite a los ayuntamientos la implementación de los mecanismos y soluciones más adecuadas para su municipio o ciudad, teniendo en consideración sus características propias (poblacionales, geográficas...), lo que favorece a que la ciudadanía perciba de manera más directa e inmediata su implicación en los asuntos locales.

1.4. Los límites de la autonomía local

La autonomía local reconocida en la Constitución no es un poder absoluto sino un poder limitado.

La autonomía local tiene que desempeñarse con el respeto y lealtad al resto de niveles gubernativos, por tanto, tendrá que ejercer sus atribuciones con respeto al resto de instituciones y principios constitucionales. En ocasiones las administraciones tendrán competencias convergentes y tendrán que actuar de conformidad a principios de coordinación y lealtad.

En relación con los límites de la autonomía local nuestro Tribunal Constitucional ha venido a señalar diferentes límites atendiendo a principios constitucionales como: el principio de unidad y la solidaridad, eficacia y coordinación administrativa, principio de igualdad, principio de legalidad, control de legalidad o el principio de estabilidad presupuestaria.

1.5. La jurisprudencia constitucional en materia de autonomía local

El Tribunal Constitucional español en relación con el principio de autonomía local a lo largo de su jurisprudencia ha venido a determinar la existencia de un contenido de carácter mínimo, y otro contenido de carácter complementario. Nuestro Tribunal Constitucional en su sentencia 46/1992 señaló «la autonomía local, tal y como se reconoce en los artículos 137 y

140 de la Constitución española goza de una garantía institucional con un contenido mínimo que el legislador debe de respetar; más allá de este contenido mínimo, la autonomía local es un concepto jurídico de contenido legal, que permite, por tanto, configuraciones diversas, válidas en cuanto respeten esa garantía institucional».

Respecto al contenido primario de la autonomía local o contenido mínimo el Tribunal Constitucional garantiza un ámbito de respeto por parte del legislador en relación con la autonomía local. Así se señala explícitamente en la sentencia 32/1981 «(...) la garantía institucional de la autonomía local no asegura un contenido concreto o ámbito competencial determinado, sino la preservación de una institución en términos reconocibles para la imagen quede de la misma tiene la conciencia social en cada tiempo y lugar. Dicha garantía es desconocida cuando la institución es limitada de tal modo que se la priva prácticamente de sus posibilidades de existencia real como institución para convertirse en un simple nombre». Con esa interpretación del Tribunal Constitucional determina un contenido mínimo y primario de la propia autonomía local que no ha sido concretada en la propia Constitución, pero teniendo en cuenta que el municipio es una institución constitucional que deberá tener garantizada su autonomía de conformidad a la sociedad de cada momento.

Respecto al contenido complementario de la autonomía local se desarrollará mediante ley a partir de la garantía constitucional establecido. Así el Tribunal Constitucional en la sentencia 49/1981 determina que el poder local se establecerá por ley «este poder para la gestión de sus respectivos intereses se ejerce en el marco del ordenamiento. Es la ley, en definitiva, la que concreta el principio de autonomía de cada tipo de entes, de acuerdo con la Constitución».

Así el legislador estatal como primer intérprete de la Constitución se encargará de concretar la autonomía local muestra de ello es la sentencia 259/1988. El Tribunal Constitucional que señala «corresponde, en efecto al legislador estatal la determinación del contenido de la autonomía local, respetando el núcleo esencial de la garantía institucional de dicha autonomía. En definitiva, la garantía institucional de la autonomía local se encuentra protegida por la propia Constitución, aunque el legislador le corresponderá la concreción de las competencias y el alcance de las mismas en cada entidad local de conformidad a lo establecido en la propia legislación».

Por último, cabe poner de relieve, y que nuestro Tribunal Constitucional no ha llevado a cabo una concreción jurisprudencial sólida y completa del contenido del principio de autonomía local pese a que ha tenido numerosas y significativas ocasiones para hacerlo. A modo de ejemplo, la jurisprudencia ha recaído en numerosas sentencias como 4/1981, 21/1981, 84/1982, 27/1987, 213/1988, 214/1989, aunque cabe destacar la sentencia 32/198, de 28 de febrero, respecto a la salvaguarda de la autonomía local o la sentencia 84/1982, de 23 de noviembre, en relación con el carácter bifronte de la administración local.

En definitiva, nuestro Tribunal Constitucional todavía le restan cuestiones y aspectos que concretar en relación con la propia autonomía local. No sin ello hay que admitir que la doctrina científica también debe de contribuir sin nunca ser legislador ni juez.

1.6. La Carta europea de la autonomía loca

La Carta Europea de la Autonomía Local del Consejo de Europa fue ratificada por España en 1988.

En la Carta en su artículo 3 se define: «1. Por autonomía local se entiende el derecho y la capacidad efectiva de las entidades locales de regular y administrar, en el marco de la ley, bajo su propia responsabilidad y en beneficio de su población».

Una parte importante de los asuntos públicos en nuestro caso de España disponemos de una garantía institucional amplia de la autonomía local, y debido a que el principio de autonomía local se encuentra reconocido con la Constitución cumple con la previsión de la Carta de la Europea de la Autonomía Local que instituye la misma como un principio básico.

La Carta hace especial hincapié a la capacidad efectiva de gestionar los asuntos públicos y de disponer los medios necesarios para poderla ejercer de manera efectiva. En otras palabras, las entidades locales no deben limitarse a ser agente de las autoridades superiores sino en el marco de sus competencias regular y gestionar las competencias que dispone la Carta Local en su artículo 4 enumera un amplio abanico de responsabilidades que deben de ejercerse en el ámbito local.

En el caso español sabemos que se aplicará de conformidad a las previsiones legislativas que establecen las competencias en función de la población. Nuestra Constitución ha reconocido expresamente que los entes locales pueden gestionar y regular autónomamente sus intereses, y por tanto, se puede hacer efectiva o se puede aplicar directamente la Carta Europea de la Autonomía Local. Obviamente pueden existir dificultades atendiendo a la heterogeneidad de los municipios españoles desde aquellos que disponen del régimen particular del concejo abierto, o es decir de municipios de menos de 100 habitantes a otros regímenes especiales que pudieran existir atendiendo a la capitalidad o régimen particular de determinadas ciudades o municipios, por ejemplo, Madrid o Barcelona. Sin perjuicio de otros regímenes particulares como los de Ceuta y Melilla.

La Carta Europea dedica especial interés en que los derechos vinculados a la autonomía local deben de ser ejercidos por autoridades constituidas democráticamente. Esta cuestión es básica para el Consejo de Europa que la autonomía local simplemente se ejerza mediante instituciones democráticas de gobierno.

Como hemos indicado con anterioridad los diversos niveles gubernativos han intentado incidir en la regulación y en la estructura local tanto la Unión Europea, el Estado como las comunidades autónomas.

La Carta Europea de la Autonomía Local pretende la potenciación de las entidades locales en el proceso de construcción europea. Al mismo tiempo desde la perspectiva de la Unión Europea, no solo es una Unión de estados sino que también lo es una Unión de regiones y municipios, en otras palabras una Unión de los pueblos europeos, y, por ende, de las estructuras territoriales en las que estos se organizan.

2. EL CONFLICTO EN DEFENSA DE LA AUTONOMÍA LOCAL[3]

2.1. Introducción

Por medio de la Ley Orgánica 7/1999, de 21 de abril, que modifica la Ley Orgánica del Tribunal Constitucional, se incorpora a su texto el Capítulo IV bajo la rúbrica «De los conflictos en defensa de la autonomía local» (artículos 75 *bis* a 75 *quinquies* LOTC). Estamos ante un procedimiento constituido al amparo del artículo 161.1.d) CE que habilita al Tribunal Constitucional para que pueda conocer de la impugnación de las normas con rango de ley del Estado o de las comunidades autónomas que atenten contra la autonomía local (artículos

[3] Este parte del capítulo está basado, en parte, en "Los conflictos en defensa de la autonomía local". En Río Santos, Fruela (2024). *El Tribunal Constitucional de España. Guía jurídico-práctica de su funcionamiento.* Madrid: Editorial Aranzadi, S.A.U., págs. 171 a 190.

137, 140 y 141 CE). Asimismo, y de conformidad con lo previsto en los artículos 94.1 y 96 CE, el Estado español ha ratificado la Carta Europea de Autonomía Local, otorgada en la ciudad de Estrasburgo el 15 de octubre de 1985 dentro del marco del Consejo de Europa, entrando en vigor el 1 de marzo de 1989 con la reserva del artículo 3.2.

Con anterioridad a la reforma de 1999, las entidades locales no podían acceder a la jurisdicción constitucional, pero para suplir esta restricción interponían recursos ante la jurisdicción contencioso-administrativa con el fin de alcanzar la tutela de los derechos e intereses legítimos. En el mismo sentido, planteaban cuestiones de inconstitucionalidad frente a las decisiones del Estado o de las comunidades autónomas que vulneraban la autonomía local (artículo 163 CE). Todo ello, y sin perjuicio de la posibilidad contemplada en los artículos 161.1.d) y 162 CE para que el Tribunal Constitucional se pronunciase sobre «las demás materias que le atribuyan la Constitución o las leyes orgánicas».

Con la promulgación de la Ley Orgánica 7/1999, se cierra una vieja aspiración no sólo doctrinal sino también de los municipios y provincias, que demandaban un trato semejante, o al menos similar, al del Estado o las comunidades autónomas para garantizar su autonomía local, al tener vetado el acceso a los recursos de inconstitucionalidad (artículo 162.1.a) CE).

No es hasta la STC 240/2006, de 20 de julio, cuando el Tribunal Constitucional se pronuncia sobre el primer caso de conflicto en defensa de la autonomía local para afirmar que «este nuevo procedimiento tiene como intención reforzar los mecanismos de la autonomía local de los que ya disponían los entes locales en nuestro ordenamiento, el cual tradicionalmente tenía establecidas vías jurisdiccionales para que aquéllos pudieran demandar la tutela del libre ejercicio de sus competencias, tal como prevé el citado artículo 11 de la Carta Europea de Autonomía Local». Este nuevo procedimiento, al hilo de la mencionada sentencia «no puede entenderse como una nueva modalidad, ni de alguno de los procesos a los que se hace referencia en los epígrafes a), b) y c) del artículo 161.1 CE, ni del contemplado en el artículo 161.2 CE. Tampoco puede considerarse una variante de ninguno de los procedimientos que, al amparo del epígrafe d) del artículo 161.1 CE, han sido creados por las "leyes orgánicas" y hoy forman parte de la jurisdicción constitucional en nuestro Ordenamiento. La Ley Orgánica 7/1999 ha procedido a su creación y regulación amparándose precisamente en la cláusula del artículo 161.1 d) CE, que habilita al legislador orgánico para atribuir a la jurisdicción del Tribunal Constitucional la competencia para conocer "de las demás materias" no contempladas en los preceptos constitucionales siempre que dicha atribución no se haga contra la Constitución» (FJ 1.III).

2.2. Objeto y pretensión

El objeto del conflicto de la autonomía local se encuentra enmarcado en el artículo 75 *bis*.1 LOTC al afirmar que «podrán dar lugar al planteamiento de los conflictos en defensa de la autonomía local las normas del Estado con rango de ley o las disposiciones con rango de ley de las Comunidades Autónomas que lesionen la autonomía local constitucionalmente garantizada». Lo que implica que pueden activar este procedimiento de control directo de constitucionalidad las normas y las disposiciones con rango de ley que emanen del Estado o de las comunidades autónomas cuando atenten contra la autonomía local[4], cualquiera que sea su denominación siempre

---

4 Sentencia del Tribunal Constitucional 240/2006, de 20 de julio (ECLI:ES:TC:2006:240): «Para determinar el contenido y la exten-

que procedan de la esfera del Estado o de la comunidad autónoma. En realidad, quedan circunscritas a este procedimiento las leyes orgánicas y ordinarias, los estatutos de autonomía y sus reformas[5], y los decretos legislativos y decretos-leyes.

Más problemática resulta la posibilidad de extender el conflicto en defensa de la autonomía local a los tratados internacionales que formen parte del ordenamiento jurídico español, porque en este supuesto la norma internacional no procede del Estado o de la comunidad autónoma sino de una organización internacional, pero con la ratificación y publicación se integra como parte del ordenamiento jurídico español (artículo 96 CE). A pesar de quedar abierto el acceso al recurso de inconstitucionalidad del artículo 27.2.c) LOTC. Se puede afirmar que los tratados internacionales ratificados y publicados pueden ser objeto del procedimiento contemplado bajo los artículos 75 *bis* y siguientes LOTC cuando atenten contra la autonomía local.

En todo momento, quedan fuera del ámbito del objeto aquellos actos jurídicos y disposiciones inferiores a la ley que

---

sión de la "autonomía local constitucionalmente garantizada", objeto de protección en este proceso (artículo 75.bis.1 LOTC), debe partirse de nuestra reiterada doctrina según la cual la autonomía local reconocida en los artículos 137 y 140 CE: "se configura como una garantía institucional con un contenido mínimo que el legislador debe respetar y que se concreta, básicamente, en el 'derecho de la comunidad local a participar a través de órganos propios en el gobierno y administración de cuantos asuntos le atañen, graduándose la intensidad de esta participación en función de la relación existente entre los intereses locales y supralocales dentro de tales asuntos o materias» (FJ 8.III).

5 Obsérvese el paralelismo con el artículo 27 LOTC que permite en su apartado segundo el control de la inconstitucionalidad frente a los estatutos de autonomía y las demás leyes orgánicas.

lesionen la autonomía local, porque en estos casos el control está limitado a la jurisdicción contencioso-administrativa.

La pretensión es la obtención de una «decisión» declarativa que «vinculará a todos los poderes públicos y que tendrá plenos efectos frente a todos» (artículo 75 *bis*.2 LOTC). De la lectura surgen varias dudas en conexión con el artículo 75 *quinquies* LOTC, porque no aclara si estamos ante una declaración de existencia de la vulneración de la autonomía local que se pretende obtener, como sería el pronunciamiento sobre la titularidad de una determinada competencia, o de una autocuestión de inconstitucionalidad que puede promover el Tribunal Constitucional para anular la ley objeto del conflicto siempre que proceda de la primera declaración, porque las dos resoluciones deben estar unidas en cuanto al objeto y finalidad perseguida. Pero si la sentencia fuese desestimatoria, el artículo 38.2 LOTC impide, como en los recursos de inconstitucionalidad, «cualquier planteamiento ulterior de la cuestión por cualquiera de las dos vías, fundado en la misma infracción de idéntico precepto constitucional».

2.3. Finalidad

La finalidad que se pretende obtener por medio del conflicto consiste en garantizar la defensa y la determinación de la autonomía local. Sin embargo, si se han planteado cuestiones relacionadas con la existencia de una eventual situación de inconstitucionalidad por motivos de competencia o por infracción de otros preceptos constitucionales, el procedimiento se reduce en estos extremos, y de oficio, a la defensa de la autonomía local, porque admitir lo contrario sería vaciar su contenido y otorgar otra finalidad no perseguida por el legislador. Si lo que se pretende es atacar disposiciones normativas que infrinjan el bloque de constitucionalidad, el procedimiento adecuado es el recurso de inconstitucionalidad.

El conflicto en defensa de la autonomía local está pensado para que el Tribunal Constitucional se pronuncie sobre la existencia del conflicto que se demanda en relación con la disposición normativa cuestionada. Extremo que no debe confundirse con la autocuestión, en la que el Tribunal Constitucional tiene la potestad de declarar la inconstitucionalidad, tomando como punto de origen la vulneración de la autonomía local que fue declarada previamente (artículo 75 *quinquies*.6 en conexión con los artículos 38 y siguientes LOTC).

Llegados a este punto debemos preguntarnos qué se debe entender por autonomía local. Un estudio pormenorizado sobre esta cuestión excedería con creces la finalidad perseguida, por ello, se citan algunos pasajes de sentencias del Tribunal Constitucional para perfilar y delimitar su contenido.

Dentro de sus primeras resoluciones, el Tribunal Constitucional entendió que la autonomía local se configura como un modelo de estado y «como un derecho de la comunidad local a participar a través de órganos propios en el gobierno y administración de cuantos asuntos le atañen, graduándose la intensidad de esta participación en función de la relación entre intereses locales y supralocales dentro de tales asuntos o materias. Para el ejercicio de esa participación en el gobierno y administración en cuanto las atañe, los órganos representativos de la Comunidad local han de estar dotados de las potestades sin las que ninguna actuación autonómica es posible»[6] (FJ 4.IV). Donde la limitación de su contenido «corresponde a los órganos centrales de éste la fijación de principios o criterios básicos en esta materia, de aplicación en todo el territorio estatal, y así se deduce de lo dispuesto en el artículo 149.1.18ª de la Cons-

---

6 Sentencia del Tribunal Constitucional 32/1981, de 28 de julio (ECLI:ES:TC:1981:32).

titución que atribuye al Estado la competencia para dictar las bases del régimen jurídico de las Administraciones Públicas»[7] (FJ 3.I), lo que implica que «la fijación de estas condiciones básicas no puede implicar en ningún caso el establecimiento de un régimen uniforme para todas las entidades locales de todo el Estado, sino que debe permitir opciones diversas, ya que la potestad normativa de las Comunidades Autónomas no es en estos supuestos de carácter reglamentario»[8] (FJ 5.VI).

Las afirmaciones anteriores han permitido que el Tribunal Constitucional, desde la base de los artículos 137, 140 y 141 CE, se articule bajo el prisma proporcionado por la Ley de Bases del Régimen Local frente a las competencias asumidas por el Estado y las comunidades autónomas. Entendiendo que el conflicto no sólo afecta a las competencias locales, sino también sobre cualquier otro aspecto o elemento de naturaleza local.

2.4. Legitimación

La legitimación para interponer el conflicto en defensa de la autonomía local está prevista en el artículo 75 *ter*.1 LOTC, y lo hace bajo un régimen estricto y tasado, en el que se valoran criterios poblacionales para evitar colapsar la carga de trabajo del Tribunal Constitucional. Esta problemática fue apreciada por el legislador[9] ante los más de ocho mil municipios españo-

---

7 Sentencia del Tribunal Constitucional 27/1987, de 27 de febrero (ECLI:ES:TC:1987:27).

8 Sentencia del Tribunal Constitucional 32/1981, de 28 de julio (ECLI:ES:TC:1981:32).

9 La exposición de motivos de la Ley Orgánica 7/1999, de 21 de abril, de modificación de la Ley Orgánica 2/1979, de 3 de octubre, del Tribunal Constitucional, afirma: «Para plantear el conflicto en defensa de la autonomía local, se considera necesario limitar el ámbito

les, la gran mayoría de escasa población, porque si bien todos disfrutan de la autonomía local, el acceso al Tribunal Constitucional requiere cumplir con unas reglas aritméticas y de representatividad, para evitar que entes locales aislados pudiesen accionar este procedimiento sin límite alguno al que sujetarse[10].

---

de los sujetos legitimados, de modo que sólo lo estén, de un lado, los municipios o provincias que sean únicos destinatarios de la correspondiente ley y, de otro, un séptimo del número de municipios del ámbito territorial a que afecte aquélla, siempre que representen al menos a un sexto de la población oficial del ámbito territorial afectado, o la mitad de las provincias en el mismo ámbito, siempre que representen, a su vez, la mitad de la población oficial del ámbito territorial afectado. Se trata, en definitiva, de garantizar los intereses de los Entes locales afectados ponderando su entidad, de modo que los mismos sean suficientemente representativos y que no se refieran a los propios de los Entes locales aisladamente considerados».

10 Sentencia del Tribunal Constitucional 240/2006, de 20 de julio (ECLI:ES:TC:2006:240): «La legitimación activa para plantear el conflicto en defensa de la autonomía local se reserva específicamente a determinados entes locales. La exposición de motivos de la Ley Orgánica 7/1999 expresa la necesidad de "limitar el ámbito de los sujetos legitimados", puesto que se trata de "garantizar los intereses de los entes locales afectados ponderando su entidad, de modo que los mismos sean suficientemente representativos y que no se refieran a los propios de los entes locales aisladamente considerados". De ahí que la Ley Orgánica 7/1999, al especificar los sujetos que pueden plantear el conflicto en defensa de la autonomía local, contemple únicamente a los "municipios y provincias" (artículo 59.2 LOTC), además de a los enumerados en las disposiciones adicionales tercera y cuarta que incorporó a la Ley Orgánica de este Tribunal. Y de ahí que el artículo 75.*ter* LOTC (igualmente introducido en este cuerpo legal por la Ley Orgánica 7/1999) establezca unas estrictas reglas para la *legitimatio ad causam* que serán examinadas seguidamente» (FJ 3.II).

Así, y a la hora de tratar la legitimación de los conflictos surgen dos cuestiones relevantes. La primera de nivel subjetivo, relacionada con los municipios y provincias, donde se requiere alcanzar el nivel de representatividad fijado por la Ley Orgánica. El segundo con un matiz objetivo, que la cuestión tenga especial trascendencia a nivel municipal o territorial. Si sumamos la importancia de la representatividad, con el fin de restringir el acceso al Tribunal Constitucional y garantizar un uso eficaz, se puede apreciar que el matiz objetivo prima frente al subjetivo, al menos en cuanto a la hora de fijar los criterios base del artículo 75 *ter* LOTC.

Parece evidente con la distribución territorial del Estado español que la legitimación se divide en tres grupos, en los que participan los municipios, las provincias y las islas, quedando fuera otros entes locales como las comarcas, las mancomunidades, las áreas metropolitanas y otras formas de naturaleza autonómica, con la excepción del País Vasco en cuanto a las juntas generales y las diputaciones forales. No está de más indicar que el conflicto de autonomía local también puede plantearse por las ciudades autónomas de Ceuta y Melilla[11].

El primer grupo guarda relación con los municipios y las provincias cuando sean los destinatarios únicos de la ley (artículo 75 *ter*.1.a) LOTC). Aunque sólo se mencionan los municipios y provincias, se incluyen las islas en virtud del contenido de la disposición adicional tercera y cuarta de la Ley Orgánica del Tribunal Constitucional, quedando afectados los archipiélagos de las Islas Baleares y de las Islas Canarias.

Asimismo, deben dirigirse frente a leyes que tengan un único destinatario, ya corresponda al municipio, a la isla o a la pro-

---

11 Por medio del artículo 68 de la Ley 55/1999, de 29 de diciembre, de Medidas fiscales, administrativas y del orden social.

vincia, actuando esta clasificación como un sistema de régimen cerrado o de *numerus clausus*[12].

Hoy en día no son extrañas las leyes de capitalidad de las comunidades autónomas, que deben su origen a dos disposiciones promulgadas en los años 1960 y 1963 para las ciudades de Barcelona y Madrid respectivamente. En la actualidad, las encontramos en la Ley 22/2006, de 4 de julio, de Capitalidad y de Régimen Especial de Madrid, así como la Ley 1/2006, de 13 de marzo, que regula el Régimen Especial del Municipio de Barcelona, y la Ley 22/1988, de 30 de diciembre, que aprueba la Carta Municipal de Barcelona, entre otras de naturaleza autonómica aprobadas por sus respectivos Parlamentos sobre la base estatutaria.

En segundo lugar, también están legitimados los municipios que alcancen una séptima parte de los existentes en el ámbito territorial de la aplicación de la norma con rango de ley, siempre que representen un mínimo de una sexta parte de la población oficial del ámbito territorial (artículo 75 *ter*.1.b) LOTC). La tesis anterior combina un doble criterio, el territorial y el poblacional, que deben cumplirse de forma conjunta,

---

12 Auto del Tribunal Constitucional 70/2015, de 14 de abril (ECLI:ES:TC:2015:70A): «Así pues la legitimación para plantear conflictos en defensa de la autonomía local se somete por el legislador orgánico a un sistema de numerus clausus, quedando fuera de dicho sistema cualesquiera otras personas físicas y jurídicas y, en concreto, los entes locales que no sean los municipios y las provincias en los términos fijados por el propio artículo 75.*ter*.1. LOTC. Por ello, y en definitiva, en este tipo de procesos resulta aplicable nuestra doctrina de que es imprescindible para promoverlos que la legitimación "sea establecida, en su caso, por la Ley Orgánica, pues lo contrario sería confundir lo acaso oportuno con lo jurídicamente posible y, lo que es peor, la posición del Juez constitucional con la labor del legislador" (ATC 174/1995, de 6 de junio, FJ 4, entre otros)» (FJ 2.IV).

lo que permite canalizar pactos y otros instrumentos de acuerdo político, porque de no alcanzarse el acceso al conflicto no se podría interponer.

Resulta razonable que un grupo político o varios a la vez, de forma conjunta o por separado, activen el propósito del conflicto en defensa de la autonomía local superando la intervención individual de nivel municipal. Lo anterior no impide que uno o varios grupos políticos puedan iniciar un recurso de inconstitucionalidad (artículo 162.1.a) CE), cuyo planteamiento es más rápido y seguro por la homogeneidad de los diputados, ante la eventual situación de que uno o varios municipios inicialmente afectados no cumplan con los requisitos o quieran dejar sin efecto la propuesta inicial.

En cuanto a la población real, se estará al último censo o padrón actualizado, extremo que no genera dudas, como la delimitación de los municipios afectados, porque su número es cierto y conocido.

Las provincias ostentan legitimación para la defensa de la autonomía local y provincial cuando supongan al menos la mitad de las existentes en el ámbito territorial de aplicación de la disposición con rango de ley, y representen como mínimo la mitad de la población oficial (artículo 75 *ter*.1.c) LOTC).

Los motivos del reconocimiento son varios:

1. La Ley Orgánica no ha restringido su actuación a un sólo nivel, la provincia, sino que también se extiende al municipio.

2. Entre las competencias asignadas a las diputaciones provinciales está la relativa a «la asistencia y cooperación jurídica, económica y técnica a los Municipios, especialmente los de menor capacidad económica y de gestión» (artículo 36.1.b) LBRL).

A lo anterior se debe de añadir que el precepto de la Ley Orgánica del Tribunal Constitucional no resulta del todo claro a pesar de que las provincias están perfectamente delimitadas, como sucede con las comunidades autónomas, y del valor jurídico-constitucional que de ellas emanan.

Si partimos del número mínimo necesario, las provincias deberían ser veinticinco siempre que representen al menos a la mitad de la población española. En caso contrario, el número sería menor[13], pero matizando que las comunidades autónomas por sí solas están legitimadas para la interposición de recursos de inconstitucionalidad (artículo 162.1.a) CE) a través de su Consejo de Gobierno o de la Asamblea legislativa. De las dos interpretaciones, la más ajustada a Derecho sería la primera, porque si la Ley Orgánica no distingue entre provincias y comunidades autónomas uniprovinciales se debe de estar al número mínimo de veinticinco provincias.

2.5. Exigencias para la tramitación del conflicto

2.5.1. Acuerdo del órgano plenario de las corporaciones locales

El primer requisito del artículo 75 *bis*.2 LOTC exige contar con el acuerdo del órgano plenario de la corporación local. La mención que se realiza a los órganos plenarios corresponde al Pleno de los ayuntamientos y de las diputaciones provinciales, y por extensión, al Pleno de las juntas generales y las diputaciones forales, extremo que también repercute en el Pleno de las

---

13 Valorando no sólo la provincia como la base de la diputación provincial, sino también las diputaciones forales y las juntas generales en el País Vasco, las mancomunidades provinciales interinsulares en las Islas Canarias, y los consejos insulares en las Islas Baleares.

mancomunidades provinciales interinsulares de las Islas Canarias y de los consejos insulares de las Islas Baleares.

Aunque no se mencione de forma expresa, y por remisión a la Ley de Bases del Régimen Local, el conocimiento por parte del Pleno exige que la cuestión haya sido introducida en el orden del día en sesión ordinaria o extraordinaria[14]. La posibilidad de incorporarlo dentro de una sesión extraordinaria juega un papel esencial en aquellos municipios con una población inferior a los 5.000 habitantes, porque en los mismos las sesiones ordinarias tendrán lugar cada tres meses, y en los de población comprendida entre los 5.001 y los 20.000 habitantes cada dos meses, mientras que en los municipios de más de 20.000 habitantes y en las diputaciones provinciales será cada mes (artículo 46.2.a) LBRL). En el primero de los casos es un plazo que coincide con el máximo para interesar el dictamen preceptivo (artículo 75 *quater* LOTC), y que se traduce en una eventual puesta en marcha del mecanismo del conflicto en defensa de la autonomía local, de ahí la trascendencia de poder activar las sesiones extraordinarias en los pequeños municipios.

2.5.2. El voto favorable de la mayoría absoluta del número legal de miembros de las corporaciones locales

El voto favorable es el siguiente paso necesario para la formalización del conflicto en defensa de la autonomía local porque necesita del respaldo del Pleno de la corporación local. La mayoría que se interesa por el legislador no es la mayoría sim-

---

14 Que se ajustan no sólo a lo previsto en los artículos 46 y siguientes LBRL, sino también, y con mayor precisión, a los artículos 77 y siguientes del Reglamento de Organización, Funcionamiento y Régimen Jurídico de las Entidades Locales, aprobado por el Real Decreto 2568/1986, de 28 de noviembre.

ple, que facilita y allana la tramitación ante el Tribunal Constitucional, sino la mayoría absoluta que puede suponer ciertas trabas y complicaciones.

2.5.3. El consenso en la delimitación del objeto y de los motivos para plantear el conflicto en defensa de la autonomía local

En la orden del día se indicará la propuesta para activar el conflicto en la norma con rango de ley que lesiona y atenta contra la autonomía local.

La delimitación del objeto tiene especial trascendencia desde un nivel procesal, porque todas las entidades locales iniciadoras deben consensuar el objeto, no sólo para presentar la demanda ante el Tribunal Constitucional, sino para obtener el dictamen del Consejo de Estado u órgano consultivo autonómico que asuma dichas competencias. En ese momento, las diferentes fuerzas políticas con el asesoramiento de los letrados consistoriales, y los consejos de los funcionarios con habilitación estatal, deberán sentar las bases del objeto y los motivos bajo un mismo y único acuerdo en los que se sustanciará el futuro conflicto.

2.5.4. La solicitud de dictamen preceptivo y previo

Una vez alcanzado el acuerdo del órgano plenario y el voto favorable de la mayoría absoluta del número legal de los miembros de las corporaciones locales, se activa la exigencia de la solicitud de dictamen previo del órgano consultivo competente (artículo 75 *ter*.3 LOTC). Se trata de un requisito que se impone por el legislador a los entes locales para iniciar las acciones ante el Tribunal Constitucional.

La exigencia del dictamen es evitar que resulten infundadas las peticiones de las entidades locales y garantizar un cierto sentido de seriedad en la fundamentación jurídica, aunque no faltan sectores que se muestran contrarios a este requisito que no se requiere en otros procedimientos constitucionales como son los conflictos de competencia y los recursos de inconstitucionalidad. Su contenido no resulta vinculante, pero la solicitud es preceptiva, y se debe incorporar junto con el escrito que active el conflicto en defensa de la autonomía local.

Cuestión distinta es que la fundamentación jurídica se pueda ver enriquecida con las aportaciones doctrinales y técnicas del órgano consultivo, las cuales pueden servir de base o de complemento a las previamente definidas. El contenido del dictamen sólo debe abarcar las cuestiones materiales y de fondo interesadas en relación con el objeto de la consulta, todo ello desde el prisma de la disposición de rango de ley que sea cuestionada, y su resultado podrá ser favorable o desfavorable a los motivos alegados inicialmente por las entidades locales.

La dicción literal del artículo 75 *ter* LOTC no hace mención a la persona en la que recae la solicitud del dictamen, pero el artículo 48 LBRL dispone que «en los asuntos en que sea preceptivo el dictamen del Consejo de Estado, la correspondiente solicitud se cursará por conducto del Presidente de la Comunidad Autónoma. Cuando el dictamen deba ser solicitado conjuntamente por Entidades pertenecientes al ámbito territorial de distintas Comunidades Autónomas, la solicitud se cursará por conducto del Ministerio de Administraciones Públicas a petición de la Entidad de mayor población». En definitiva, si el órgano que debe pronunciarse es el Consejo de Estado la solicitud se formulará por el presidente de la comunidad autónoma, y cuando sean entidades que pertenezcan a dos o más comunidades autónomas al Ministerio de Administraciones Públicas a petición de la entidad local de mayor población. Si el dictamen se somete al órgano consultivo autonómico se estará a lo que disponga la norma autonómica, que coincide en la mayoría de los casos con el presidente autonómico o la consejería afectada.

La intervención del Consejo de Estado resulta preceptiva cuando así lo prevea la Ley del Consejo de Estado o cuando las entidades locales afectadas pertenezcan a dos o más comunidades autónomas, y también cuando las comunidades autónomas no hubiesen configurado un consejo consultivo autonómico.

En estos supuestos, se está pensando en disposiciones con rango de ley de origen estatal, no sólo por su contenido sino por los requisitos numéricos que vienen a ser exigidos para su planteamiento. Fuera del escenario anterior, si las entidades afectadas pertenecen a una misma comunidad autónoma, siempre que tengan un órgano consultivo propio, será éste al que deberán acudir para que emita el preceptivo dictamen.

En resumen, la emisión del dictamen es un requisito insoslayable, porque el artículo 75 *quinquies*.1 LOTC indica que el Tribunal Constitucional inadmitirá mediante auto la solicitud del conflicto en defensa de la autonomía local que se hubiese interpuesto cuando se aprecie falta de legitimación u otros requisitos exigibles y no subsanables, o bien, cuando esté notoriamente infundada la controversia planteada, y en este caso, la falta de aportación del dictamen es un requisito insubsanable.

2.5.5. La intervención y asistencia de las asociaciones de entidades locales

Según la doctrina dos son los motivos que permiten que las asociaciones de entidades locales[15] puedan prestar asistencia a los entes legitimados para la interposición del conflicto en defensa de la autonomía local (Sánchez Morón, 2001: 1201-1202):

---

15 Se está pensando en la Federación Española de Municipios y Provincias (FEMP) y en otras de origen autonómico.

1. La dificultad y los requisitos que deben cumplir los entes locales legitimados.
2. El asesoramiento jurídico para plantear el conflicto.

2.6. Plazo para plantear el conflicto ante el tribunal constitucional

Dispone el artículo 75 *quater*.2 LOTC que «dentro del mes siguiente a la recepción del dictamen del Consejo de Estado o del órgano consultivo de la correspondiente Comunidad Autónoma, los municipios o provincias legitimados podrán plantear el conflicto ante el Tribunal Constitucional». Precisamente tiene una especial relevancia la fecha de la recepción del dictamen, pues, sólo desde ese preciso momento, y no desde su emisión, empieza a contar el plazo de un mes para la presentación del conflicto en defensa de la autonomía local. En realidad, el *dies a quo* se asocia con la recepción oficial y formal del dictamen, sea su contenido favorable o desfavorable, sobre la cuestión planteada por la entidad local que interpuso la solicitud[16].

Lo anteriormente indicado parece mostrar, al menos de forma indirecta, que el ente local está obligado a aportar la documentación que justifique que la interposición del conflicto en defensa de la autonomía local se ha presentado dentro del plazo, pero esta afirmación no puede ser admitida al invocarse

---

16 Sentencia del Tribunal Constitucional 132/2014, de 22 de julio (ECLI:ES:TC:2014:132): «Y, en segundo lugar, porque del tenor literal del artículo 75 *quater*.2 LOTC no se deduce que el plazo de un mes desde la recepción del dictamen tenga que computarse desde la recepción en el registro de la Consejería correspondiente, sino que según el tenor literal del precepto el cómputo del mes se realizará desde la recepción del dictamen por la entidad local que, según el escrito de interposición del conflicto en defensa de la autonomía local del Ayuntamiento de Torremontalbo, fue el 15 de junio de 2010» (FJ 4.III).

el ATC 70/2015, de 14 de abril, donde se reconoce que ningún precepto de la Ley Orgánica del Tribunal Constitucional manifiesta que deba cumplirse con este requisito y que basta con acreditar la fecha en la que se ha recibido el dictamen[17].

Ahora bien, el plazo es de tres meses para interesar la solicitud del dictamen desde la publicación oficial de la ley que se entienda que ha vulnerado la autonomía local (artículo 75 *quater*.1 LOTC), y de un mes para formalizar el conflicto ante el Tribunal Constitucional con la recepción del dictamen (artículo 75 *quater*.2 LOTC).

Por lo que se refiere a las comunidades autónomas con lenguas cooficiales en sus estatutos de autonomía, llama la atención el ATC 102/2015, de 9 de junio, donde el Gobierno de las Islas Baleares esperó a recibir el dictamen en lengua española, a pesar de tener copia en catalán, para plantear el conflicto en defensa de la autonomía local, cuestionando el plazo inicial del cómputo del artículo 75 *quater*.2 LOTC. El auto invoca al artículo 4 del Estatuto de Autonomía de las Islas Baleares, que viene a reconocer que ambos idiomas son cooficiales en el territo-

---

17 Auto del Tribunal Constitucional 70/2015, de 14 de abril (ECLI:ES:TC:2015:70A): «A las consideraciones expuestas ha de añadirse, que ningún precepto de la Ley Orgánica del Tribunal Constitucional demanda que, junto con el escrito de promoción del conflicto, se aporte el dictamen del órgano consultivo. El artículo 75 *quater*.2 LOTC se limita a exigir que se acredite tanto que se ha cumplido el requisito de la solicitud de dictamen como que el conflicto se interpone en el mes siguiente al de la recepción del dictamen. Esto es, lo que ha de acreditarse, en rigor, no es el dictamen en sí, sino la fecha en la que el dictamen ha sido válidamente recibido por quien promueve el conflicto. La aportación del dictamen en nada afecta a la admisibilidad del conflicto, pues no viene exigida por la Ley Orgánica del Tribunal Constitucional que únicamente reclama, implícitamente, que se acredite la fecha de recepción, en la medida en que es el *dies a quo* para la interposición del conflicto» (FJ 4.I).

rio insular, cerrando la cuestión debatida, porque la recepción de un dictamen en catalán o en español activa con la misma fuerza el plazo para acudir ante el Tribunal Constitucional[18].

En último lugar, nada impide que, una vez recibido el dictamen desfavorable del Consejo de Estado o del órgano consultivo autonómico, o bien antes si hubiere motivos fundados, el ente local pueda desistir del planteamiento del conflicto por vía del artículo 109 LPCAP que regula la revocación de los actos administrativos previos. Sobre esta cuestión la Ley Orgánica guarda silencio, pero lo más razonable es que el órgano plenario pueda revocar

---

18 Auto del Tribunal Constitucional 102/2015, de 9 de junio (ECLI:ES:TC:2015:102A): «En relación con dicha cuestión ha de tenerse en cuenta que el artículo 4 del Estatuto de Autonomía establece la cooficialidad de catalán y castellano en las Islas Baleares. En el mismo sentido, el artículo 6 de la Ley del Parlamento de las Islas Baleares 3/1986, de 19 de abril, de normalización lingüística, dispone que "la lengua catalana, propia de las Islas Baleares, tiene, junto con la castellana, el carácter de idioma oficial y, por tanto, ambas son las lenguas del Gobierno de las Islas Baleares, del Parlamento, de los consejos insulares y de las corporaciones locales, y en general de las administraciones públicas del ámbito territorial de la comunidad autónoma de las Islas Baleares y de las entidades del sector público de ellas dependientes". Por lo demás, es doctrina consolidada del Tribunal (SSTC 134/1997, de 17 de julio, FJ 2; y 253/2005, de 11 de octubre, FJ 10) que de la declaración de cooficialidad se sigue, por imperativo constitucional y sin necesidad de intermediación normativa alguna, la condición de lengua oficial del catalán para todos los poderes públicos, entre los que, en este caso, se encuentran tanto el Consejo Consultivo autonómico como el Consejo Insular de Formentera. Por tanto, el dictamen emitido por el Consejo Consultivo de Baleares en catalán y recibido por el Consejo Insular de Formentera el día 1 de diciembre era perfectamente válido y susceptible de producir los efectos que determina el artículo 75 *quater* LOTC, esto es, la apertura del plazo de un mes para la interposición del conflicto en defensa de la autonomía local» (FJ 3.II).

su decisión haciendo mención expresa al contenido del dictamen que será al menos en parte contrario a los intereses del ente local.

2.7. Tramitación del procedimiento

A diferencia de otros procedimientos constitucionales[19], el artículo 75 *quinquies*.1 LOTC permite que el Tribunal Constitucional pueda inadmitir el conflicto en defensa de la autonomía local interpuesto sin dar audiencia a las partes para que se pronuncien[20] en tres circunstancias:

1. Cuando se hubiese interpuesto sin legitimación.
2. Por incumplimiento de los requisitos exigibles cuando sean insubsanables.
3. Si el motivo alegado es notoriamente infundado[21].

El control previo no resulta extraño en la tramitación ante el Tribunal Constitucional al tener su origen en el recurso de amparo y en la cuestión de inconstitucionalidad, siendo una

---

19 Recurso de inconstitucionalidad y los conflictos de competencia.

20 Con la eventual aplicación de la audiencia prevista en el artículo 84 LOTC.

21 Auto del Tribunal Constitucional 251/2009, de 4 de noviembre (ECLI:ES:TC:2009:251A): «Ahora bien, procede recordar que, conforme al artículo 75 *quinquies*.1 LOTC, este Tribunal podrá acordar, mediante Auto motivado, la inadmisión del conflicto en defensa de la autonomía local cuando, entre otros motivos, estime notoriamente infundado el conflicto planteado. Esta misma posibilidad la prevé, para las cuestiones de inconstitucionalidad, el artículo 37.1 LOTC lo cual nos permite que, al efecto de aplicarla al supuesto que contempla el citado artículo 75 *quinquies*.1 LOTC, podamos trasladar al presente proceso constitucional la doctrina establecida en relación con esta causa de inadmisión en el referido proceso constitucional» (FJ 1.III y IV), donde se invoca el ATC 123/2009, de 23 de abril (FJ 1).

facultad que permite inadmitir *a limine* y de oficio[22] el conflicto en defensa de la autonomía local sobre cuestiones procesales o de fondo. Cuando se acuerde la inadmisión, el Tribunal Constitucional se pronunciará por medio de auto mencionando al menos alguno de los tres motivos tasados, y frente al mismo cabe interponer recurso de súplica dentro de los tres días siguientes contados desde la notificación previa audiencia común a las demás partes. Recordemos que el recurso de súplica no tiene efectos suspensivos (artículo 93.2 LOTC). De hecho, el efecto suspensivo no tiene una regulación separada para el conflicto en defensa de la autonomía local a diferencia del conflicto de competencia entre comunidades autónomas y el Estado, o de éstas entre sí (artículo 64.3 LOTC), o bien en la impugnación de leyes y otras decisiones de las comunidades autónomas por parte del Gobierno (artículo 161.2 CE).

Cuando el auto aprecie la existencia de requisitos preceptivos y subsanables, lo trasladará a la parte afectada para que los subsane dentro de los diez días siguientes a la notificación. En ese sentido, el artículo 75 *quinquies* LOTC guarda silencio y se estará a lo dispuesto en el artículo 85.2 LOTC. De no subsanarse, nada impide que se dicte un segundo auto inadmitiendo a trámite del conflicto en defensa de la autonomía local.

Una vez superado el trámite de la admisión del conflicto, y en el término de diez días, el Tribunal dará traslado del mismo a los órganos legislativo y ejecutivo de la comunidad autónoma de quien hubiese emanado la ley, y en todo caso a los órganos legislativo y ejecutivo del Estado. De la misma manera que para los actos de personación y de formulación de alegaciones se dispone de veinte días (artículo 75 *quinquies*.2 LOTC). Mientras que para el planteamiento del conflicto será notificado a

---

[22] Porque se está ante motivos de orden público procesal.

los interesados y publicado en el correspondiente diario oficial por el propio Tribunal (artículo 75 *quinquies*.3 LOTC).

La posibilidad de solicitar a las partes informaciones, aclaraciones o precisiones por parte del Tribunal Constitucional no sólo es una facultad contemplada en el artículo 75 *quinquies*.4 LOTC, sino que también resulta de aplicación en los conflictos positivos (artículo 65 LOTC), y en los conflictos entre órganos constitucionales del Estado (artículo 75 LOTC).

El Tribunal Constitucional puede recabar de los Poderes públicos y de los órganos de cualquier Administración Pública el expediente administrativo, informes y documentos que guarden una relación con la disposición o acto que sea objeto del procedimiento ante el Tribunal Constitucional (artículo 88 LOTC).

En relación con la prueba, se puede interesar a instancia de parte o de oficio, siempre que la misma resulte útil y necesaria para dictar la resolución (artículo 89 LOTC).

Nada se menciona sobre el plazo de entrega de la solicitud de informes, aclaraciones y precisiones, debiendo estar al plazo común de treinta días previsto en el apartado segundo del artículo 89 LOTC. Este plazo no debe confundirse con el que corresponde al Tribunal Constitucional para resolver sobre el fondo, que es de quince días contados desde el término para formular alegaciones o del fijado para recibir informaciones, aclaraciones y precisiones (artículo 75 *quinquies*.4 LOTC).

2.8. Efecto vinculante de las decisiones del Tribunal Constitucional

En este punto el legislador optó por equiparar los efectos de las decisiones de los conflictos de competencia entre el Estado y las comunidades autónomas o de éstas entre sí, al procedimiento de conflicto en defensa de la autonomía local porque viene a coincidir con lo dispuesto en los artículos 61.3 y 75 *bis*.2

LOTC. La decisión que se dicte vincula «a todos los poderes públicos y tendrá plenos efectos frente a todos». Lo que conlleva que todos los Poderes públicos están obligados a pasar y a no realizar actuaciones que contradigan o cuestionen el contenido de la decisión del Tribunal Constitucional. En otras palabras, se está aceptando el efecto *erga omnes* de las sentencias del Tribunal Constitucional previsto en el artículo 164.1 CE y en el artículo 38.1 LOTC, y también se extienden los efectos a las partes que no hubiesen promovido el conflicto porque no se exige la unanimidad de los sujetos afectados sino sólo de una parte de los mismos.

De su contenido se aprecia una zona de cierta confusión técnica al no especificar si se está haciendo referencia a la primera sentencia, aquélla que se dicta y que fija la existencia o inexistencia de la vulneración de la autonomía local de la ley estatal o de la comunidad autónoma (artículo 75 *quinquies*.5 LOTC), o bien, a la que declara la existencia de la inconstitucionalidad de la norma que hubiese atacado la autonomía local (artículo 75 *quinquies*.6 LOTC). En el primero de los supuestos, la sentencia debe declarar si existe o no vulneración del conflicto, y determinar la titularidad de la competencia que se plantea en el procedimiento, resolviendo lo que proceda sobre las situaciones de hecho o de derecho que se hubiesen generado con la lesión de la autonomía local. En el segundo, y cuando se declare la inconstitucionalidad de la ley que haya dado lugar al conflicto, requerirá nueva sentencia si el Pleno decide plantear la cuestión tras la resolución del conflicto declarando que ha habido vulneración de la autonomía local. En este caso, la cuestión se sustancia por el procedimiento señalado en los artículos 37 y concordantes LOTC, mientras que la sentencia tendrá los efectos ordinarios previstos en los artículos 38 y siguientes LOTC.

2.9. La autocuestión de inconstitucionalidad

Sólo cuando la primera sentencia declare la existencia de una lesión en la autonomía local, el Pleno podrá activar la autocuestión de inconstitucionalidad (artículos 37 y concordantes LOTC).

Estamos ante un procedimiento innecesario porque implica activar uno nuevo para resolver sobre la inconstitucionalidad que se ha declarado lesiva de la autonomía local. En este procedimiento serán partes aquéllas que lo hubiesen sido en el primero, con la posibilidad de que pueda intervenir el Fiscal General del Estado. La segunda sentencia parte de la motivación jurídico-constitucional de la primera, pero no puede dejar sin efectos las cuestiones ya resueltas como la titularidad y los efectos que hubiesen producido sobre las decisiones de hecho o de derecho creadas con la lesión de la autonomía local. Por ambos motivos, se debe de entender que estamos ante un procedimiento innecesario y complicado que no sólo ralentiza el buen funcionamiento del Tribunal Constitucional, permitiendo la subsistencia de la ley afectada hasta que no se dicte la segunda, sino que hace cuestionar la real eficacia de la primera sentencia y de la autocuestión de inconstitucionalidad.

El artículo 75 *quinquies*.6 LOTC cierra su contenido haciendo mención a los efectos que despliega la segunda sentencia, la dictada en el procedimiento de autocuestión de inconstitucionalidad, y lo hace con remisión expresa a los artículos 38 y siguientes LOTC. Ahora bien, el artículo 38.2 LOTC impide «cualquier planteamiento ulterior de la cuestión por cualquiera de las dos vías, fundado en la misma infracción de idéntico precepto constitucional».

Bibliografía

Alzaga Villaamil, Ó. (1999). *Comentarios a la Constitución Española de 1978. Tomo XII. Artículos 159 al final.* Madrid: Cortes generales-Editoriales de Derecho reunidas.

Goig Martínez, Juan Manuel (Coord.) (2019). El Sistema de Fuentes del Derecho constitucional en la jurisprudencia del Tribunal Constitucional Español. Madrid: Editorial Universitas, S.A..

González Rivas, J.J. (dir.) (2010). *Comentarios a la Ley Orgánica del Tribunal Constitucional.* Madrid: La Ley.

González Trevijano, P. (2000). *El Tribunal Constitucional.* Pamplona: Aranzadi.

Porras Ramírez, J.M. (2001). *El conflicto en defensa de la autonomía local ante el Tribunal Constitucional.* Madrid: Civitas.

Pulido Quecedo, M. 1999). *La Reforma de la Ley Orgánica del Tribunal Constitucional: el Conflicto en Defensa de la Autonomía Local.* Pamplona: Aranzadi.

Requejo Pagés, J.L. (coord.) (2001). *Comentarios a la Ley Orgánica del Tribunal Constitucional.* Madrid: Tribunal Constitucional-BOE.ç

Río Santos, Fruela (2024). *El Tribunal Constitucional de España. Guía jurídico-práctica de su funcionamiento.* Madrid: Editorial Aranzadi, S.A.U.

Río Santos, Fruela (dir.) (2023). *Las Fuentes del Derecho en el Sistema Constitucional Español.* Madrid: Editorial Aranzadi, S.A.U.

Rodríguez-Piñero, M. y Casas Baamonde, M.E. (dirs.) (2018). *Comentarios a la Constitución Española.* Tomo II. Madrid: BOE- Fundación Wolters Kluwer-Tribunal Constitucional-Ministerio de Justicia.

Ruiz Ojeda, Alberto (2010). *El Gobierno Local. Estudios en homenaje al Profesor Luis Morell Ocaña.* Madrid: COSITAL-Iustel.

Sanz Moreno, José Antonio (2004). *El Universo Local. Nación y Estado, Constitución y Autonomías.* Granada, Editorial Comares.

Tur Ausina, Rosario y Sanjuán Andrés, Francisco Javier, Las consultas populares Municipales. Instrumentos de la autonomía local para la mejora de la calidad democrática. En *Cuadernos Manuel Giménez Abad,* nº. 15, junio de 2018, pp. 169-204.

BLOQUE III: FISCALIDAD, ADMINISTRACIÓN E INTELIGENCIA ARTIFICIAL

Capítulo V. Los principios y derechos constitucinales en el ámbito del derecho tributario: revisión de las últimas sentencias

EVA Mª GETINO CALAMA[1]
Profesora asociada de Derecho Financiero y Tributario
Coordinadora del Grado de Derecho
Universidad Internacional de la Rioja -UNIR-

1. INTRODUCCIÓN:

Los principios tributarios son los fundamentos jurídicos, éticos y constitucionales que rigen la creación, aplicación y control de los tributos dentro de un Estado de Derecho. Su función principal es limitar el poder tributario del Estado y garantizar que la imposición fiscal se lleve a cabo de forma justa, equitativa, razonable y respetuosa con los derechos fundamentales de los ciudadanos.

En el caso de España, estos principios encuentran su origen principalmente en la Constitución Española de 1978(CE), especialmente en su artículo 31.1, que establece que:

"Todos contribuirán al sostenimiento de los gastos públicos de acuerdo con su capacidad económica mediante un sistema

1 Investigador del Proyecto de Innovación Docente Aplicada de UNIR. Referencia: PIDA 2526_050. "La aplicación de la Inteligencia Artificial a las asignaturas de la Facultad de Derecho de UNIR. Acrónimo: EDUCAIA- Educación en Derecho e Inteligencia Artificial".

tributario justo inspirado en los principios de igualdad y progresividad que, en ningún caso, tendrá alcance confiscatorio."

Además de este precepto, otros artículos constitucionales, como el art. 9.3 (seguridad jurídica, irretroactividad de normas sancionadoras, interdicción de la arbitrariedad) y el art. 135 (estabilidad presupuestaria y sostenibilidad financiera), complementan el marco normativo que orienta el sistema fiscal.

1. Los principios tributarios cumplen una doble función:
2. Garantizan los derechos de los contribuyentes, brindando seguridad y protección frente a decisiones arbitrarias o desproporcionadas de la Administración.

Orientan la acción del legislador y de la Administración tributaria, para que las normas y actuaciones fiscales sean coherentes, proporcionadas y sostenibles.

Estos principios no solo tienen valor teórico o ético, sino que han sido desarrollados y aplicados por los tribunales, especialmente por el Tribunal Constitucional y el Tribunal Supremo, consolidándose como herramientas esenciales para la interpretación y control del sistema tributario.

A continuación, cabe enumerar los principios constitucionales que vamos a analizar con mayor profundidad.

1. Principio de Legalidad

- Toda actividad financiera del Estado debe estar regulada por normas legales. No se pueden crear tributos, modificar gastos o ingresos sin que una ley lo respalde.(Reserva de Ley).

2 .Principio de Generalidad Tributaria

- Este principio está inspirado en que el tributo extienda su aplicación a la mayor población posible, es decir, personas físicas o jurídicas que residan en España, como norma general, con el fin de sustentar los gastos del Estado y contar con unos ingresos mínimos anuales.

3. Capacidad Contributiva

- Los impuestos deben ser proporcionales y equitativos, según la capacidad económica de cada ciudadano.

4. Principio de Equidad y Justicia Tributaria

- La carga fiscal debe distribuirse de manera justa, evitando privilegios o cargas excesivas sobre ciertos sectores de la población.

5. Principio de No Confiscatoriedad

- La tributación no puede ser tan elevada que prive a los ciudadanos o empresas de su patrimonio.

6. Principio de Proporcionalidad

- Las medidas fiscales deben ser adecuadas y no desproporcionadas en relación con los objetivos que buscan alcanzar.

7. Principio de Sostenibilidad Financiera

- El Estado debe garantizar un equilibrio entre ingresos y gastos para evitar déficits fiscales insostenibles.

8. Principio de Irretroactividad

- Las normas tributarias no pueden aplicarse de forma retroactiva en perjuicio de los contribuyentes.

9. Principio de Eficiencia y Economía

- La administración financiera del Estado debe ser eficiente en la recaudación y uso de los recursos públicos.

Estos principios aseguran que el sistema financiero estatal funcione de manera justa, equitativa y eficiente, respetando los derechos de los ciudadanos.

En la segunda parte del capítulo, veremos los principales derechos constitucionales que pueden verse afectados durante un procedimiento de inspección tributaria, como ocurre en los siguientes casos:

- La inspección puede implicar el acceso a información sensible del contribuyente, como cuentas bancarias, correos electrónicos, registros contables, etc., por lo que puede verse vulnerado el derecho a la intimidad personal y familiar(art 18.1de la CE).
- La inspección puede acceder y precintar una caja de seguridad en una entidad bancaria, y en consecuencia se nos plantea si la caja de seguridad es un domicilio constitucionalmente protegido y si se vulnera el derecho a la intimidad.
- El derecho de tutela(art 24 de la CE) podría verse vulnerado en caso de que los empleados hagan declaraciones ante el inspector sin respetar los requisitos de asistencia letrada.

El objeto de este capítulo es realizar una perspectiva jurisprudencial actualizada, sobre aquellas sentencias que han sentado doctrina , centrándonos en los últimos dos años en relación a los principios y derechos constitucionales en el ámbito del derecho tributario.

2. PRINCIPIOS TRIBUTARIOS GENERALES

2.1. Principio de legalidad financiera

Este principio, se regula en el art. 31. 3 de la Constitución Española(CE), " Sólo podrán establecerse prestaciones personales o patrimoniales de carácter público con arreglo a la ley"[2]. Este principio se refiere fundamentalmente al requisito imperativo de crear un nuevo tributo, bajo el amparo de una nueva ley, sin poder utilizar otras normas del ordenamiento jurídico, como el Real Decreto ley(RD), que históricamente s e han mal utilizado. Como ejemplo de este mal uso del RD para crear nuevos tributos, cabe mencionar, la Sentencia del Tribunal Constitucional STC 73/2017, (rec 2856/2012), por la que se declara la inconstitucionalidad y la nulidad de la disp. adic. 1ª del Decreto ley 12/2012 de 30 de marzo. Este RD pretendía una regularización fiscal de impuestos que gravan la renta por el pago de una prestación única del 10 por 100 del valor de los bienes o derechos declarados, con exclusión de intereses, recargos y multas. Afectaba al IRPF. [3]

---

2 La Constitución Española, https://www.boe.es/buscar/act.php?id=BOE-A-1978-31229, disponible 19 de marzo de 2025.
Véase sobre este principio, Fernández Segado F.: "El régimen socioeconómico y hacendístico en el ordenamiento constitucional español", Revista "Derecho y Sociedad", pág 95.
Dialnet-ElRegimenSocioeconomicoYHacendisticoEnElOrdenamien-7792266.pdf.

3 Constitucional STC 73/2017, (rec 2856/2012), FJ6º:
"En conclusión, la medida prevista en la disposición adicional primera del Real Decreto ley 12/2012 ha afectado a la esencia del deber de contribuir al sostenimiento de los gastos públicos que enuncia el art. 31.1 CE, alterando sustancialmente el modo de reparto de la carga tributaria que debe levantar la generalidad de los

Además, este principio viene regulado en el art 133 de la CE, establece que el Estado y la Comunidad Autónoma ostentan la potestad legislativa de crear tributos mediante una ley.[4]

Cabe añadir el matiz, que el Estado es competente "para regular no solo sus propios tributos, sino también el marco general de todo el sistema tributario y la delimitación de las competencias financieras de las comunidades autónomas respecto del propio Estado" (STC 192/2000, de 13 de julio, FJ 6); sin que las relaciones entre la hacienda autonómica y la estatal puedan sustentarse, como adujo la STC 31/2010, de 28 de junio, en el principio de reciprocidad, "dada la posición de superioridad del Estado y que a él le corresponde la coordinación en materia financiera, lo que lleva implícita la idea de jerarquía" (FJ 132).[5]

---

contribuyentes en nuestro sistema tributario según los criterios de capacidad económica, igualdad y progresividad. Al haberlo hecho así, es evidente que no puede introducirse en el ordenamiento jurídico mediante el instrumento normativo excepcional previsto en el art. 86.1 CE; esto conduce necesariamente a declarar la disposición impugnada inconstitucional y nula, por contradecir la prohibición prevista en este precepto constitucional".

4 Ejemplo de la competencia legislativa de las comunicades autónomas en la creación de los tributos: SENTENCIA 65/2020, de 18 de junio*(BOE núm. 196, de 18 de julio de 2020)*

5 Véase las siguientes sentencias en relación con la autonomía financiera de los entes territoriales: la STC 65/2020, de 18 de junio, FJ 4 c), enfatiza el papel de los tributos cedidos para modular el monto final de la financiación mediante el ejercicio de competencias normativas en el marco de las leyes de cesión. De este modo, la autonomía financiera significa no solo poder establecer o aumentar tributos, sino rebajarlos e incluso suprimirlos, determinando cada comunidad autónoma su propio modelo fiscal, en el marco de su política económica, sin que sea anulado

2.3. El principio de generalidad tributaria

Este principio viene regulado en el art. 31.1 de la CE, en el que establece que todos contribuirán a los gastos del Estado.

En la Sentencia 73/2017 del Tribunal Constitucional que ya hemos mencionado, también se analizó el principio de generalidad tributaria, el cual está relacionado con el de legalidad, y se concluyó que dicho principio constituye un mandato al legislador que le obliga a buscar la capacidad económica allá donde se encuentre, impidiéndole establecer beneficios fiscales que no están suficientemente justificados en términos jurídicos.[6]

2.3. Principio de Capacidad contributiva

En cuanto al principio de capacidad económica, el art. 31.1 CE, establece el deber de todos de contribuir "al sostenimiento de los gastos públicos, de acuerdo con su capacidad económica", lo que incorpora "un auténtico mandato jurídico, fuente

---

por decisiones estatales. Así pues, las comunidades autónomas pueden utilizar sus competencias normativas para optar entre incrementar los impuestos y el gasto público y, de este modo, incidir en la demanda agregada; o reducirlos para fomentar así el ahorro, la inversión y el consumo privados, como herramientas para aumentar la demanda agregada y el crecimiento económico. Recuerda que, según la STC 289/2000, de 30 de noviembre, FJ 3, la autonomía financiera está al servicio de la autonomía política como "la capacidad para elaborar sus propias políticas públicas en las materias de su competencia".

6 Léase también, Hernando Guijarro, F. "Los principios de generalidad e igualdad en la norma tributaria municipal y su infracción por las ordenanzas fiscales", Rev. boliv. de derecho nº 19, enero 2015, ISSN: 2070-8157, pp. 360-377.

de derechos y obligaciones[7], del que no solo se deriva una obligación positiva, la de contribuir al sostenimiento de los gastos públicos, sino también un derecho correlativo, como es el de que esa contribución "sea configurada en cada caso por el legislador según aquella capacidad" [8].

Este principio exige gravar un presupuesto de hecho revelador de capacidad económica[9], bastando con que "dicha capacidad económica exista, como riqueza o renta real o potencial en la generalidad de los supuestos contemplados por el legislador al crear el impuesto, para que aquel principio constitucional quede a salvo"[10]. Al respecto, nuestra doctrina viene considerando que las principales manifestaciones de capacidad económica son la renta, el consumo y el patrimonio[11].

A continuación cabe citar varias sentencias que han sido importantes del Tribunal Constitucional.

1. La STC 182/2021, de 26 de octubre, declaró la inconstitucionalidad de ciertos preceptos reguladores del Impuesto sobre el Incremento de Valor de los Terrenos de Naturaleza Urbana (IIVTNU), conocidos como "plusvalía municipal". El Tribunal consideró que el método objetivo de determinación de la base imponible esta-

---

7 " (SSTC 182/1997, de 28 de octubre, FJ 6; 245/2004, de 16 de diciembre, FJ 5; 189/2005, de 7 de julio, FJ 7; 100/2012, de 8 de mayo, FJ 9, y 26/2017, de 16 de febrero, FJ 2),

8 (SSTC 182/1997, FJ 6; 107/2015, de 28 de mayo, FJ 2, y 26/2017, FJ 2).

9 [SSTC 276/2000, de 16 de noviembre, FJ 4, y 62/2015, de 13 de abril, FJ 3 c

10 [SSTC 26/2017, de 16 de febrero, FJ 3; 59/2017, de 11 de mayo, FJ 3; 126/2019, de 31 de octubre, FJ 3, y 182/2021, FJ 3 b)]

11 [SSTC 210/2012, de 14 de noviembre, FJ 4; 53/2014, de 10 de abril, FJ 3 a), y 94/2017, de 6 de julio, FJ 4 b), entre otras].

blecido por la ley podía dar lugar a situaciones en las que se gravaba una riqueza inexistente, vulnerando así el principio de capacidad económica y la prohibición de confiscatoriedad.

2. Al respecto, cabe mencionar la STC 17/2023, de 9 de marzo, en esta resolución, el TC abordó la reforma del IIVTNU tras la sentencia 182/2021. Analizó si las modificaciones introducidas por el Real Decreto-ley 26/2021 respetaban el principio de capacidad económica, concluyendo que la nueva regulación, al permitir ajustar la carga tributaria al incremento de valor real efectivamente obtenido, se adecuaba a dicho principio constitucional.

Estas sentencias reflejan la evolución y aplicación del principio de capacidad económica en la jurisprudencia constitucional española, enfatizando la necesidad de que los tributos se fundamenten en manifestaciones reales de riqueza y respeten los principios de igualdad, progresividad y no confiscatoriedad.

Con respecto a las sentencias esgrimidas por el Tribunal Supremo, cabe destacar las siguientes:

1. Sentencia de 31 de enero de 2019 (Recurso 1898/2017) El Tribunal Supremo desestimó el recurso interpuesto por Repsol contra la Ordenanza Fiscal reguladora de la tasa por suministro y utilización del agua potable de A Coruña. En esta sentencia, se reconoció que los principios de capacidad económica y de equivalencia pueden operar como criterios moduladores de la cuantía de las tasas, permitiendo una menor tributación en favor de determinados sujetos pasivos frente a otros, en virtud del principio de capacidad económica.

2. Sentencia de 28 de febrero de 2024 (Recurso 339/2024) El Tribunal Supremo declaró que cabe obtener la de-

volución de lo pagado por el Impuesto sobre el Incremento del Valor de los Terrenos de Naturaleza Urbana (plusvalía municipal) en liquidaciones tributarias firmes, cuando en la transmisión no se obtuvo un incremento de valor del terreno. Esta decisión se basa en que gravar una ganancia inexistente vulnera el principio de capacidad económica.

3. Sentencia de 30 de mayo de 2024 (Recurso 481/2023) En esta resolución, el Tribunal Supremo desestimó el recurso interpuesto contra la desestimación de solicitudes de indemnización por responsabilidad patrimonial del Estado legislador, derivadas de la declaración de inconstitucionalidad de determinados preceptos que regulan el Impuesto sobre el Incremento de Valor de los Terrenos de Naturaleza Urbana. La Sala argumentó que la declaración de inconstitucionalidad de una norma no implica automáticamente la antijuridicidad de los daños derivados de su aplicación, especialmente si no se acredita que la tributación haya vulnerado el principio de capacidad económica.

2.4. Principio de Equidad y Justicia Tributaria

Este principio busca, construir un sistema impositivo que sea justo, solidario y razonable. La equidad es un camino hacia esa justicia, evitando situaciones de privilegio o discriminación entre ciudadanos.

A continuación cabe resaltar algunas sentencias relevantes del TC:

1- Sentencia 73/2017, de 8 de junio: En esta resolución, el Tribunal analizó la constitucionalidad de una disposición adicional que permitía la regularización fiscal especial, comúnmente conocida como “amnistía fiscal”. El

Tribunal concluyó que dicha medida vulneraba el principio de generalidad tributaria, al eximir del pago del impuesto sobre la renta a un amplio colectivo de contribuyentes que habían defraudado a la Hacienda Pública, sin una justificación que lo legitimara desde el punto de vista constitucional.

2- Sentencia 20/2022, de 9 de febrero: El Tribunal examinó una deducción fiscal establecida por la Comunidad Autónoma de Canarias para las entidades de crédito que operaban en su territorio. Se argumentó que dicha deducción podría quebrar injustificadamente el principio de igualdad ante la ley. El Tribunal recordó que el principio de igualdad tributaria conlleva la prohibición de conceder privilegios fiscales discriminatorios, es decir, beneficios tributarios injustificados desde el punto de vista constitucional que puedan constituir una quiebra del deber general de contribuir al sostenimiento de los gastos públicos.

Respecto al Tribunal Supremo, cabe destacar dos sentencias del TS:

1- La STS nº 1610/2024, de 15 de Octubre que determinó que el tipo superreducido del IVA del 4% aplicable al pan común debe extenderse también a los panes especiales, como los elaborados con semillas, baguettes y pan de cacao. El tribunal concluyó que no existen características que permitan distinguir entre pan común y especial a efectos fiscales, y que aplicar un IVA diferente contraviene el principio de neutralidad del IVA y afecta la libre competencia desde la perspectiva del consumidor medio.

2- La STS n.º 82/2025, de 28 de enero, con este reciente sentencia se ha previsto la aplicación del tipo del 10 % a las entregas, adquisiciones intracomunitarias o importaciones de los edificios o partes de los mismos aptos para su utilización como viviendas, incluidas las plazas de garaje, con un máximo de dos unidades, y anexos en ellos situados que se transmitan conjuntamente.

Para poder aplicar dicho gravamen reducido, es necesario que concurran los siguientes requisitos:

- Ha de ser una vivienda finalizada.
- El tipo se aplica a aquellas operaciones en las que se entregue la vivienda, y no sean prestación de servicios.
- Es preciso que se utilice como su hogar o sede de su vivienda doméstica.

2.5. Principio de No Confiscatoriedad

Un tributo se considera confiscatorio cuando su cuantía es tan elevada que:

- Anula o reduce de forma sustancial la renta o el patrimonio del contribuyente, o
- Impide el desarrollo de su actividad económica.

En otras palabras, es cuando el impuesto no busca recaudar de manera justa, sino que prácticamente se "apropia" del capital del contribuyente, violando derechos fundamentales como el de propiedad o la libertad económica.

La STC 149/2023, de 7 noviembre, es una de la últimas sentencias que ponen de manifiesto este principio. En concreto, se dilucida si existe doble imposición sobre el mismo hecho imponible y por tanto, si se incurre en confiscatoriedad. Consiste en ver el solapamiento que puede existir entre el impuesto sobre el patrimonio, cuya recaudación está cedida a las comunidades autónomas con el que se grava el patrimonio de las personas físicas por encima del mínimo exento de 700 000 € (o el mínimo exento que haya fijado cada comunidad autónoma). Mientras que por otro lado, existe el impuesto temporal de solidaridad de las grandes fortunas que se exige a partir de un umbral de 3. 000 000 €, por lo que ambos comparten el mismo hecho imponible. Por tanto, el fundamento de los dos impuestos es el mismo y gravan la misma manifestación de la capacidad de pago. Sin embargo, la recaudación del impuesto sobre el patrimonio pertenece a las comunidades autónomas, al ser un impuesto cedido, en tanto que la del nuevo impuesto corresponde al Estado pues, según el art. 3.2.2 de la Ley 38/2022, este no podrá cederse. Finalmente, se ha determinado que existe una neutralidad impositiva ya que el impuesto temporal de solidaridad de las grandes fortunas no menoscaba la capacidad de la Comunidad de Madrid de "generar un sistema propio de recursos", pues no interfiere en sus competencias sobre el impuesto sobre el patrimonio.

Además, cabe apreciar que no existe la infracción de los principios de capacidad económica y no confiscatoriedad reconocidos en el art. 31.1 CE. Ya que, una cosa es gravar una renta potencial y otra muy distinta es someter a tributación una renta irreal, dado que el referido principio quiebra en aquellos supuestos en los que la capacidad económica gravada por el tributo sea, no ya potencial, sino inexistente o ficticia[12]. El límite de la no confiscatoriedad opera respecto de cada tributo en particular, no solo del sistema tributario en su conjunto.[13]

---

12 Cita, en apoyo de esto, las SSTC 26/2017, de 16 de febrero, FJ 2, y 182/2021, de 26 de octubre, FJ 2. Esta última aclara que la vulneración del principio de no confiscatoriedad implica *per se* la del principio de capacidad, pero con un *plus* adicional. Menciona, asimismo, la STC 150/1990, de 4 de octubre, FJ 9, y la indicada STC 26/2017,

13 Antecedente 4º, de la sentencia 149/2023 de 7 de noviembre: "Desde un enfoque competencial, el límite para crear tributos lo tienen las comunidades autónomas, no el Estado. Con cita de la

2.6. Principio de Proporcionalidad

El principio de Proporcionalidad, es un principio general del Derecho, aplicable también en el ámbito tributario, y actúa como límite al poder del Estado, especialmente en su potestad para imponer tributos o sanciones fiscales. Aunque no está expresamente formulado en el artículo 31.1 de la CE, forma parte de la interpretación constitucional y jurisprudencial en materia tributaria.

Destacamos las siguientes sentencias del TS, sobre este principio:

1-Sentencia de 31 de octubre de 2024 (Recurso de Casación 7826/2022)

El Tribunal Supremo anuló una sanción impuesta por la falta de presentación de autoliquidaciones relativas a operaciones asimiladas a importaciones (Modelo 380). La sanción, establecida en un porcentaje fijo sobre la cuota dejada de consignar sin posibilidad de modulación, fue considerada desproporcionada. El Tribunal enfatizó, que las sanciones tributarias deben respetar el principio de proporcionalidad y que los órganos jurisdiccionales pueden anular aquellas que lo vulneren, sin necesidad de plantear cuestión de inconstitucionalidad.

STC 35/2012, de 15 de marzo, FJ 6, recuerda el "amplio margen de configuración que le permite [al Estado] en principio establecerlos sobre cualquier fuente de capacidad económica", sin perjuicio de respetar lo dispuesto en el art. 6.2 LOFCA cuando sea aplicable"

2.-Sentencia de 28 de mayo de 2020 (Recurso de Casación 586/2020)

El Tribunal determinó que, cuando un recurso está pendiente de resolución, no puede iniciarse el procedimiento de apremio respecto a la deuda tributaria objeto del recurso. Esta decisión se basa en el principio de proporcionalidad y en la necesidad de respetar los derechos de los contribuyentes durante los procedimientos tributarios.

2.7. El principio de Sostenibilidad Financiera:

Es un principio moderno que guía la gestión de las finanzas públicas, y aunque no aparece expresamente en la Constitución Española de 1978, se incorpora de forma destacada con la reforma del artículo 135 en 2011, especialmente tras la crisis financiera.

1- En esta STS de 1 de julio de 2021 (Recurso de Casación 1896/2020), se analizó la decisión de la Generalitat Valenciana de no prorrogar un contrato de gestión de servicios sanitarios y asumir la gestión directa. El Tribunal enfatizó que, según el artículo 7.3 de la Ley Orgánica 2/2012, de Estabilidad Presupuestaria y Sostenibilidad Financiera, las administraciones públicas deben valorar las repercusiones y efectos de sus actuaciones sobre los gastos e ingresos públicos presentes y futuros, asegurando el cumplimiento de los principios de estabilidad presupuestaria y sostenibilidad financiera. Aunque no se exige un informe específico, sí se requiere una valoración adecuada y proporcional a la naturaleza y alcance de la actuación administrativa.

2- La STC de 25 de mayo de 2016 (Sentencia 101/2016), es relevante porque aborda la relación entre las competencias autonómicas y los principios de estabilidad presupuestaria y sostenibilidad financiera establecidos en el artículo

135 de la CE. El Tribunal reconoció que el Estado puede adoptar medidas normativas generales que incidan en las competencias autonómicas en materia financiera, siempre que estas medidas estén directamente relacionadas con la corrección de desviaciones y la efectividad de los objetivos de estabilidad y sostenibilidad.

2.8 Principio de Irretroactividad

Implica que las leyes tributarias no deben aplicarse a situaciones o hechos que ocurrieron antes de su entrada en vigor, especialmente si dicha aplicación causa perjuicio al contribuyente.

Este principio busca:

- Asegurar la seguridad jurídica,
- Proteger la confianza legítima en el ordenamiento jurídico,
- Evitar que el legislador imponga cargas fiscales inesperadas sobre hechos ya consumados.

La STC de 25 de mayo de 2016 (Recurso101/2016), es relevante en el contexto del principio de irretroactividad. En ella, se abordó la relación entre las competencias autonómicas y los principios de estabilidad presupuestaria y sostenibilidad financiera establecidos en el artículo 135 de la Constitución Española. El Tribunal reconoció que el Estado puede adoptar medidas normativas generales que incidan en las competencias autonómicas en materia financiera, siempre que estas medidas estén directamente relacionadas con la corrección de desviaciones y la efectividad de los objetivos de estabilidad y sostenibilidad.

2.9 Principio de Eficiencia y Economía

El principio de eficiencia y economía es un principio rector de la actuación de las Administraciones Públicas, especialmente relevante en el ámbito del derecho financiero y tributario, ya que orienta la gestión de los recursos públicos hacia el uso óptimo y responsable de los mismos.

A continuación las siguientes sentencias del Tribunal Supremo:

- *Sentencia de 28 de febrero de 2023 (Recurso de Casación 4598/2021)*

En esta resolución, el Tribunal Supremo reiteró la importancia del principio de regularización íntegra, que está directamente vinculado a los principios de justicia tributaria y economía procesal. El Tribunal enfatizó que la Administración Tributaria debe realizar una regularización completa y coherente de la situación tributaria del contribuyente, evitando actuaciones parciales que puedan generar situaciones de doble imposición o enriquecimiento injusto.

- *Sentencia de 18 de mayo de 2020 (Recurso de Casación 6950/2018)*

En esta resolución, el Tribunal Supremo destacó el principio de buena administración, que incluye la obligación de la Administración Tributaria de actuar con diligencia y eficiencia en la gestión de los procedimientos tributarios. El Tribunal subrayó que la Administración debe garantizar la plena efectividad de los derechos de los contribuyentes, evitando situaciones que generen retrasos indebidos o que resulten en un uso ineficiente de los recursos públicos.

3. DERECHOS FUNDAMENTALES CONSTITUCIONALES EN EL PROCEDIMIENTO INSPECTOR

Dentro del procedimiento inspector, se pueden encontrar diversos derechos fundamentales que pueden ser vulnerados, sino se respetan los requisitos necesarios para llevar a cabo dicho procedimiento. Estos requisitos vienen establecidos no solo en la Ley 58/2003 General Tributaria, de 17 de diciembre, (LGT) sino también en la Ley 29/1998, reguladora de la Jurisdicción Contenciosa Administrativa. de 13 de julio, (LJCA).

La entrada en el domicilio constitucionalmente protegido por parte del inspector, se regula en el art. 113 de la LGT[14], en el que se nos establece como requisito imprescindible para poder acceder al mismo, el consentimiento del obligado tributario[15] o autorización judicial.

---

14 "Cuando en las actuaciones y en los procedimientos de aplicación de los tributos sea necesario entrar en el domicilio constitucionalmente protegido de un obligado tributario o efectuar registros en el mismo, la Administración Tributaria deberá obtener el consentimiento de aquél o la oportuna autorización judicial.
La solicitud de autorización judicial para la ejecución del acuerdo de entrada en el mencionado domicilio deberá estar debidamente justificada y motivar la finalidad, necesidad y proporcionalidad de dicha entrada.
Tanto la solicitud como la concesión de la autorización judicial podrán practicarse, aun con carácter previo al inicio formal del correspondiente procedimiento, siempre que el acuerdo de entrada contenga la identificación del obligado tributario, los conceptos y períodos que van a ser objeto de comprobación y se aporten al órgano judicial".

15 Respecto al consentimiento del obligado tributario: En efecto, el consentimiento debe estar absolutamente desprovisto de toda mácula que enturbie el exacto conocimiento de lo que se hace y la libérrima voluntad de hacerlo, debiendo estar también exento de

En caso de necesitarse la autorización judicial esta debe estar justificada, debiendo ser proporcional a la finalidad que se pretende conseguir.[16]

En resumen, los requisitos para poder realizar la entrada de registro en el domicilio constitucionalmente protegido son los siguientes:

- Existencia previa de un procedimiento inspector debidamente iniciado, con indicación de los impuestos y periodos a que afecta, el cual debe ser acompañado a la solicitud al Juez para la obtención de la autorización de la entrada y registro.
- Tanto la solicitud de la Administración para la obtención de la autorización de entrada y registro, como el auto judicial que la autorice, han de ser objeto de expresa fundamentación sobre su necesidad en el caso concreto, sin que quepa presumir en la mera comprobación un derecho incondicionado o natural a entrar en el domicilio.
- Se ha de identificar debidamente qué concreta información se pretende obtener, no cabiendo la autorización con fines prospectivos o indefinidos, para ver qué se encuentra o qué es lo que tiene el sujeto comprobado.

---

todo elemento susceptible de provocar o constituir error, violencia, intimidación o engaño, por lo que el interesado debe ser enterado de que puede negarse a autorizar la entrada y registro que se le requiere". Y en el mismo sentido, se expresa la sentencia de dicha sección n.º 897/2021 de 26 de febrero (REC. 550/2019).

16 El Tribunal Supremo, en su sentencia 1231/2020, de 1 de octubre de 2020, establece los requisitos exigibles para la obtención de autorización judicial de entrada (artículo 8.6 de la LJCA) como título habilitante para el acceso y registro por parte de la Inspección de Hacienda del domicilio constitucionalmente protegido de los contribuyentes.

- El auto judicial de entrada debe motivar formal y materialmente la necesidad, adecuación y proporcionalidad de su adopción, sometiendo a contraste la información facilitada por la Administración, que debe ser puesta en tela de juicio, en su apariencia y credibilidad.
- Como norma general, no puede servir de base para autorizar la entrada la información general o indefinida procedente de la comparación de la supuesta situación del titular del domicilio con la de otros indeterminados contribuyentes o grupos de estos o con la media de sectores de actividad en todo el territorio nacional, sin especificación detallada alguna que avale la seriedad y, obviamente, la posibilidad de contraste de tales fuentes.
- En todo caso, ha de ser expuesta y valorada la conducta previa del titular en respuesta a actuaciones o requerimientos de información efectuados por la Administración.[17]

Sin embargo, en la legislación nada se dice al respecto sobre las información a la que se accede, archivos informáticos, ordenadores, documentación física, que pueden tener información íntima y no relevante al procedimiento y que los inspectores tienen acceso a ella indirectamente. A continuación, analizaremos algunas sentencias del TS y TC, que arrojan cierta luz a esta cuestión.

[17] https://blog.registradores.org/-/la-inviolabilidad-del-domicilio-constitucionalmente-protegido-ante-la-inspeccion-de-hacienda, accedido el 17/03/2025

3.1 Validez de las pruebas en el procedimiento inspector

3.1.1. La ilicitud de las pruebas tras la entrada por la Inspección en el domicilio constitucionalmente protegido: principio de proporcionalidad

Conforme a la STS de 17 de septiembre del 2024 (rec. 1008/2023), resuelve el recurso interpuesto por la Abogacía del Estado, en representación de la Administración General del Estado, frente a una sentencia del Tribunal Superior de Justicia de Cataluña que concluyó, en el recurso derivado de una liquidación tributaria, la invalidez de las pruebas obtenidas con vulneración de derechos fundamentales.

En el caso en cuestión, además de que la resolución judicial autorizante de la entrada por la Inspección en el domicilio constitucionalmente protegido fue previa al inicio de las actuaciones, el tribunal de la instancia apreció lo siguiente en cuanto a la solicitud de entrada domiciliaria formulada por la Administración:

FJ3: "*[...]a*) las discrepancias en la contabilidad y el hecho de que el volumen de negocios de la empresa inspeccionada difiera de la media estadística del sector no justifican la necesidad de la medida;

b) el hecho de que mediante el acceso a los ordenadores pueda esclarecerse la realidad de la actividad determina que estemos ante una medida prospectiva;

c) no cabe justificar la medida bajo la presunción de que de otro modo se destruirán las pruebas sin mayor indicación o razonamiento al respecto acerca de las circunstancias concurrentes. [...]Por otro lado, en cuanto al auto judicial que autorizó la entrada, el tribunal de la instancia señala que utiliza «argumentos genéricos, ajenos a las concretas circunstancias del caso» y que «al presumir la inexistencia de otros medios menos intromisivos e igualmente eficaces [...] permite llegar a conclusiones de general aplicación a cualquier petición de entrada». Por todo ello, el tribunal de la instancia resolvió la invalidez de las pruebas ilícitamente obtenidas, a saber, determinados albaranes que sirvieron a la Inspección para fundamentar su regularización."

Sobre la base de la doctrina fijada por el Tribunal Supremo en las referidas sentencias podemos formular las siguientes consideraciones:

a) No hay impedimento para examinar en derecho la ilicitud de una resolución judicial autorizante de la entrada domiciliaria por la Inspección de los tributos con ocasión de la revisión jurisdiccional de la liquidación. Ahora bien, precisamente por las vicisitudes que pueden sobrevenir en el curso de dicha revisión jurisdiccional, como demuestran los casos objeto de comentario, conviene tener presente la implementación de otras vías de revisión.

b) En los recursos que tengan por objeto la revisión de liquidaciones derivadas de una entrada domiciliaria por parte de la Inspección que vaya precedida de una autorización judicial, podrá resolverse la exclusión de la prueba ilícitamente obtenida cuando se imputen a la resolución autorizante vicios o defectos de motivación, como su naturaleza genérica o prospectiva, que determinen un quebranto del derecho fundamental a la inviolabilidad del domicilio.

Sin embargo, de conformidad con el criterio del Tribunal Supremo, no se aplicará la regla de la exclusión de la prueba ilícita cuando la resolución judicial autorizante incurra en infracciones del ordenamiento jurídico que resulten de criterios posteriores del Tribunal Supremo, bajo la apreciación de que en tales casos la razón del vicio de invalidez del auto responde a «un déficit en el estado de la interpretación del ordenamiento». Este último razonamiento, en otro orden de cosas no menor, se alinea con la limitación de los efectos retroactivos de los pronunciamientos del Tribunal Supremo.[18]

3.1.2 Validez de las pruebas obtenidas en registro de archivos informáticos

El primer caso que se nos plantea, es determinar si en una entrada y registro de un domicilio constitucionalmente protegido por la Inspección de los tributos, puede realizar el copiado masivo de los archivos y correos electrónicos alojados en el servidor y en el disco duro del ordenador del obligado tributario, sin discriminación de aquellos que tienen interés a los efectos de la comprobación e investigación desarrollada, sin autorización judicial ni consentimiento para ello de forma expresa, ¿vulneraría los derechos fundamentales siguientes? [19]:

- al secreto de comunicaciones (artículo 18.3 CE)y/o
- a la inviolabilidad del domicilio (artículo 18.2 CE)
- el principio de proporcionalidad (artículo 3.2 LGT), que justificaría el copiado masivo de los archivos contenidos en el servidor y en el disco duro del ordenador del obligado tributario, en relación con las facultades de la Inspección en el examen de documentación pre-

---

18 https://elderecho.com/la-ilicitud-de-las-pruebas-tras-la-entrada-por-la-inspeccion-en-el-domicilio-constitucionalmente-protegido, disponible el 17/03/2025

19 Véase en este sentido sentencias: Tras la Sentencia del Tribunal Constitucional 69/1999, de 26 de abril y la 188/2013, de 4 de noviembre, así como la del propio Tribunal Supremo, de 23 de abril y 30 de septiembre de 2010

vistas en la normativa (artículos 142.1 y 151.3 LGT y artículo 171 RGAT)

Se parte de la existencia de una autorización judicial o un consentimiento del obligado tributario para poder entrar en el domicilio constitucionalmente protegido, lo que nos interesa es considerar los límites y legalidad del siguiente paso, esto es, qué tipo de información y extensión de la misma, puede conseguir el inspector accediendo a las diversas fuentes(ordenadores, teléfonos móviles, tabletas, memorias, etc.), sin vulnerar el derecho a la intimidad personal, familiar y de las comunicaciones, ya que no existe una autorización expresa del acceso al ordenador, ni a las diferentes carpetas que existen en el mismo. En consecuencia, se plantea, si los potenciales vicios derivados de la inobservancia de tales exigencias, con ocasión de la práctica administrativa de la entrada y registro, llevan consigo la falta de valor probatorio de las evidencias obtenidas en el registro discutido. Por tanto se plantea, si se necesita una autorización judicial específica para registrar los equipos informáticos o la posible adopción de medidas cautelares.

En la STS 6018/2024, del presente caso, se considera válida la obtención de las pruebas conseguidas; el procedimiento inspector comenzó el 20 de enero de 2020 con la personación del actuario en la sede de dirección de la entidad recurrente. Como consta en diligencia, la asesora jurídica de la entidad manifestó que era necesaria la autorización judicial para la entrada y que, en consecuencia, no la autorizaba. Consta asimismo en otra diligencia, que el administrador consentía el acceso al equipo informático de la empleada Sra. Ramona , dentro del cual se encuentra un fichero sobre las ventas de vehículos a empresas y particulares en los años 2015 y 2016,que son los inspeccionados; al amparo de tal consentimiento se volcó el contenido íntegro del fichero en un dispositivo de almacenamiento externo, procediéndose a su precinto y a informar al administrador sobre su derecho a oponerse a las medidas cautelares adoptadas. El administrador reiteró en la diligencia que no consentía la entrada en dicho domicilio, ni el acceso a los equipos informáticos, pues para ello era necesario autorización judicial.[20]

Las conclusiones al caso son :

1. Se accede a lugar público, en el que se permite la entrada, por lo tanto no hay domicilio constitucionalmente protegido, conforme la art 18 de la CE.
2. Una vez dentro del lugar público, se permite el acceso al ordenador de la empleada, desde donde se extrae la información relevante al caso. No se ha demostrado que se haya vulnerado el derecho a la intimidad en dicho acceso, puesto que no se ha accedido a ningún email, o medio de comunicación específico, sino que solo se ha accedido a una carpeta de información que había en el escritorio sobre unas facturas.

Por lo tanto, no existe vulneración del derecho a la inviolabilidad del domicilio, ni al derecho de intimidad.

En la siguiente STS, de 14 de junio de 2023 (recurso de casación 6104/2022). La entrada se realiza en la sede de la sociedad, y se determina lo siguiente:

> "[..]no vulnera el derecho a la inviolabilidad del domicilio la entrada en el de la sociedad con consentimiento de su representante legal para el examen y copia de la documentación relevante tributariamente obrante en el ordenador de la empresa y en el servidor. En segundo lugar, debemos decir que tampoco lesiona el derecho al secreto de las comunicaciones

20 Véase también se ha conformado una doctrina general a través, esencialmente, de las sentencias de 10 de octubre de 2019 (rec. 2818/2017), de 1 de octubre de 2020 (rec. 2966/2019) y, más recientemente, la sentencia de 23 de septiembre de 2021 (rec. 2672/2020).

> el acceso a correos electrónicos almacenados en el ordenador de la empresa y en su servidor. Por último, procede afirmar que la actuación administrativa no es desproporcionada cuando se ajusta a los términos de los artículos 142.1 y 151.3 de la Ley General Tributaria "[21]

Por otro lado, cuando solo se accede a un solo ordenador o servidor de la empresa, sin límite de acceso a los datos que se descargan por parte del inspector, la siguiente sentencia nos revela la validez de las pruebas obtenidas, STS 3662/2024 (ECLI:ES:TS:2024:3662)

Fj6: " [..]el acceso a sus ordenadores y servidores se realizó desde la sede de la empresa, sin que se discuta que tales equipos informáticos y telemáticos se utilizaban con fines profesionales y se encontraban afectos a la propia actividad profesional allí desarrollada. En este punto, nos remitimos de nuevo a nuestra sentencia 1207/2023, de 29 de setiembre, rec. 4542/2021, que contrastaba el supuesto de hecho enjuiciado con el subyacente en la sentencia de la Sección Cuarta, 795/2023 de14 de junio, rca. 6104/2022, "[...] *un ordenador afecto al funcionamiento de una empresa, que se encontró en su domicilio social, a los fines de comprobación inspectora del I. Sociedades e IVA, debe presumirse que no contiene, salvo prueba en contrario, información que no sea, al menos a priori, de trascendencia tributaria.* Esa inferencia lógica de la Sala Cuarta nos resulta razonable"

En cuanto a si vulnera el principio de proporcionalidad, (art 18.3 de la CE), se considera que el acceso a las comunicaciones respeta dicho principio, FJ6_:

---

[21] Véase también en el mismo sentido; Tribunal Supremo de 29 de septiembre de 2023–(recurso de casación nº 4542/2023).

> "La empresa argumenta que la información conseguida a través del servidor y ordenador de la empresa fue masiva, sin embargo esta cuestión es rebatida por el tribunal cuando nos habla de [...] "se accedió a un solo ordenador y a su servidor que, ninguna duda hay, es el de la empresa, no cualquier otro, por lo que era presumible que contendría la información requerida. Asimismo, era de esperar que, por los períodos a los que se extendía la inspección y la amplitud con que el artículo 142.1 concibe la documentación a examinar, por fuerza debían ser muy numerosos los archivos y correos relevantes. Se trataba, en fin, de documentación requerida meses antes a la sociedad sin que la aportara. Si a todo ello se suma la falta de reserva o protesta ante la descarga y copia, no parece que se pueda hablar de desproporción."

Como indica el Tribunal, no existe violación al derecho a la intimidad por acceder a datos informáticos porque se presume que el acceso a un solo ordenador/servidor en la sede de la empresa, solo tiene datos tributarios inherentes a su actividad económica-tributaria.

Con carácter general, las pruebas obtenidas en un procedimiento inspector, accediendo a los archivos informáticos , aunque no existe una autorización expresa a los mismos, se entiende que no hay vulneración del derecho a la intimidad, ni a las comunicaciones, y por tanto se considera una medida o resultado proporcionado a la finalidad que se pretende conseguir.[22]

---

22 Como complemento a lo anterior, es claro, que en el inicio del procedimiento inspector en el que se realiza la práctica de la diligencia -con autorización judicial o consentimiento del obligado- de entrada en domicilio de las del art. 113 LGT, *ha de ser previo en el tiempo y no concomitante a la práctica de la misma,* puesto que no podrá realizarse la exigida valoración de la necesidad, idoneidad y proporcionalidad en sentido concreto de la medida invasiva por parte del Juez de garantías para poder autorizar la misma. (STS 4702/2024–ECLI:ES:TS:2024:4702) . Véase en la misma línea de argumentación, STS 6303/2024–ECLI:ES:TS:2024:6303

A continuación, se plantea como caso complementario a lo que se ha mencionado hasta ahora, el caso de una inspección tributaria, que accede a un ordenador y/o servidor de la empresa, tiene acceso no solo a la documentación(facturas, transferencias..) sino también al copiado masivo de correos electrónicos, sin autorización judicial ni consentimiento para ello,¿ vulnera los derechos fundamentales al secreto de comunicaciones (artículo 18.3 CE) y/o a la inviolabilidad del domicilio (artículo 18.2 CE)?

La STS 2643/2023 (ECLI:ES:TS:2023:2643), en su FJ5º, nos confirma que no existe vulneración de los derechos fundamentales mencionados:

> FJ5: "[…]Que no vulnera el derecho a la inviolabilidad del domicilio la entrada en el de la sociedad con consentimiento de su representante legal para el examen y copia de la documentación relevante tributariamente obrante en el ordenador de la empresa y en el servidor. En segundo lugar, debemos decir que tampoco lesiona el derecho al secreto de las comunicaciones el acceso a correos electrónicos almacenados en el ordenador de la empresa y en su servidor. Por último, procede afirmar que la actuación administrativa no es desproporcionada cuando se ajusta a los términos de los artículos 142.1 y 151.3 de la Ley General Tributaria."

A diferencia de los anteriores casos, en la siguiente STS 105/2025 (ECLI:ES:TS:2025:105), se aporta un nuevo matiz, la validez de las pruebas obtenidas en el registro inspector sin haber notificado previamente al obligado tributario el inicio del procedimiento:

> FJ3: "[..]Las pruebas obtenidas en dicho proceso son válidas, sin embargo se retrotrae al inicio del procedimiento y su necesidad de ser notificado al obligado tributario.[23]

---

[23] Este recurso de casación plantea la misma cuestión ya resuelta, entre otras, en dos sentencias de esta Sala y Sección, de 9 de junio de 2023 (recs. 2086/2022 y 2525/2022) . También es necesario atender

Igualmente, en esta misma línea argumentativa, se confirma la validez de las pruebas obtenidas en una entrada en domicilio constitucionalmente protegido con base en una autorización judicial obtenida antes de la notificación del inicio del procedimiento inspector. Impacto de la jurisprudencia recaída posteriormente. STS 2827/2024 ECLI:ES:TS:2024:2827

FJ3: "[..] la causa de la vulneración del derecho a la inviolabilidad del domicilio radica en este caso, exclusivamente, en la falta de la notificación previa al obligado tributario de la incoación del procedimiento inspector para el que se solicitó la autorización de entrada. Se trata por tanto del incumplimiento de un elemento que pertenece al ámbito de los requisitos de legalidad ordinaria del acto que se pretendía ejecutar, aunque ello, sin duda, conlleve la lesión del derecho a la inviolabilidad del domicilio"

(..]" la admisión y valoración de la prueba que se obtuvo por la Administración tributaria no vulnera la integridad de las garantías del proceso contencioso administrativo, ya que la única conexión jurídica entre el vicio determinante de la lesión del derecho a la inviolabilidad del domicilio y la obtención de la prueba es la valoración que se hace sobre la autorización judicial firme, a la luz de una evolución de la interpretación jurisprudencial acerca de uno de los requisitos para acceder a la solicitud de autorización de entrada"[24]

---

a la doctrina establecida en las STS 17 de septiembre de 2024, rec. cas.1764/203, y de 20 de diciembre de 2024, rec. 1762/2023, estimatorias de sendos recursos de casación

[24] Véase en el mismo sentido, STS 2730/2023 –(ECLI:ES:TS:2023:2730)

La sentencia dicta, que debe retrotraerse al momento de la notificación de inicio del procedimiento al obligado tributario, pero las pruebas obtenidas se consideran válidas.

3.1.3. Validez del interrogatorio de los empleados por el inspector en la entrada del registro: vulneración del derecho de asistencia letrada

En este apartado, cabe analizar si la realización por parte de la Inspección Tributaria, en el marco de la entrada en el domicilio constitucionalmente protegido, de cualesquiera actuaciones no previstas en la autorización judicial, y en concreto, los interrogatorios a los empleados de la entidad recurrente en el domicilio de la misma, vulnera el derecho fundamental a la inviolabilidad del domicilio, el derecho a un proceso con todas las garantías, o el derecho de defensa, ello en el marco de una liquidación vinculada a delito.

Para ello, cabe apoyarse en los siguientes fundamentos jurídicos de la STS 3653/2024 (ECLI:ES:TS:2024:3653)

Fj8: " [..]Es claro que los funcionarios que realizan un registro domiciliario pueden hablar con quienes se encuentran en ese lugar, entre otras razones porque pueden necesitar su auxilio para realizar correctamente las operaciones oportunas (abrir ordenadores, localizar archivos, etc.). Y es asimismo claro que cualquier información que, en el curso de un registro domiciliario, los trabajadores de una empresa transmitan voluntariamente -es decir, sin mediar intimidación ni engaño- podrá luego ser legítimamente utilizada. Pero algo muy distinto es que, con ocasión de un registro domiciliario, se someta a un interrogatorio en toda regla a cada uno de los directivos y empleados de la entidad mercantil inspeccionada, como se hizo aquí. El interrogatorio de investigados o de testigos es una actuación diferente del registro domiciliario y, por ello mismo, no es jurídicamente aceptable concebirlo y practicarlo como una mera incidencia -por lo demás, eventual e imprevisible- de este último"

Fj10: "[..] debe concluirse que la Administración tributaria no tenía, dadas las características del presente caso, fundamento normativo para interrogar sin preaviso y con ocasión de un registro domiciliario a los directivos y empleados de la entidad mercantil inspeccionada"... "los interrogatorios se realizaron sin ajustarse a ningún trámite procedimental específico. Como se dejó dicho más arriba, se llevaron a cabo como si se tratase de una mera incidencia o de una operación más del registro domiciliario. Esto implica que fue una actuación realizada prescindiendo absolutamente de cualquier procedimiento idóneo para interrogar a personas, de manera que está incursa en causa de nulidad radical."

Por lo tanto, no se ha vulnerado el art 18 de la CE, pero sí el art 24 de la CE, de los interrogatorios a las partes con las garantías procedimentales que se requieren, quedando invalidados los mismos.

3.1.4. Precintos de cajas de seguridad en un procedimiento inspector: vulneración del derecho a la intimidad

Se plantea el caso de realizar un registro en una caja de seguridad que se encuentra en una entidad bancaria y de forma complementaria precintarla como medida cautelar, privando de su libre acceso al propietario- obligado tributario- por lo que, podría verse vulnerado el principio a la intimidad personal e inviolabilidad del domicilio, si aquella se considera como domicilio constitucionalmente protegido.(arts. 18.1 y 2 de la CE).

En la siguiente STS 1876/2024, (ECLI:ES:TS:2024:1876) nos confirma que la caja de seguridad no es un domicilio constitucionalmente protegido :

> Fd1: " [..]para impedir la sustitución o levantamiento de los documentos (información de cuentas bancarias en el exterior, depósitos, contratos, etc.) y elementos (medios de pago en efectivo y otros) de interés para la determinación y cuantificación de las bases y cuotas no declaradas pudieran estar depositados en las citada caja de seguridad, ante la imposibilidad de su apertura inmediata en el momento de la personación de la Inspección en la entidad bancaria, [...]para obtener la información y documentación del citado obligado", lo que acordó "... respetando los principios de idoneidad, necesidad y proporcionalidad" que pasa a pondera."

El precinto impide acceder y disfrutar con libertad de lo depositado, por lo que podría vulnerar el derecho a la intimidad, y afectar al derecho a poseer la intimidad.[25]

FJ3: [...]"toda medida, incluso el precinto, debería ser objeto de autorización judicial y que añade que no caben medidas cautelares del artículo 146 de la LGT en materia de derechos fundamentales, si se acepta como límite jurídico estructural el que figura en la Ley de Enjuiciamiento Criminal. Por tanto, la intervención judicial debe ser a priori -autorizando- y a posteriori -controlando- y ni una ni otra intervención se ha dado, permaneciendo en la actualidad la caja precintada."

Fj6, establece las siguientes conclusiones sobre el precinto de la caja de seguridad:

1º Como medida de seguridad, el precinto de la caja de seguridad tiene por cobertura el artículo 146.1 de la LGT en relación con el artículo 181.2 del RGIT.

2.º La caja de seguridad alquilada por el inspeccionado en una entidad bancaria no tiene la consideración de domicilio constitucionalmente protegido a efectos del artículo 18.2 de la Constitución.

---

25 Véase STC 144/1999 del Tribunal Constitucional.

3.º El precinto de la caja de seguridad puede afectar a la intimidad personal y familiar del inspeccionado (artículo 18.1 de la Constitución), razón por la que la Administración tributaria deberá razonar y justificar la proporcionalidad, idoneidad y necesidad de esa medida de seguridad que, como tal, será temporal y modificable. [26]

4. CONCLUSIONES

El sistema tributario español se apoya en un conjunto de principios constitucionales y legales que equilibran el poder fiscal del Estado con los derechos de los contribuyentes. Estos principios no son solo teóricos: tienen eficacia jurídica directa, y su vulneración puede ser controlada por los tribunales.

Cabe enumerar los retos aplicables a los principios constitucionales del derecho tributario.

Primero: En el Principio de Capacidad Económica; se debe determinar adecuadamente la capacidad económica en nuevas formas de riqueza digital o globalizada, así como evitar que los grandes patrimonios eludan impuestos mientras las rentas medias soportan más carga.

---

[26] En el sentido de la sentencia 25/2019 del Tribunal Constitucional, el acceso al contenido de una caja de seguridad puede incidir sobre la intimidad; las cajas no serán espacios o lugares para desarrollar la vida privada, pero sí dan cobijo a algunos aspectos de la intimidad para vedarlos a terceros. En todo caso el precinto no incide en los derechos fundamentales y no exige autorización judicial, como declaró, por ejemplo, la sentencia 1077/2020, de 5 de marzo, del Tribunal Superior de Justicia de Cataluña (recurso de apelación 141/2019).

Segundo: Principio de Igualdad y Equidad Tributaria; se debe reducir las diferencias entre comunidades autónomas (por ejemplo, en el Impuesto de Patrimonio o Sucesiones) y evitar regímenes fiscales que favorecen de forma injustificada a ciertos sectores o territorios.

Tercero: Principio de Progresividad; el sistema tributario en la práctica no es lo suficientemente progresivo, especialmente por el peso de los impuestos indirectos (como el IVA), sería positivo graduar un poco más dicho impuesto e incluir algún escalón más intermedio entre el 4 y el 10%. Igualmente para el Impuesto de la Renta de las Personas Físicas, cabría añadir una horquilla más con el fin de adecuar y ajustar la renta anual a un menor tipo de gravamen.

Cuarto: Principio de No Confiscatoriedad; como reto se ejemplifica la necesidad de evitar excesos en impuestos locales como la plusvalía municipal o sanciones automáticas desproporcionadas.

Quinto: Principio de Irretroactividad; implementar el uso político de reformas fiscales retroactivas para recaudar más o corregir errores.

Sexto: Principio de Sostenibilidad Financiera; nos enfrentamos a un elevado déficit estructural y se necesita de una reforma fiscal para sostener el Estado del bienestar. Se depende de forma excesiva de deuda pública y dela presión fiscal ejercida por Europa.

Séptimo: Principio de Eficiencia y Economía; sería deseable que se gestionen bien los recursos públicos y se minimicen los costes de recaudación. Para ello, es necesario que exista una mayor digitalización y coordinación entre niveles de gobierno (Estado, CCAA y Ayuntamientos).

El gran reto de los principios constitucionales tributarios en España es lograr un sistema que sea más justo, progresivo, sostenible y eficiente, y que combine la exigencia fiscal con el respeto a los derechos fundamentales de los contribuyentes.

Respecto a los derechos del obligado tributario en el procedimiento inspector, cabe destacar la constante dialéctica entre las diversas sentencias analizadas por el Tribunal Constitucional y el Tribunal Supremo. En ellas, se pone de manifiesto la pugna constante entre la la validez de las pruebas obtenidas en el procedimiento inspector y la posible vulneración de los derechos a la inviolabilidad del domicilio, intimidad personal y familiar y comunicaciones. En los casos planteados no se vulneran los citados derechos, sin embargo tal y cómo viene siendo habitual, los casos que se van planteando, (sobre todo en esta era digital), irán marcando la senda de nuevos límites permitidos en el acceso a la información que se obtiene como resultado de un registro en un procedimiento inspector.

Bibliografia

Libros

BONELL COLMENERO, R.: Principio de igualdad y deber de contribuir, Anuario Jurídico y Económico Escurialense (2005), XXXVIII, pp. 177-208

HERNANDO GUIJARRO, F. "Los principios de generalidad e igualdad en la norma tributaria municipal y su infracción por las ordenanzas fiscales", Rev. boliv. de derecho nº 19, enero 2015, ISSN: 2070-8157, pp. 360-377.

LASARTE, J. (dir.), Jurisprudencia del Tribunal Constitucional en materia financiera y tributaria (1981-1989), Madrid, Ed. Tecnos, 1990.

MARTÍN QUERALT, J., y LOZANO SERRANO, C., Curso de Derecho Financiero y Tributario, 2.a ed., Madrid, Ed. Tecnos, 1991.

RODRÍGUEZ BEREIJO, A.: "Igualdad tributaria y tutela constitucional. Un estudio de jurisprudencia". Madrid (2011): Marcial Pons.

RODRÍGUEZ BEREIJO, A: "El sistema tributario en la Constitución"; Los límites del poder tributario en la jurisprudencia del Tribunal Constitucional. Revista Española de Derecho Constitucional Año 12. Núm. 36. Septiembre-Diciembre 1992

YEBRA MARTUL-ORTEGA, P., «LOS principios del Derecho financiero y tributario en la Ley Fundamental de Bonn», separata, con prólogo de K. Vogel, «Dinero y principios fundamentales», en Revista de Derecho Financiero y de Hacienda Pública, núms. 207, 208, 209 y 211, Madrid, 1990-91.

Páginas, revistas, artículos web:

-CENTRO DE ESTUDIOS FINANCIEROS, CEF, Principal » Guía Fiscal 2024 » Capítulo 2. Los tributos y los procedimientos tributarios » 2. Principios generales

https://www.fiscal-impuestos.com/guia-fiscal-capitulo-2-principios-generales, disponible el 24 de marzo de 2025

-CRUZ AMORÓS,M: "Los principios en la aplicación de los tributos", ElDerecho.com, 19/07/2021.

https://elderecho.com/los-principios-en-la-aplicacion-de-los-tributos, disponible el 26 de marzo de 2025.

- GÓMEZ REQUENA, J.A.: La inviolabilidad del domicilio en el ámbito tributario: un análisis a través de la jurisprudencia del Tribunal Constitucional, el Tribunal Europeo de Derechos Humanos y el Tribunal de Justicia de la Unión Europea

https://vlex.es/vid/inviolabilidad-domicilo-ambito-tributario-850258107 Disponible el 16 de marzo de 2025

- HUELIN MARTÍNEZ VELASCO, J : Taxlandia, blog fiscal y de opinión tributaria: "La inspección de los tributos y la jurisprudencia sobre la inviolabilidad domiciliaria (sostenella y no enmendalla)",

https://www.politicafiscal.es/equipo/joaquin-huelin-martinez-de-velasco/la-inspeccion-de-los-tributos-y-la-jurisprudencia-sobre-la-inviolabilidad-domiciliaria-sostenella-y-no-enmendalla disponible el 15 marzo de 2025

-https://blog.registradores.org/-/la-inviolabilidad-del-domicilio-constitucionalmente-protegido-ante-la-inspeccion-de-hacienda, accedido el 17/03/2025

Capítulo VI. Los derechos y garantías de los contribuyentes frente a la Agencia Tributaria digitalizada. El Reglamento Europeo de Inteligencia Artificial

MARÍA LUISA FERNÁNDEZ DE SOTO BLASS
Profesora Titular de Universidad
Derecho Financiero y Tributario, Contabilidad para Juristas y Economía Política

1. CONCEPTO DE SISTEMA DE INTELIGENCIA ARTIFICIAL

El Real Decreto 817/2023, de 8 de noviembre, que establece un entorno controlado de pruebas para el ensayo del cumplimiento de la propuesta de Reglamento del Parlamento Europeo y del Consejo, por el que se establecen normas armonizadas en materia de Inteligencia Artificial [1] define el sistema de inteligencia artificial [2]como el sistema que funcionan con

---

1 Proyecto propio de Investigación de la Universidad Internacional de la Rioja. PP-2024-18, "Postdemocracia y polaridad política. Estudio del impacto de la polaridad política en jóvenes universitarios de España y sus repercusiones". Programa de Financiación de Proyectos Propios de Investigación de Universidad Internacional de la Rioja. UNIR 2024-2026. Pertenencia al Grupo de Investigación. "Derecho, Sostenibilidad y Nuevas Tecnologías" (DESONT) de UNIR.

2 Estancia de investigación en la Università di Roma Sapienza, Dipartamento di Scienze Giuridiche en 2025. Proyecto: "The application of Artificial Intelligence in Tax Law".

ciertos niveles de autonomía, basados en datos de entradas suministrados por máquinas o por personas, infiere cómo lograr unos objetivos, usando estrategias de aprendizaje automático o lógica y el conocimiento, y generando información de salida: contenidos (sistemas de inteligencia artificial generativos), predicciones, recomendaciones o decisiones, a partir de datos que influyen en los entornos con los que interactúa.

2. CATEGORÍAS DE SISTEMAS DE INTELIGENCIA ARTIFICIAL

La inteligencia artificial diferencia tres categorías, en función del alcance y el ámbito de aplicación: las inteligencias artificiales fuertes, generales y débiles. La Inteligencia Artificial General soluciona cualquier tarea intelectual que podría resolver un ser humano; la Inteligencia Artificial Fuerte o superinteligencia supera las capacidades humanas. Inteligencia Artificial Débil (AIweak) soluciona un problema concreto [3].

Ejemplos aplicados a los servicios de la Agencia Tributaria: buscadores o servicios de Internet o Captchas tratamiento de lenguaje natural, marketing, asistentes personales, chatbots de textos o telefónicos para concertar citas o mantener un diálogo cerrado con un usuario, filtros de spam, o reconocimiento de personas en fotografías o de expresiones o estados de ánimo, selección de personal en recursos humanos, optimización de

---

[3] Fernández de Soto Blass M. L. (2023). "La Lucha contra el Fraude Fiscal desde el punto de vista de la Inteligencia Artificial" en Pita Grandal A.M., Malvárez Pascual, l. A, y Ruiz Hidalgo C. (dir.). *La Digitalización en los procedimientos tributarios y el intercambio automático de información.* Aranzadi, Navarra. DOI 10.5281/zenodo.15115915 Págs.258-259.

servicios públicos, gestión energética, medioambiente, detección de fraude, personalización de anuncios[4].

Existen diversas técnicas de aplicación de Inteligencia Artificial[5]: redes neuronales, sistemas basados en reglas, lógica borrosa, aprendizaje automático, sistemas expertos, sistemas adaptativos, algoritmos genéticos, sistemas multiagente, etc.

Para la Agencia Española de Protección de Datos (2020) el Aprendizaje Automático o Machine Learning (ML) es una de las técnicas de Inteligencia Artificial. El Aprendizaje Automático diseña modelos predictivos que construyen la relación entre las variables que estudiarán el análisis de un conjunto inicial de datos, la identificación de patrones y el establecimiento de criterios de clasificación. Tras ser fijados los criterios, al introducir un nuevo conjunto de datos el componente Inteligencia Artificial es capaz de realizar una inferencia. El aprendizaje automático está, relacionado con las técnicas de minería de datos, optimización y Big Data [6].

Existen distintos tipos de Aprendizaje Automático como el supervisado, no supervisado, de refuerzo y sus variantes. Encontramos especializaciones del Aprendizaje Automático como el

---

4 Standford University (2018). *En AI Index 2018 Annual Report* http://cdn.aiindex.org/2018/AI%20Index%202018%20Annual%20Report.pdf se puede consultar un informe sobre la extensión y mercado de los componentes de IA.

5 Agencia Española de Protección de Datos (2020). *Adecuación al RGPD de tratamientos que incorporan Inteligencia Artificial. Una introducción. AEPD. https://www.aepd.es/guias/adecuacion-rgpd-ia.pdf*

6 Fernández de Soto Blass M. L. (2023): "La aplicación de la Inteligencia Artificial en la Agencia Tributaria" en Marcos Cardona M., Selma Penalva v. (dir.). *El fraude fiscal en un entorno de digitalización . Laborum, Murcia.* DOI 10.5281/zenodo.15112852. *Pág. 44-45.*

Deep Learning o Aprendizaje Profundo, y distintos modelos de aprendizaje, como el centralizado, el descentralizado o el federado. Un sistema con un componente de Inteligencia Artificial es adaptativo cuando el modelo de inferencia se ajusta dinámicamente en función de cada nuevo conjunto de datos de entrada, refinando las relaciones ya establecidas[7].

3. ÁMBITO NORMATIVO DE LA INTELIGENCIA ARTIFICIAL COMUNITARIA

La normativa vigente en materia de Inteligencia Artificial aplicable es entre otras: el Reglamento de la UE (Artificial Intelligence Act) aprobado por Resolución legislativa del Parlamento Europeo, de 13 de marzo de 2024, sobre la propuesta de Reglamento del Parlamento Europeo y del Consejo por el que se establecen normas armonizadas en materia de inteligencia artificial (Ley de Inteligencia Artificial) (RIA) y se modifican determinados actos legislativos de la Unión (COM(2021)0206 – C9-0146/2021 – 2021/0106(COD)). El Consejo de la Unión Europea dio su aprobación final el 21 de mayo de 2024.

Existen otras normas que, regulan aspectos relacionados con la Inteligencia Artificial (IA) como la protección de datos personales regulados por el Reglamento (UE) 2016/679 del Parlamento Europeo y del Consejo de 27 de abril de 2016 relativo a la protección de las personas físicas en lo que respecta al tratamiento de datos personales y a la libre circulación de estos datos y por el que se deroga la Directiva 95/46/CE

---

7 Comité Económico y Social Europeo (2018). *Dictamen del Comité Económico y Social Europeo sobre Inteligencia artificial: anticipar su impacto en el trabajo para garantizar una transición justa* https://eur-lex.europa.eu/legal-content/ES/TXT/PDF/?uri=CELEX:52018IE1473&from=ES.

(Reglamento general de protección de datos). y Ley Orgánica 3/2018, de 5 de diciembre, de Protección de Datos Personales y garantía de los derechos digitales , Ley 15/2022, de 12 de julio, integral para la igualdad de trato y la no discriminación y la Estrategia Nacional de Inteligencia Artificial 2024 y las recomendaciones y directrices que emanen de la Agencia Nacional de Supervisión de la Inteligencia Artificial y los Instrumentos e informes supranacionales.

Hay una Propuesta de Directiva del Parlamento Europeo y del Consejo relativa a la adaptación de las normas de responsabilidad civil extracontractual a la Inteligencia Artificial (Directiva sobre responsabilidad en materia de IA) de 28 de septiembre de 2022.

La legislación sobre Inteligencia Artificial de la Unión Europea es un precedente tratando de equilibrar la innovación y regulación ética. España se ha convertido en un "sandbox regulatorio" [8] en materia del Reglamento de Inteligencia Artificial, es decir, un campo de pruebas para nuevos modelos de negocio no protegidos por una regulación vigente, supervisados por las instituciones regulatorias. El Reino Unido está avanzando en la protección de los usuarios en el espacio digital a través del "Online Safety Bill".

---

8 BBVA (2017). *¿Qué es un "sandbox" regulatorio?. 20-11-2017.* https://www.bbva.com/es/que-es-un-sandbox-regulatorio/

4. EL REGLAMENTO EUROPEO DE INTELIGENCIA ARTIFICIAL

4.1. Ámbito de aplicación

El Reglamento de la Unión Europea sobre Inteligencia Artificial (RIA) aprobado por Resolución legislativa del Parlamento Europeo, de 13 de marzo de 2024, busca regular los usos de la Inteligencia Artificial para limitar los riesgos que de ellos se derivan.

El art. 1 del Reglamento de Inteligencia Artificial (RIA) establece: a) normas armonizadas para la introducción en el mercado, la puesta en servicio y la utilización de sistemas de Inteligencia Artificial en la Unión Europea; b) prohibiciones de determinadas prácticas de Inteligencia Artificial; c) requisitos específicos para los sistemas de Inteligencia Artificial de alto riesgo y obligaciones para los operadores de dichos sistemas; d) normas armonizadas de transparencia aplicables a determinados sistemas de Inteligencia Artificial; e) normas armonizadas para la introducción en el mercado de modelos de Inteligencia Artificial de uso general; f) normas sobre el seguimiento del mercado, la vigilancia del mercado, la gobernanza y la ejecución; Y g) medidas en apoyo de la innovación, prestando especial atención a las pymes, incluidas las empresas emergentes.

4.2. Concepto de sistema de inteligencia artificial

El art. 3 del RIA define el Sistema de Inteligencia Artificial como «sistema de IA»: un sistema basado en una máquina diseñado para funcionar con distintos niveles de autonomía, que puede mostrar capacidad de adaptación tras el despliegue y que, para objetivos explícitos o implícitos, infiere de la información de entrada que recibe la manera de generar información de salida, como predicciones, contenidos, recomendaciones o decisiones, que puede influir en entornos físicos o virtuales". Este concepto está basado en la definición suministrada por la OCDE para conciliar a escala internacional[9]

4.3. Sujetos

Su ámbito de aplicación se extiende a: proveedores de sistemas de Inteligencia Artificial en servicio o comercialicen dentro de la Unión Europea o cuya salida se utilice en la Unión Europea, independientemente de su origen; y a usuarios de los mismos, que explotan esos sistemas, y no a los afectados.

El Reglamento sobre Inteligencia Artificial no es aplicable a autoridades públicas de terceros países ni a organizaciones internacionales en la cooperación policial o judicial con la Unión Europea o sus Estados Miembros, uso militar o contexto de la seguridad nacional, ni a los utilizados en investigación y el desarrollo científico.

El art. 2 del RIA se aplicará entre otros a los siguientes sujetos.

---

9 OECD (2019). *Recommendation of the Council on Artificial Intelligence,* 22-05-2019, https://legalinstruments.oecd.org/en/instruments/OECD-LEGAL-0449

Tabla 1. Sujetos del Reglamento Europeo de Inteligencia Artificial.

Denominación	Descripción
Proveedor	➢ persona física o jurídica, autoridad u órgano público ➢ que desarrolla (o para quien se desarrolla) un sistema de IA, o un modelo de IA de uso general, ➢ y lo introduce en el mercado, o pone en servicio el sistema, bajo su nombre o marca
Importador	➢ persona física o jurídica, ubicada o establecida en la UE ➢ que introduce en el mercado un sistema de IA de un proveedor establecido fuera de la UE
Distribuidor	➢ persona física o jurídica que forme parte de la cadena de suministro, distinta del proveedor y del importador, ➢ que comercializa un sistema de IA en la UE
Responsable del despliegue	➢ persona física o jurídica, autoridad u órgano público ➢ **que utilice un sistema de IA** bajo su propia autoridad, ➢ salvo si el uso se enmarca en una actividad personal no profesional.

Fuente: CUATRECASAS (2024)[10]

4.4. Prácticas de inteligencia artificial prohibidas

El art. 5 RIA establece las siguientes prácticas de Inteligencia Artificial como prohibidas:

1) El empleo de técnicas subliminales, manipuladoras o engañosas con el objetivo o el efecto de alterar de manera sustancial el comportamiento de una persona o grupos de personas.

2) La explotación de las vulnerabilidades de una persona o un colectivo por su edad o discapacidad, situación social o económica específica, para alterar su comportamiento.

10 CUATRECASAS (2024). *Aspectos clave del Reglamento de Inteligencia Artificial. Unión Europea*, Legal Flash, 22-5-24

3) Sistemas de IA con el fin de evaluar o clasificar a personas físicas o colectivos durante un período determinado de tiempo atendiendo a su comportamiento social o a características personales (social scoring) o de su personalidad conocidas, inferidas o predichas, de forma resultante un trato perjudicial o desfavorable.

4) Sistema de IA para realizar evaluaciones de riesgos de personas físicas para evaluar o predecir la probabilidad que una persona física cometa una infracción penal basados en el perfil o en la evaluación de los rasgos y características de su personalidad (baremo social);

5) Sistemas de IA que creen o amplíen bases de datos de reconocimiento facial a partir de la extracción no selectiva de imágenes faciales de internet o de circuitos cerrados de televisión;

6) Sistemas de IA para inferir las emociones de una persona física en los lugares de trabajo y en los centros educativos, excepto por motivos médicos o de seguridad;

7) Sistemas de categorización biométrica que clasifiquen individualmente a las personas físicas sobre la base de sus datos biométricos para deducir o inferir su raza, opiniones políticas, afiliación sindical, convicciones religiosas o filosóficas, vida u orientación sexual.

8) Sistemas de identificación biométrica remota «en tiempo real» en espacios de acceso público con fines de aplicación de la ley (law eforcement).

Fuera de estos casos, la identificación biométrica también está sujeta al Reglamento General de Protección de Datos 2016/679 y la Directiva de tratamiento de datos personales por las autoridades 2016/680.

5.5. Categorización de los niveles de riesgo

El Reglamento de Inteligencia Artificial categoriza los siguientes niveles de riesgo:

1) **Riesgo inaceptable:** incluye aquellos sistemas de Inteligencia Artificial que amenaza directamente la seguridad pública, los derechos fundamentales o la privacidad. Su uso está estrictamente prohibido, salvo en situaciones muy excepcionales [11].

2) **Alto Riesgo:** incluye los sistemas de Inteligencia Artificial que podrían tener impacto considerable en los derechos fundamentales de los individuos relacionados con la salud, la seguridad, el empleo, etc. Su uso está permitido si se cumplen salvaguardas adicionales y se monitoriza su funcionamiento. Se consideran los sistemas incluidos en el Anexo III que elaboran perfiles de personas físicas.

3) **Bajo Riesgo o riesgo inexistente:** incluye los sistemas de Inteligencia Artificial que no se ajusten a las categorías anteriores Es importante destacar que esta clasificación no es explícita, sino más bien por exclusión. En esta categoría prima la capacidad de decisión de los ciudadanos de forma libre, informada, voluntaria e inequívoca para el uso de estas tecnologías. Ejemplos son los sistemas de Inteligencia Artificial generativa, chatbots, con obligaciones de transparencia.

---

11 Arbona L. (2024*). Así es el Reglamento de Inteligencia Artificial de la Unión Europea, Veridas, 14-3-24.* https://veridas.com/es/reglamento-inteligencia-artificial/

5. LOS DERECHOS Y GARANTÍAS DE LOS OBLIGADOS TRIBUTARIOS

5.1. Derechos fundamentales constitucionales de los obligados tributarios

El art. 18 de la Constitución Española (CE) de 28 de diciembre de 1978 recogido en la Sección 1ª: "De los derechos fundamentales y de las libertades públicas"establece.en sus apartados:"1. Se garantiza el derecho al honor, a la intimidad personal y familiar y a la propia imagen. 2. El domicilio es inviolable. Ninguna entrada o registro podrá hacerse en él sin consentimiento del titular o resolución judicial, salvo en caso de flagrante delito. 3. Se garantiza el secreto de las comunicaciones y, en especial, de las postales, telegráficas y telefónicas, salvo resolución judicial.4. La ley limitará el uso de la informática para garantizar el honor y la intimidad personal y familiar de los ciudadanos y el pleno ejercicio de sus derechos".

La inviolabilidad del domicilio del art. 18.2 CE podría abarcar lugares como de copiado, incautación o precinto de datos dispositivos electrónicos como ordenadores, teléfonos móviles, tabletas, memorias USB por la Inspección tributaria de la Agencia Estatal de la Administración Tributaria (AEAT).

Cuando la Inspección tributaria de la AEAT establece medidas cautelares, deben cumplirse los requisitos de necesidad, adecuación y proporcionalidad m atendiendo la naturaleza de los derechos fundamentales que se podrían ver afectados por la Inspección tributaria. Como antes de abrir cada archivo no se conoce su contenido. el deber de proporcionalidad [12] im-

---

12 Navarro Sanchís F. J. (2024): "Algunas reflexiones sobre la intervención de la Administración Tributaria en los derechos fundamentales ". Almudí Cid M., Marín-Barnuevo Fabo D., Martínez Lago M. A. M.,

pondría separar antes del copiado los datos que tengan trascendencia personal de la fiscal, ya que solamente éstos últimos podrían ser examinados bajo autorización judicial. [13]

Interesante mencionar la STS 3808/2022, de 14 de octubre de 2022, y los algoritmos de ignoto origen y la STS 3978/2023, de 29 de septiembre de 2023, y las medidas cautelares sobre dispositivos electrónicos personales.

5.2. Derecho fundamental a la buena administración de la Carta de los Derechos Fundamentales de la Unión Europea

La información y asistencia a los obligados tributarios son medidas que refuerzan la relación cooperativa entre la Administración Tributaria y los obligados tributarios por la distribución equitativa del sostenimiento de los gastos públicos (art. 31 CE), como bien constitucionalmente protegido, según la Sentencia del Tribunal Constitucional 76/1990, de 26 de abril. Dicha Sentencia tiene su fundamento en el cumplimiento de los principios de seguridad jurídica e interdicción de la arbitrariedad de los poderes públicos (artículo 9.3 CE). La Administración Tributaria debe servir objetivamente los intereses generales y actuar según el principio de eficacia (art. 103 CE). Se trata del llamado

Orón Moratal G. (Dir.) *La Ley General Tributaria: una visión crítica tras veinte años de aplicación. Editorial* Tirant lo Blanch. Pág. 389 https://bv.unir.net:4255/cloudLibrary/ebook/info/9788410718364

13 Vega Pedreño I. (2024). "Inteligencia artificial y medidas cautelares en dispositivos electrónicos: más dudas que certezas en la esfera tributaria". Hinojosa Torralvo J. J. y Sánchez-Archidona Hidalgo G. (Dir.) *Inteligencia artificial, cumplimiento voluntario, y los derechos y garantías de los contribuyentes.* Editorial Atelier, Barcelona, Pág. 251. 275

derecho a la buena administración [14], derecho fundamental del art. 41 de la Carta de los Derechos Fundamentales de la Unión Europea y reconocido por la Sentencia del Tribunal de Justicia de la Unión Europea de 20 de diciembre de 2017, Caso Reino de España contra Consejo de la Unión Europea. El art. 41 de la Carta recoge los principios de tutela efectiva, seguridad jurídica y confianza legítima de los ciudadanos en las instituciones o de establecer un derecho a la buena administración a completarse con la materialización de la relación cooperativa, de los arts. 9.3 y 103 de la CE, junto con el art. 3 de la Ley 40/2015, de 1 de octubre, de Régimen Jurídico del Sector Público (LRJSP). sobre la base del principio de transparencia basadas en el derecho a la información y en la comprensión y accesibilidad de la misma por los operadores jurídicos,.

Interesante mencionar la Norma UNE 19602:2019, de 27 de febrero, sistemas de gestión de Compliance Tributario. Requisitos con orientación para su uso, surge como un modelo facilitador de la implantación de sistemas de gestión tributaria, en el ámbito de una empresa, que permitan implantar una cultura basada en la prevención y reducción del riesgo tributario, bajo políticas basadas en el buen gobierno corporativo.

5.3. Normas básicas para la utilización de tecnologías informáticas y telemáticas.

El art. 96 LGT establece unas normas básicas para la utilización de tecnologías informáticas y telemáticas. La Administración Estatal Tributaria promoverá su uso con las limitaciones

---

14 González Pelayo A. "La inteligencia artificial aplicada al Compliance Fiscal". Hinojosa Torralvo J. J. y Sánchez-Archidona Hidalgo G. (Dir.) *Inteligencia artificial, cumplimiento voluntario, y los derechos y garantías de los contribuyentes*. Editorial Atelier , Barcelona, Pág. 232

que la Constitución y las leyes establezcan. Los ciudadanos podrán relacionarse con ella para ejercer sus derechos y cumplir con sus obligaciones con las garantías y requisitos previstos en cada procedimiento. Los procedimientos y actuaciones garantizarán la identificación de la Administración tributaria actuante y el ejercicio de su competencia. Cuando la Administración tributaria actúe de forma automatizada se garantizará la identificación de los órganos competentes para la programación y supervisión del sistema de información y de los órganos competentes para resolver los recursos que puedan interponerse.

Dada la aplicación supletoria del Derecho Administrativo en materia tributaria. La Sentencia del Tribunal Supremo de 22 de enero de 2020: "La razón de ser Derecho Administrativo se encuentra en la búsqueda de un marco normativo que garantice la defensa de los derechos de los particulares y la consecución d ellos intereses generales. La Exposición de Motivos de la Ley General Tributaria dispone que los principales objetivos que pretende conseguir son reforzar las garantías de los contribuyentes y la seguridad jurídica, posibilitar la utilización de las nuevas tecnologías, modernizar los procedimientos tributarios, establecer mecanismos que refuercen la lucha contra el fraude fiscal, el control tributario y el cobro de las deudas tributarias.

El art. 41 Ley 40/2015, de 1 de octubre, de Régimen Jurídico del Sector Público establece el concepto de actuación administrativa automatizada, como cualquier acto o actuación realizada íntegramente a través de medios electrónicos por una Administración Pública en el marco de un procedimiento administrativo y en la que no haya intervenido de forma directa un empleado público. Deberá establecerse previamente el órgano u órganos competentes para la definición de las especificaciones, programación, mantenimiento, supervisión y control de calidad y auditoría del sistema de información y de su código fuente. Se indicará el órgano que debe ser considerado responsable a efectos de impugnación.

El art. 34 de la Ley 58/2003, de 17 de diciembre, General Tributaria (LGT) establece los derechos y garantías de los obligados tributarios entre otros que podrían ser favorecidos y /o vulnerados por el uso de la inteligencia artificial por la Agencia Estatal de Administración Tributaria. Analizamos en los siguientes epígrafes del capítulo cómo podría suceder ésta afirmación.

5.4. Clasificación de los derechos de los obligados tributarios recogidos en el art. 34 LGT

La codificación de la Ley 58/2003, de 17 de diciembre, General Tributaria General Tributaria (LGT) convierte al ciudadano-en contribuyente investido de derechos (art. 34 LGT) y obligaciones materiales (arts. 19-28 LGT) y formales (art. 29 LGT). Podemos clasificar los derechos de los obligado tributarios del art. 34 LGT.

1. Derechos reguladores de las relaciones con la Agencia Estatal de Administración Tributaria

Un primer grupo vendría formado por aquellos derechos que amparan al contribuyente para conocer su situación tributaria, cumplir sus obligaciones fiscales dentro de las relaciones con la Administración. Lo integran los derechos: 1) derecho a ser informado y asistido por la Administración Tributaria; 2) derecho a ser informado del valor de los inmuebles;3) derecho a ser informado de la naturaleza y alcance de las actuaciones inspectoras y a su desarrollo en el plazo previsto; 4) derecho a conocer el estado de tramitación de los procedimientos y derecho a solicitar certificaciones y copias.

2. Derechos reguladores de la conducta de la Agencia Estatal de la Administración Tributaria

El segundo grupo de derechos regulan la conducta de la Administración Tributaria en sus relaciones con los contribuyentes. Lo integran los derechos: 1) la facultad de conocer la identidad de las personas y autoridades responsables del procedimiento de gestión en el que el contribuyente sea interesado , en definitiva, derecho a conocer la identidad de los funcionarios; 2) derecho que tiene el contribuyente a ser tratado con el debido respeto y consideración, por el personal de la Administración Tributaria; 3) Derecho al carácter reservado de datos, informes y antecedentes. obtenidos por la Administración tributaria, que sólo podrán ser utilizados para la aplicación de los tributos o recursos cuya gestión tenga encomendada y para la imposición de sanciones, sin que puedan ser cedidos o comunicados a terceros, salvo en los supuestos previstos en las leyes. Por tanto, podríamos relacionarlos con la limitación del uso de la informática para garantizar el derecho fundamental al honor y a la intimidad personal y familiar recogida art. 18 CE que pudiera vulnerarse con el uso de la inteligencia artificial.

3. Derechos reguladores de los procedimientos

El tercer grupo de derechos son aquéllos que van dirigidos a facilitar la tramitación de los procedimientos. derecho a no aportar los documentos ya presentados y que estén en poder de la Administración actuante, las actuaciones de la Administración se hagan de la forma menos gravosa, el derecho a formular alegaciones y a aportar documentos que sean tenidos en cuenta en la propuesta de la resolución, derecho a ser oído en el trámite de audiencia, derecho a conocer el estado de tramitación de los procedimientos y el de solicitar certificaciones y copias. Los derechos integrantes serían: 1) derecho a no aportar documentos ya presentados; 2) derecho a la tramitación menos gravosa ; 3) derecho a formular alegaciones y aportar documentos; 4) obligación de resolver 5) plazos de resolución; 6) derecho a conocer el estado de tramitación de los procedimientos y derecho a solicitar certificaciones y copias (remisión).

4. Derechos de contenido económico

El cuarto grupo de derechos responden a un denominador común que es su contenido económico. Se recogerían 1) el derecho a obtener la devolución de ingresos indebidos y las de oficio, con abono del interés de demora sin necesidad de requerimiento previo, y 2) derecho a ser reembolsado del coste de los avales y otras garantías para aportadas para suspender la ejecución de una deuda tributaria, cuando ésta se declare improcedente por sentencia o resolución firme.

5.5. Tratamiento constitucional de los derechos de los obligados tributarios recogidos en el artículo 34 LGT

Los derechos y garantías recogidos en el art. 34 LGT son la transposición de la disposición derogada de la Ley 1/1998, de 26 de febrero, de Derechos y Garantías de los Contribuyentes. Son la contrapartida de las obligaciones que, sobre los contribuyentes pesan de la obligación general de contribuir al sostenimiento de los gastos públicos del art. 31 de la CE, de acuerdo con los principios contenidos en la Constitución y demás deberes contenidos en los correspondientes textos legales y reglamentarios.

Constituyen estos derechos y garantías del art. 34 LGT un reforzamiento del principio de seguridad jurídica y un equilibrio de las situaciones jurídicas de la Agencia Estatal de la Administración Tributaria y de los contribuyentes.

El art. 34 LGT recoge un catálogo de derechos cuyo núcleo más importante surge como desarrollo de derechos fundamentales recogidos en el art. 24 CE que ya habían sido establecidos en el art. 53 de la Ley 39/2015, de 1 de octubre, del Procedimiento Administrativo Común de las Administraciones Públicas (LPAC), que enumera los derechos de los ciudadanos en sus relaciones con la Administración que no son idénticos que los del art. 34 LGT pues el primero no recoge los derechos a utilizar las lenguas oficiales, de acceso a los registros y archivos o a exigir responsabilidades.

5.6. Protección de los derechos recogidos en el artículo 34 LGT

Los derechos del art. 34 LGT que se identifican con el núcleo esencial de los derechos fundamentales del art. 24.1 y 2 CE gozan de la protección del art. 53.2 CE. Los derechos de aplicación inmediata por todos los poderes públicos, el individuo podrá emplear las vías ordinarias de recurso o el proceso especial de los derechos fundamentales de la persona regulado por Ley 62/1978, de 26 de diciembre, de Protección Jurisdiccional de los Derechos Fundamentales de la Persona. Las cuestiones que hagan referencia a la legalidad intrínseca de los actos impugnados se plantearán a través de un recurso contencioso-administrativo ordinario (STS 19-3-1986) Si el interesado no obtuviera resolución favorable en la jurisdicción contencioso-administrativa, resultará procedente la interposición del recurso de amparo constitucional regulados en el art. 41 y siguientes de la Ley Orgánica 2/1979, de 3 de octubre, del Tribunal Constitucional (LOTC). Los derechos establecidos en el art. 34 LGT que no se identifican con los derechos fundamentales reconocidos en la Sección 1.a) del Capítulo 2.o) de la CE su tutela efectiva se obtiene mediante un recurso contencioso-administrativo en el que se examine la adecuación del acto de legalidad vigente.

6. LA ESTRATEGIA DE INTELIGENCIA ARTIFICIAL DE LA AGENCIA ESTATAL DE ADMINISTRACIÓN TRIBUTARIA

La Agencia Tributaria apuesta por el uso de sistemas de inteligencia artificial, como tecnología transformadora esencial para la eficacia y eficiencia en la consecución de objetivos, en materia de prestación de servicios de información y asistencia al contribuyente y prevención y la lucha contra el fraude fiscal y aduanero.

La globalización de la Economía Digital pone de manifiesto fisuras en la estructura actual del Sistema Fiscal Internacional, encorsetado en una Economía global donde es menos necesaria la presencia física de las empresas multinacionales, que realmente está operando a través de internet. Esta circunstancia conlleva un grave problema de localización de jurisdicción competente en relación a los beneficios obtenidos por dichas entidades[15].

La Agencia Tributaria establece un documento sobre su "Estrategia del uso de Inteligencia Artificial" de 24 de mayo de 2024 [16] basado en el "Plan Estratégico de la Agencia Tributaria 2024-2027" [17].

---

15 Jiménez Vargas P. J. (2022). "La nueva fiscalidad de la economía digital :primer paso para una verdadera armonización fiscal internacional". *Cuadernos de Derecho Transnacional* , Vol. 14 Núm 1 (2022). Pág. 336

16 Agencia Estatal de Administración Tributaria (2024), *Estrategia de Inteligencia Artificial,* 27-5-24. https://sede.agenciatributaria.gob.es/static_files/AEAT_Intranet/Gabinete/Estrategia_IA.pdf

17 Agencia Estatal de Administración Tributaria (2024). *Plan Estratégico de la Agencia Tributaria 2024-2027.* https://sede.agenciatributaria.gob.es/static_files/Sede/Agencia_Tributaria/Planificacion/Plan_estrategico_2024_2027/PlanEstrategico2024.pdf

6.1. Compromisos

La Agencia Tributaria se compromete a:

1) Alienación del uso de Inteligencia Artificial con su visión, misión, principios y objetivos y desarrollo de la misma según el marco normativo vigente.

2) Utilización de la Inteligencia Artificial para la mejora del servicio a los ciudadanos y la eficacia y eficiencia administrativa.

3) Uso de las herramientas de Inteligencia Artificial tratando de cumplir los principios de equidad, objetividad y homogeneidad.

4) Investigación y desarrollo del uso de la Inteligencia Artificial en el ámbito administrativo para el cumplimiento de los principios de racionalización, economía y eficacia de cualquier Administración Pública.

6.2. Principios rectores

1) Principio de responsabilidad (cumplimiento proactivo).

La Agencia Tributaria promoverá el uso de una Inteligencia Artificial responsable, ética, confiable y respetuosa con los derechos fundamentales.

La Agencia Tributaria garantiza que no hará uso de sistemas de Inteligencia Artificial para prácticas "prohibidas" en lo relativo al cumplimiento del próximo Reglamento de la UE en Inteligencia Artificial

Asegurará el establecimiento de los requisitos de gobernanza y seguridad en el desarrollo y uso del resto de sistemas de Inteligencia Artificial de alto riego, de riesgo limitado o de bajo riesgo que aplique a dichos sistemas.

2) Aplicación de un enfoque centrado en la persona (Human Centric)

La Agencia Tributaria tratará de conseguir que el empleo de la Inteligencia Artificial sea responsable y respetuoso con las personas. Se velará por la aplicación de principios éticos y por el respeto a los derechos fundamentales de las personas, principios de transparencia en el uso de la Inteligencia Artificial con las limitaciones de la viabilidad técnica o del carácter reservado de datos y actuaciones de conformidad según el art. 95 de la Ley 58/2003, de 17 de diciembre, General Tributaria.

Cuando la Agencia Tributaria haga uso de sistemas de Inteligencia Artificial para interactuar directamente con empresas y ciudadanos, y se informará expresamente, salvo que resulte evidente.

3) Seguridad y Gobierno de la Inteligencia Artificial

La Agencia Tributaria utilizará una metodología específica para el uso de sistemas de Inteligencia Artificial a través de la calidad y la gobernanza de los proyectos que afecten a los derechos y libertades de los ciudadanos, al cumplimiento jurídico y ético, o principios y estrategias de la Agencia Tributaria.

La metodología se ajustará a los códigos de buenas prácticas y los estándares de la Agencia Española de Supervisión de la Inteligencia Artificial (AESIA).

La metodología cubrirá todo el ciclo de vida del proyecto del sistema de Inteligencia Artificial: especificación de requisitos, análisis de riesgos y medidas de ciberseguridad y protección de datos, análisis de viabilidad, decisiones de diseño, validación de resultados, puesta en producción y monitorización, evaluación y mantenimiento del sistema ya funcionando en el entorno productivo. Se identificarán a los actores y a los roles que hayan de participar, las funciones, los productos o entregables necesarios.

La metodología asegurará el cumplimiento de los requisitos de seguridad y legalidad que apliquen a cada tipo de proyecto, supervisión del Departamento de Informática Tributaria, auditados por el Servicio de Auditoría Interna, como por la Comisión Sectorial de Seguridad y Control de Informática Tributaria.

Se asegurará la calidad de los datos. Se verificará que las fuentes de los datos sean fidedignas, y contengan información vigente, actualizada y no sesgada.

Se extremará el cuidado en los trabajos de limpieza, tratamiento y transformación de los datos tras su recolección.

Se trabajará en la detección y corrección de eventuales sesgos de los datos, garantizando la privacidad y seguridad de los datos que se utilicen.

6.3. Líneas de actuación de la Agencia Estatal de Administración Tributaria

Las líneas de actuación de la Agencia Tributaria son: 1) alineamiento con la estrategia de la Agencia Tributaria; 2) enfoque de los proyectos ;3) metodología 4) participación y capacitación del personal; 5) modelo de gobernanza; 6) limitaciones del uso de IA

La limitación por parte de la Agencia Tributaria del uso de los usos de los sistemas de Inteligencia Artificial será la determinada por el marco jurídico-normativo, por los principios éticos y de buen uso de la Inteligencia Artificial y los valores de la Agencia Tributaria, y por la Agencia Española de Supervisión de la Inteligencia Artificial (AESIA)

Las actuaciones administrativas automatizadas que dicte la Agencia Tributaria se garantiza siempre la intervención humana que supervisará las decisiones que hayan podido ser propuestas por el sistema, validándolas o modificándolas.

7. LOS MODELOS PREDICTIVOS DE SISTEMAS DE INTELIGENCIA ARTIFICIAL DE LA AGENCIA ESTATAL DE ADMINISTRACIÓN TRIBUTARIA

Según OECD "en Tax Administration 2022: Comparative Information on OECD and other Advanced and Emerging Economies" el 70% de las 52 Agencias Tributarias de los Estados de la OCDE usan la inteligencia artificial y entre ellas la española [18]

La Agencia Española Tributaria cuanta con muchos datos e información de los contribuyentes. Por lo que hay un mayor rastreo y seguimiento de "la Huella Digital" del contribuyente a través de sus declaraciones tributarias, inscripciones en registros públicos como el Catastro Inmobiliario, envíos de información de entidades financieras al Banco de España como uso de billetes de 500 €, pagos y cobros de más de 3.000 €,operaciones de más de 10.000 €, geolocalización de los móviles de los contribuyentes y dispositivos electrónicos, a efectos de localización de residencia fiscal facturas de suministros de las viviendas, información de la Agencia Electrónica Notarial como registros de compraventa, registros de matriculación de vehículos, movimientos de las tarjetas de crédito, información publicada en redes sociales e internet por los contribuyentes como AirBNB o Booking, grafos, Nóminas de Seguridad Social , obligación de insertar un código QR en las facturas electrónicas.

---

18 OECD (2022). *Tax Administration 2022: Comparative Information on OECD and other Advanced and Emerging Economies.* https://www.oecd-ilibrary.org/sites/1e797131-en/index.html?itemId=/content/publication/1e797131-en

Cuadro 1. La Vigilancia de la Agencia Tributaria

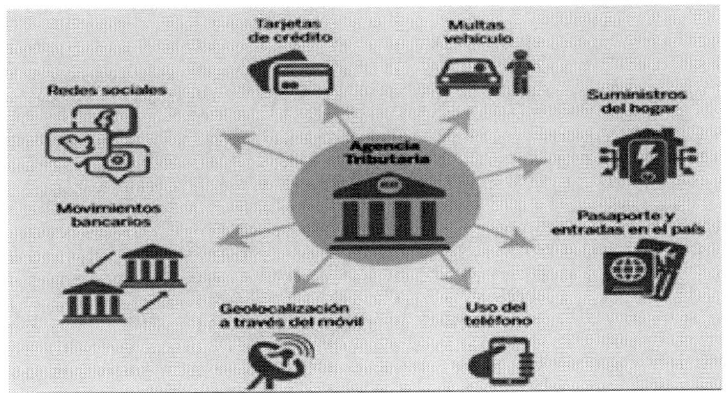

Fuente: FAES I. (2024), Expansión

Con la Ley 18/2022, de 28 de septiembre, de creación y crecimiento de empresas, La Agencia Tributaria obligará a insertar un el "código QR" (Quick Response Code) para todas las facturas derivadas de las operaciones entre empresarios y profesionales. Se podrán seguir emitiendo facturas en papel. Se trata de un nuevo paso hacia la digitalización impulsado por la Unión Europea y control de los contribuyentes. Revolucionará el control fiscal y aumentará la transparencia de las transacciones comerciales [19].

La Administración Tributaria realiza un tratamiento masivo de datos, análisis de redes o grafos, Sistemas de análisis de riesgos de determinados autónomos, dependiendo de su perfil y de su historial de declaraciones, robotización y automatización de determinadas actuaciones.

19 FAES I. (2023). *Hacienda rastrea los móviles para vigilar la residencia fiscal,* 8-6-23 Expansión. https://edfabogados.com/storage/25012023_EdFExpansion.pdf

La Agencia Tributaria usa sistemas de inteligencia artificial, consiguiendo perfiles de riesgo fiscal combinando el enorme *Big Data con sistemas de Machine Learning, Deep Learning* y procesamiento del lenguaje natural a través de estos sistemas de análisis automático de información y el uso de la inteligencia artificial clasificando automáticamente a los contribuyentes en diferentes perfiles según su nivel de riesgo, prediciendo cuál va a ser el grado de cumplimiento de sus obligaciones tributarias y, comprobando si sus predicciones se ajustan a los hechos para la lucha contra el fraude fiscal.

La Agencia Tributaria ha utilizado esta información para los procedimientos tributarios de gestión e inspección, modelizándola y clasificándola mediante aplicaciones y sistemas informáticos muy avanzados, como Proyectos ZÚJAR, TESEO, INEX, INTER, DÉDALO, PROMETEO o GENIO [20], RIFA (Recolección de Información de Fuentes Abiertas), entre otros. El análisis se centra en sus características técnicas, las garantías de publicidad y transparencia que llevan aparejadas y su debida consideración como sistemas de Inteligencia Artificial de alto riesgo.

7.1. Proyecto Zújar

ZÚJAR es una herramienta de Business Inteligence (BI) o Inteligencia de Negocio para análisis multidimensional de la información ajustada a las necesidades de Agencia Tributaria y orientada a la toma de decisión y mejora de los objetivos de la organización.

---

[20] RINCÓN G. (2024). *El uso de la inteligencia artificial por la Administración Tributaria: ¿quién vigila a los vigilantes?,* Garrigues , 26-3-23 https://www.garrigues.com/es_ES/garrigues-digital/uso-inteligencia-artificial-administracion-tributaria-quien-vigila-vigilantes

Infraestructura de acceso potente a datos en otras aplicaciones. Herramienta de selección de contribuyentes a través del filtrado de miles de variables y sobre millones de registros. Proceso interactivo con tiempos de respuesta de pocos segundos, para generar el colectivo de contribuyentes sobre los que se va a tomar determinadas acciones de procedimiento de gestión e inspección.

Es un motor analítico de la Administración Tributaria , en números. El Zújar es un pantano situado en la provincia de Badajoz y además es el lago de almacén de datos de la Agencia Tributaria española. Zújar es una especie de almacén de almacenes de datos, conocidos como Zújares. Existe un Zújar de inmuebles, Zújar de contribuyentes, Zújar de deudas, Zújar de facturas declaradas, Zújar de ITVs.

Cuadro 2. ¿Qué es un ZÚJAR?

Fuente: Agencia Estatal de Administración Tributaria (2017) [21]

[21] Agencia Estatal de Administración Tributaria (2017): *Herramientas de Análisis de Información de la AEAT; ZUJAR*, https://es.slideshare.net/slideshow/herramientas-de-anlisis-de-la-informacin-de-la-aeat-zujar-agencia-estatal-de-administracin-tributaria-aeat-espaa/60754263

Zújar maneja un gran volumen de datos en 2020. Había más de 16.000 tablas, algunas con más de 18.000 columnas y 9.000 millones de registros [22]. Con lo que nos presentamos en un total de datos de 10 ejercicios, con más de 50 millones de contribuyentes y 300 millones de relaciones.

Tabla 2. Interfaz de usuario (Zújar)

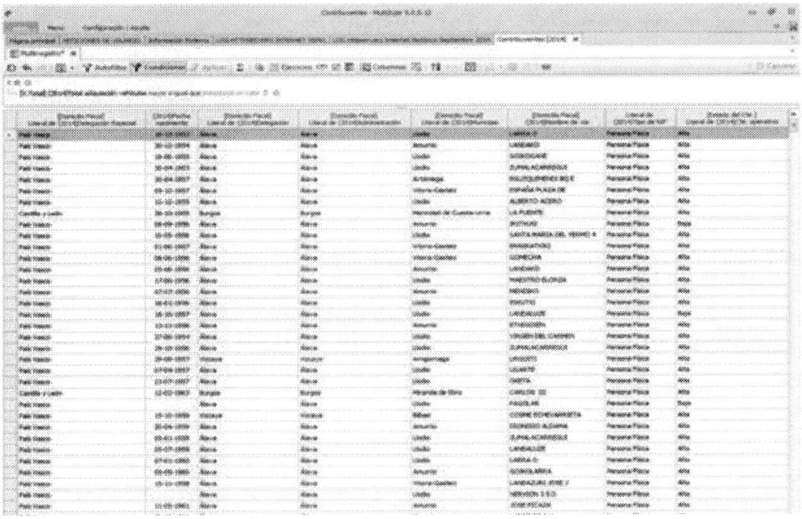

Fuente: Agencia Estatal de Administración Tributaria (2017) [23]

22 Datos (2024): *Episodio 25. Cómo utiliza Hacienda el Big Data. Un podscats Ninja sobre Big Data. 30-11-.24*, https://datos.ninja/podcast/25-hacienda-big-data/

23 Agencia Estatal de Administración Tributaria (2016). *Herramientas de análisis de la información de la AEAT: ZUJAR*. https://es.slideshare.net/slideshow/herramientas-de-anlisis-de-la-informacin-de-la-aeat-zujar-agencia-estatal-de-administracin-tributaria-aeat-espaa/60754263

En Zújar se soportan tanto cargas online que suceden 24/7 como cargas en bloque de otros almacenes de datos, unas 29000 cargas mensuales que modifican o añaden un promedio de 200000 millones de registros al mes, y que se programan por las noches y fines de semana.

Zújar incorpora un motor de análisis que permite a la Administración Tributaria consultas al almacén de datos, cruzar resultados [24].

7.2. Proyecto Nidel

El Proyecto Nidel es una herrramienta informática que aúna análisis masivo de datos (Big Data) con técnicas de rastreo por algoritmos e inteligencia artificial.

Nidel utiliza análisis de grafos para encontrar estructuras y relaciones indirectas en redes de millones de nodos. Se calcula la riqueza de individuos a partir de sus participaciones en empresas mediante análisis de grafos.

Permite rastrear incrementos de patrimonio no justificados de personas con vínculos delictivos [25]. Se usa especialmente en casos de personas que tienen asuntos pendientes con Ha-

---

[24] Torreblanca Gómez de las Heras S. (2024): "El impacto de las tecnologías disruptivas en la Administración Pública: nuevos retos en los modelos de gestión", *European Public % Social Innovation Review,* (9). Pág. 5

[25] López Fonseca O. (2022). *Hacienda crea una herramienta de inteligencia artificial para detectar redes de blanqueo de capitales,* El País, 18-2-22. https://elpais.com/economia/2022-02-18/hacienda-crea-una-herramienta-informatica-de-inteligencia-artificial-para-detectar-redes-de-blanqueo-de-capitales.html

cienda que dicen que están arruinados, aunque disponen de bienes pero a nombre de otros.

7.3. Proyecto Hermes

Hermes utiliza los datos de Zújar para obtener modelos predictivos de riesgos de los contribuyentes. Pretende clasificar y perfilar a los contribuyentes y detectar anomalías en los datos que permitan mejorar la detección de fraude por parte de la Administración.

Estos modelos predictivos de riesgo, modelos de clasificación y perfilado de los contribuyentes y detección de anomalías son dónde se podría estar aplicando presuntamente el Machine Learning y la Inteligencia Artificial.

HERMES permite seleccionar las opciones de inspección [26], por lo que es flexible en la definición de perfiles para la selección de contribuyentes que deben ser inspeccionados [27].

---

[26] Serrano Antón F. (2021).“Inteligencia Artificial y Administración Tributaria. Especial referencia al procedimiento de Inspección Tributaria”, *en Serrano Anton F. (DIR.): Inteligencia Artificial y Administración Tributaria: eficacia administrativa y defensa de los derechos de los contribuyentes,* Thomson Reuters Aranzadi, Madrid. Pág. 149-194.

[27] Malvárez Pascual l. A. (2023). El uso de Big Data y la Inteligencia Artificial en la planificación de las actuaciones inspectoras en PITA GRANDAL A. M., MALVÁREZ PASCUAL, L. A, Y RUIZ HIDALGO C. (DIR.): La Digitalización en los procedimientos tributarios y el intercambio automático de información, Aranzadi, Navarra. Pág. 131-132.

7.4. Modelo para detectar facturas falsas

La Administración Tributaria usa sistemas de inteligencia artificial, modelos predictivos donde estudia y recopila todos los datos de años anteriores para detectar patrones de facturas falsas emitidas y recibidas. Se construye un sistema basado en casos trabajando sobre supuestos ya estudiados por la Inspección Tributaria. Modelo que se recalcula con los resultados de nuevos casos. A partir de los datos disponibles para mejorar resultados. Así, selecciona perfiles de empresas que podrían estar defraudando a Hacienda. Los casos más típicos son las creación de facturas falsas para pagar menos IVA, IRPF, capitalización del paro, seguros.

Está prevista la aprobación de una modificación de la Directiva 2006/112/CE (Directiva IVA) consecuencia del Proyecto ViDA (VAT in the Digital Age), que establece un régimen obligatorio de declaración fiscal de facturas y de facturación electrónica en las operaciones intracomunitarias, según el modelo de facturación electrónica en la contratación pública [28]

La Administración sabe cuándo es una factura falsa cuando comprueba que falta la información, el importe en la factura es exagerado, incluye conceptos demasiado vagos, se recoge un servicio no prestado, existe ausencia de documentos acreditativos y se produce reiteración en el tiempo [29].

---

28 Agencia Estatal de Administración Tributaria,(2024). *Plan Estratégico de la Agencia Tributaria 2024- 2027*, https://sede.agenciatributaria.gob.es/static_files/Sede/Agencia_Tributaria/Planificacion/Plan_estrategico_2024_2027/PlanEstrategico2024.pdf

29 Dobaño R. (2024): *Facturas falsas: qué son, cómo detectarlas y sanciones*. https://getquipu.com/blog/facturas-falsas/

La Administración Tributaria tendrá los datos de las actividades económicas en tiempo real con la obligatoriedad de la factura electrónica, digitalizará la forma de emitir y recibir facturas y los softwares de facturación, con lo que minorará el fraude fiscal.

7.5. Modelo para el control de grandes patrimonios y residencia fiscal.

Se ha creado una Unidad Central de Coordinación de Control Patrimonios Relevantes de la Oficina Nacional de Investigación del Fraude (ONIF),, ya con el Plan Estratégico de la Agencia Tributaria 2020-2023 [30] señaló que entró en funcionamiento una herramienta informática que controlaba a dicho colectivo de contribuyentes con grandes patrimonios.

8. PROPUESTAS DE POSIBLES MEDIDAS DE CONTROL DEL USO DE INTELIGENCIA ARTIFICIAL EN LA AGENCIA ESTATAL DE ADMINISTRACIÓN TRIBUTARIA

En relacióna la Estrategia de Inteligencia Artificial de la Agencia Tributaria 2024-2027 extrañamos otros principios rectores y derechos de los ciudadanos [31] como:

---

30 Agencia Estatal de Administración Tributaria (2023). *Plan Estratégico de la Agencia Tributaria 2020-2023* https://sede.agenciatributaria.gob.es/static_files/AEAT/Contenidos_Comunes/La_Agencia_Tributaria/Planificacion/PlanEstrategico2020_2023/PlanEstrategico2020.pdf

31 Rincón de Pablo G. (2024): *Así es la estrategia de inteligencia artificial de la Agencia Tributaria para 2024-2027*

1) **El principio de transparencia** relacionado con el **derecho de explicación**, por los que el contribuyente debería tener acceso a los aspectos técnicos, algoritmos y datos empleados por estos sistemas de IA para la toma de sus decisiones

2) **El principio de proporcionalidad**, que garantice que las herramientas de Inteligencia Artificial utilicen solo para los fines específicos para las que se crearon y la necesidad de un equilibrio entre la finalidad pública que justifica su utilización, como la prevención y lucha contra el fraude fiscal y los derechos fundamentales de los ciudadanos de libertad, privacidad y seguridad jurídica.

3) **El principio de equidad, no discriminación y ausencia de sesgos** en la relación de la AEAT con los contribuyentes, que garantice que no se tomen decisiones automatizadas por la IA que estén basadas o soportadas en cuestiones como sexo, raza, religión, clase social o ideologías, aunque ello pueda restringir la eficacia de estos sistemas.

4) **El derecho a la impugnación** del contribuyente de las decisiones basadas en la IA que considere incorrectas o injustas.

Con la aprobación del Reglamento Europeo de Inteligencia Artificial podrían presuntamente considerarse como prácticas prohibidas determinados modelos predictivos de la Agencia Tributaria. por lo que se tendría que reconsiderar la utilización de dichos sistemas de inteligencia artificial. Así el art. 5 del RIA dice en su apartado 3 considera como prácticas prohibidas: Sistemas de IA con el fin de evaluar o clasificar a personas físicas o colectivos durante un período determinado de tiem-

---

https://blogtributario.garrigues.com/procedimiento/asi-es-la-estrategia-de-inteligencia-artificial-de-la-agencia-tributaria-para-2024-2027 po atendiendo a su comportamiento social o a características personales (Social Scoring) o de su personalidad conocidas, inferidas o predichas, de forma resultante un trato perjudicial o desfavorable.

Sería conveniente la adopción de una serie de medidas de control del uso de la inteligencia artificial por la Agencia Tributaria como:

1) **La publicación de las herramientas informáticas de sistemas de inteligencia artificial,** sus aspectos técnicos, los algoritmos y los datos empleados para la toma de sus decisiones con algunas restricciones para la consecución de la lucha contra el fraude fiscal y el reforzamiento de medidas de auditoría, supervisión y rendición de cuentas por la Agencia Tributaria [32] recogidos ya en el Plan Estratégico de la Agencia Tributaria 2024-2027.

2) **Cumplimiento del Código Ético** de la Agencia Tributaria relativo a utilización de la inteligencia artificial por parte de la Administración Tributaria que proteja realmente los derechos y garantías de los contribuyentes (seguridad jurídica, protección de datos, privacidad, derechos fundamentales, no discriminación, etc.) homogéneo en los países de la OCDE y la Unión Europea.

3) **Supervisión real de Agencia Española de Supervisión de la Inteligencia Artificial** y expertos multidisciplinares para que se garantice que las decisiones automatizadas estén motivadas, explicadas y fiscalizadas a los contribu-

---

[32] Rincón de Pablo G. (2024): *El uso de la inteligencia artificial por la Administración Tributaria: ¿quién vigila a los vigilantes? 23-6-23,* https://www.garrigues.com/es_ES/garrigues-digital/uso-inteligencia-artificial-administracion-tributaria-quien-vigila-vigilantes

yentes afectados y órganos judiciales como en cualquier acto administrativo).

4) **El uso de sistemas de inteligencia artificial con transparencia, proporcionalidad y seguridad,** evitando injerencias innecesarias o desproporcionadas en el ámbito personal de los contribuyentes.

5) Adaptación de los sistemas de inteligencia artificial **estado de la tecnología en cada momento,** para evitar sus posibles errores.

Se reconoce la necesaria utilización de los sistemas de inteligencia artificial por la Agencia Tributaria en la lucha contra el fraude fiscal. Se ruega un funcionamiento ético, transparente y sin sesgos o discriminaciones respetando derechos fundamentales y garantías tributarias de los contribuyentes.

9. CONCLUSIONES.

PRIMERA. El Real Decreto 817/2023, que establece un entorno controlado de pruebas para el ensayo del cumplimiento de la propuesta de Reglamento del Parlamento Europeo y del Consejo, por el que se establecen normas armonizadas en materia de Inteligencia Artificial, define el *sistema de inteligencia artificial* como el sistema que funcionan con ciertos niveles de autonomía, basados en datos de entradas suministrados por máquinas o por personas, infiere cómo lograr unos objetivos, usando estrategias de aprendizaje automático o lógica y el conocimiento, y generando información de salida: contenidos (sistemas de inteligencia artificial generativos), predicciones, recomendaciones o decisiones, a partir de datos que influyen en los entornos con los que interactúa

SEGUNDA. La inteligencia artificial diferencia tres categorías, en función del alcance y el ámbito de aplicación: las inteligencias artificiales fuertes, generales y débiles. La Inteligencia Artificial General soluciona cualquier tarea intelectual que podría resolver un ser humano; la Inteligencia Artificial Fuerte o superinteligencia supera las capacidades humanas. Inteligencia Artificial Débil (AIweak) soluciona un problema concreto.

TERCERA. Existen diversas técnicas de aplicación de Inteligencia Artificial: redes neuronales, sistemas basados en reglas, lógica borrosa, aprendizaje automático, sistemas expertos, sistemas adaptativos, algoritmos genéticos, sistemas multiagente, etc.

CUARTA. El Reglamento de la Unión Europea sobre Inteligencia Artificial (RIA) aprobado por Resolución legislativa del Parlamento Europeo, de 13 de marzo de 2024, busca regular los usos de la Inteligencia Artificial para limitar los riesgos que de ellos se derivan.

QUINTA. El ámbito de aplicación del Reglamento Europeo de Inteligencia Artificial se extiende a proveedores de sistemas de Inteligencia Artificial en servicio o comercialicen dentro de la Unión Europea o cuya salida se utilice en la Unión Europea, independientemente de su origen; y a usuarios de los mismos, que explotan esos sistemas, y no a los afectados.

El Reglamento Europeo sobre Inteligencia Artificial no es aplicable a autoridades públicas de terceros países ni a organizaciones internacionales en la cooperación policial o judicial con la Unión Europea o sus Estados Miembros, uso militar o contexto de la seguridad nacional, ni a los utilizados en investigación y el desarrollo científico.

SEXTA. El Reglamento Europeo sobre Inteligencia Artificial categoriza los siguientes niveles de riesgo: 1) riesgo inaceptable: incluye aquellos sistemas de Inteligencia Artificial que amenaza directamente la seguridad pública, los derechos fundamentales o la privacidad. Su uso está estrictamente prohibido, salvo en situaciones muy excepcionales; 2) alto riesgo: incluye que podrían tener impacto considerable en los derechos fundamentales de los individuos relacionados con la salud, la seguridad, el empleo, etc.; 3) bajo riesgo o riesgo inexistente: incluye l que no se ajusten a las categorías anteriores.

SEPTIMA. El art. 18. 4 CE establece que "La ley limitará el uso de la informática para garantizar el honor y la intimidad personal y familiar de los ciudadanos y el pleno ejercicio de sus derechos".

La información y asistencia a los obligados tributarios son medidas que refuerzan la relación cooperativa entre la Administración Tributaria y los obligados tributarios por la distribución equitativa del sostenimiento de los gastos públicos (art. 31 CE), como bien constitucionalmente protegido, según la Sentencia del Tribunal Constitucional 76/1990, de 26 de abril.

El art. 34 LGT establece los derechos y garantías de los obligados tributarios entre otros que podrían ser favorecidos y /o vulnerados por el uso de la inteligencia artificial por la Agencia Estatal de Administración Tributaria.

Los derechos del art. 34 LGT que se identifican con el núcleo esencial de los derechos fundamentales del art. 24.1 y 2 CE gozan de la protección del art. 53.2 CE. Los derechos de aplicación inmediata por todos los poderes públicos, el individuo podrá emplear las vías ordinarias de recurso o el proceso especial de los derechos fundamentales de la persona regulado por Ley 62/1978, de 26 de diciembre, de Protección Jurisdiccional de los Derechos Fundamentales de la Persona [33]. Las cuestiones que hagan referencia a la legalidad intrínseca

[33] Ley 62/1978, de 26 de diciembre, de Protección Jurisdiccional de los Derechos Fundamentales de la Persona. https://www.boe.es/buscar/doc.php?id=BOE-A-1979-88

de los actos impugnados se plantearán a través de un recurso contencioso-administrativo ordinario (STS 19-3-1986) Si el interesado no obtuviera resolución favorable en la jurisdicción contencioso-administrativa, resultará procedente la interposición del recurso de amparo constitucional regulados en el art. 41 y siguientes de la Ley Orgánica 2/1979, de 3 de octubre, del Tribunal Constitucional (LOTC) [34]. Los derechos establecidos en el art. 34 LGT que no se identifican con los derechos fundamentales reconocidos en la Sección 1.a) del Capítulo 2.o) de la CE su tutela efectiva se obtiene mediante un recurso contencioso-administrativo en el que se examine la adecuación del acto de legalidad vigente.

OCTAVA. La Agencia Tributaria apuesta por el uso de sistemas de inteligencia artificial, como tecnología transformadora esencial para la eficacia y eficiencia en la consecución de objetivos, en materia de prestación de servicios de información y asistencia al contribuyente y prevención y la lucha contra el fraude fiscal y aduanero en su documento sobre la Estrategia de Inteligencia Artificial de la Agencia Tributaria 2024-2027.

NOVENA. La Agencia Tributaria declara en dicho documento, en relación al principio rector de responsabilidad, que garantiza que no hará uso de sistemas de inteligencia artificial para prácticas “prohibidas” en lo relativo al cumplimiento del próximo Reglamento de la UE en Inteligencia Artificial.

Asegurará el establecimiento de los requisitos de gobernanza y seguridad en el desarrollo y uso del resto de sistemas de Inteligencia Artificial de alto riego, de riesgo limitado o de bajo riesgo que aplique a dichos sistemas.

---

[34] Ley Orgánica 2/1979, de 3 de octubre, del Tribunal Constitucional. https://www.boe.es/buscar/act.php?id=BOE-A-1979-23709

DÉCIMA. La Agencia Tributaria declara en dicho documento en relación al principio rector de aplicación de un enfoque centrado en la persona (Human Centric), cuando la Agencia Tributaria haga uso de sistemas de Inteligencia Artificial para interactuar directamente con empresas y ciudadanos, y se informará expresamente, salvo que resulte evidente.

DÉCIMO PRIMERA. La Agencia Tributaria declara en dicho documento, en relación al principio rector de Seguridad y Gobierno de la Inteligencia Artificial, que la Agencia Tributaria utilizará una metodología específica para el uso de sistemas de Inteligencia Artificial a través de la calidad y la gobernanza de los proyectos que afecten a los derechos y libertades de los ciudadanos, al cumplimiento jurídico y ético, o principios y estrategias de la Agencia Tributaria.

DÉCIMO SEGUNDA. La Agencia Tributaria usa sistemas de inteligencia artificial, consiguiendo perfiles de riesgo fiscal combinando el enorme *Big Data con sistemas de Machine Learning, Deep Learning* y procesamiento del lenguaje natural a través de estos sistemas de análisis automático de información y el uso de la inteligencia artificial clasificando automáticamente a los contribuyentes en diferentes perfiles según su nivel de riesgo, prediciendo cuál va a ser el grado de cumplimiento de sus obligaciones tributarias y, comprobando si sus predicciones se ajustan a los hechos para la lucha contra el fraude fiscal.

DÉCIMO TERCERA. La Agencia Tributaria ha utilizado esta información para los procedimientos tributarios de gestión e inspección, modelizándola y clasificándola mediante aplicaciones y sistemas informáticos muy avanzados, como Proyectos ZÚJAR, TESEO, INEX, INTER, DÉDALO, PROMETEO o GENIO, RIFA (Recolección de Información de Fuentes Abiertas), entre otros. El análisis se centra en sus características técnicas, las garantías de publicidad y transparencia que llevan aparejadas y su debida consideración como sistemas de Inteligencia Artificial de alto riesgo.

DÉCIMO CUARTA. Con la aprobación del Reglamento Europeo de Inteligencia Artificial podrían presuntamente considerarse como prácticas prohibidas determinados modelos predictivos de la Agencia Tributaria. por lo que se tendría que reconsiderar la utilización de dichos sistemas de inteligencia artificial. Así el art. 5 del RIA dice en su apartado 3 considera como prácticas prohibidas: Sistemas de IA con el fin de evaluar o clasificar a personas físicas o colectivos durante un período determinado de tiempo atendiendo a su comportamiento social o a características personales (Social Scoring) o de su personalidad conocidas, inferidas o predichas, de forma resultante un trato perjudicial o desfavorable.

DÉCIMO QUINTA. En relación a la Estrategia de Inteligencia Artificial de la Agencia Tributaria 2024-2027 extrañamos otros principios rectores y derechos de los ciudadanos como: 1) el principio de transparencia relacionado con el derecho de explicación, por los que el contribuyente debería tener acceso a los aspectos técnicos, algoritmos y datos empleados por estos sistemas de IA para la toma de sus decisiones ; 2) el principio de proporcionalidad, que garantice que las herramientas de Inteligencia Artificial utilicen solo para los fines específicos para las que se crearon y la necesidad de un equilibrio entre la finalidad pública que justifica su utilización, como la prevención y lucha contra el fraude fiscal y los derechos fundamentales de los ciudadanos de libertad, privacidad y seguridad jurídica 3) el principio de equidad, no discriminación y ausencia de sesgos en la relación de la AEAT con los contribuyentes, que garantice que no se tomen decisiones automatizadas por la IA que estén basadas o soportadas en cuestiones como sexo, raza, religión, clase social o ideologías, aunque ello pueda restringir la eficacia de estos sistemas. 4) el derecho a la impugnación del contribuyente de las decisiones basadas en la IA que considere incorrectas o injustas.

DÉCIMO SEXTA. Se reconoce la necesaria utilización de los sistemas de inteligencia artificial por la Agencia Tributaria en la lucha contra el fraude fiscal pero se ruega un presunto funcionamiento ético, transparente y sin sesgos o discriminaciones respetando derechos fundamentales y garantías tributarias de los contribuyentes.

Referencias Bibliográficas

Agencia Estatal de Administración Tributaria (2022): Programa 932ª. aplicación del Sistema Tributario Estatal. 2022, Pág 45.

Agencia Estatal de Administración Tributaria (2023): Plan Estratégico de la Agencia Tributaria 2020-2023. https://sede.agenciatributaria.gob.es/static_files/AEAT/Contenidos_Comunes/La_Agencia_Tributaria/Planificacion/PlanEstrategico2020_2023/PlanEstrategico2020.pdf

Agencia Estatal de Administración Tributaria (2024). Estrategia de Inteligencia Artificial, 27-5-24. https://sede.agenciatributaria.gob.es/static_files/AEAT_Intranet/Gabinete/Estrategia_IA.pdf

Agencia Estatal de Administración Tributaria (2024): Plan Estratégico de la Agencia Tributaria 2024- 2027, https://sede.agenciatributaria.gob.es/static_files/Sede/Agencia_Tributaria/Planificacion/Plan_estrategico_2024_2027/PlanEstrategico2024.pdf

Agencia Estatal de Administración Tributaria (2025). Asistente Virtual del SII, https://www2.agenciatributaria.gob.es/wlpl/AVAC-CALC/AsistenteSII.

Agencia Estatal de Administración Tributaria (2025). Herramientas de asistencia virtual, AEAT, Madrid, 2025, https://sede.agenciatributaria.gob.es/Sede/ayuda/herramientas-asistencia-virtual.html.

Agencia Estatal de Administración Tributaria (2025). Herramienta de Cálculo de Plazos para la remisión de registros de Facturas, https://www2.agenciatributaria.gob.es/soporteaeat/Formularios.nsf/CalculoPlazos?OpenPage

Agencia Española de Supervisión de la Inteligencia Artificial (2025) Líneas de actuación. https://espanadigital.gob.es/lineas-de-actuacion/agencia-espanola-de-supervision-de-la-inteligencia-artificial

Agencia Estatal de Administración Tributaria (2025): Simuladores 2025,. https://sede.agenciatributaria.gob.es/Sede/tramitacion/ZZ08.shtml.

Agencia Estatal de Administración Tributaria (2025). Suministro Inmediato de Información (SII). 2025, https://sede.agenciatributaria.gob.es/Sede/iva/suministro-inmediato-informacion.html

ARBONA L. (2024). *Así es el Reglamento de Inteligencia Artificial de la Unión Europea, Veridas, 14-3-24.* https://veridas.com/es/reglamento-inteligencia-artificial/ .

BBVA (2017). *¿Qué es un "sandbox" regulatorio?.* 20-11-2017. https://www.bbva.com/es/que-es-un-sandbox-regulatorio/

CARRASCO GONZÁLEZ, F.M. (2015). El derecho a una buena administración: la exigencia de plazos razonables en los procedimientos tributarios. En F. García Berro (Dir.), *Derechos Fundamentales y Hacienda Pública. Una perspectiva europea.* Civitas-Thomson Reuters. Pág.176.

COMITÉ ECONÓMICO Y SOCIAL EUROPEO (2018): *Dictamen del Comité Económico y Social Europeo sobre «Inteligencia artificial: anticipar su impacto en el trabajo para garantizar una transición justa, 2018,* (2018/C 440/01)

https://eur-lex.europa.eu/legal-content/ES/TXT/PDF/?uri=CELEX:52018IE1473&from=ES

COMISIÓN EUROPEA (2018): *Comunicación de la Comisión al Parlamento Europeo, al Consejo Europeo, al consejo, al comité económico y social europeo y al comité de las regiones Inteligencia artificial para Europa. Bruselas,* 25.4.2018 COM (2018) 237 final, https://eur-lex.europa.eu/legal-content/EN/TXT/?uri=COM%3A2018%3A237%3AFIN,

COMISIÓN EUROPEA (2020): *Libro Blanco sobre la Inteligencia Artificial–un enfoque europeo orientado a la excelencia y la confianza,,* https://ec.europa.eu/info/sites/default/files/commission-white-paper-artificial-intelligence-feb2020_es.pdf

CUATRECASAS (2024): *Aspectos clave del Reglamento de Inteligencia Artificial. Unión Europea, Legal Flash, 22-5-24*

DE NOVA LABIÁN A. J. (2024): *La diligencia debida de las plataformas en línea dentro del reglamento europeo de servicios digitales", Cuadernos Europeos de Deusto, N.º 70, 2024.*

DOBAÑO R. (2024): *Facturas falsas: qué son, cómo detectarlas y sanciones.* https://getquipu.com/blog/facturas-falsas/

FAES I. (2023). *Hacienda rastrea los móviles para vigilar la residencia fiscal, 8-6-23 Expansión.* https://edfabogados.com/storage/25012023_EdFExpansion.pdf

Fernández de Soto Blass M. L. (2025): "La utilización de la Inteligencia Artificial en el Derecho Financiero y Tributario." en el libro: Cubero Truyo a., Toribio Bernárdez l. , Reyes Rascón J. D. (Dir.) "La necesaria atención a la conciencia fiscal de la juventud en el Derecho Financiero y Tributario". Aranzadi, Pamplona. Pág. 403-424

Fernández de Soto Blass M. L. (2025): "Obligaciones formales de las plataformas digitales en la Directiva 2021/514 (DAC 7), Directiva (UE) 2023/2026 (DAC 8) en el Impuesto sobre Servicios Digitales y el uso de la inteligencia artificial para evitar el fraude fiscal, en el Libro: García Prats, A. (Dir.), Sevilla B. (Coord.): Gobernanza Tributaria Mundial, Aranzadi Pamplona. Pág. 91-121

FERNÁNDEZ DE SOTO BLASS M.L. (2004). "Derechos y garantías de los contribuyentes según Ley 1/1998 de derechos y garantías de los contribuyentes". *Revista Documentos de Trabajo nº 10/04. Instituto de Estudios Fiscales. Ministerio de Hacienda,* DOI 10.5281/zenodo.15126250. Págs. 65-70.

FERNÁNDEZ DE SOTO BLASS M.L. (2004). "Principios generales según la Ley 1/1998 de derechos y garantías de los contribuyentes". *Revista Documentos de Trabajo nº 10/04. Instituto de Estudios Fiscales. Ministerio de Hacienda,* Págs. 59-63. DOI 10.5281/zenodo.15125946.

FERNÁNDEZ DE SOTO BLASS M. L. (2016). *Practicum Fiscal. Teoría, práctica, fórmulas y esquemas,* Dykinson, Madrid. Pág. 9

FERNÁNDEZ DE SOTO BLASS M.L (2023). "La aplicación de la inteligencia artificial en la Agencia Tributaria, Libro: Marcos Cardona, M., Selma Penalva, V.: *El fraude fiscal en un entorno de digitalización,* Laborum Edciones S.L, Murcia, 2023, DOI 10.5281/zenodo.15112852. Pág 43-55

FERNÁNDEZ DE SOTO BLASS M. L. (2023). "La lucha contra el fraude fiscal desde el punto de vista de la inteligencia artificial", en el libro: Pita Grandal A., Malvárez Pascual I. A., Ruiz HIDALGO C. (Dir.).: *La digitalización en los procedimientos tributarios y el intercambio automático de información,* Editorial Aranzadi SAU Pamplona, DOI 10.5281/zenodo.15115915. Pág. 255-277.

Gobierno de España (2020). La Comisión Europea presenta sus Estrategias en relación con la Digitalización, los Datos y la Inteligencia Artificial, 2020, https://www.dsn.gob.es/es/actualidad/sala-prensa/comisi%C3%B3n-europea-presenta-sus-estrategias-relaci%C3%B3n-con-digitalizaci%C3%B3n-datos.

GONZÁLEZ PELAYO A. "La inteligencia artificial aplicada al Compliance Fiscal". Hinojosa TORRALVO J. J. y Sánchez-Archidona Hidalgo

G. (Dir.) *Inteligencia artificial, cumplimiento voluntario, y los derechos y garantías de los contribuyentes.* Editorial Atelier, Barcelona, P 232

JIMÉNEZ VARGAS P. J. (2022). *La nueva fiscalidad de la economía digital :primer paso para una verdadera armonización fiscal internacional.* Cuadernos de Derecho Transnacional ,Vol. 14 Núm 1 (2022). Pag. 336

LÓPEZ FONSECA O. (2022). *Hacienda crea una herramienta de inteligencia artificial para detectar redes de blanqueo de capitales,* El País, 18-2-22. https://elpais.com/economia/2022-02-18/hacienda-crea-una-herramienta-informatica-de-inteligencia-artificial-para-detectar-redes-de-blanqueo-de-capitales.html

MALVÁREZ PASCUAL, L. A. (2023*): El uso de Big Data y la Inteligencia Artificial en la planificación de las actuaciones inspectoras* en Pita Grandal A. M., Malvárez Pascual L. A. Pág.126

MALVÁREZ PASCUAL, L. A, y Ruiz Hidalgo C. (Dir.) (2023): *La Digitalización en los procedimientos tributarios y el intercambio automático de información,* Aranzadi, Navarra.

MUÑOZ VELA. J. M. (2024). *La regulación de la inteligencia artificial. Reto y oportunidad desde una perspectiva global e internacional* Editorial Aranzadi SAU Pamplona, DOI (BIBLIOTECA)

NAVARRO SANCHÍS F. J. (2024). "Algunas reflexiones sobre la intervención de la Administración Tributaria en los derechos fundamentales ". Almudí Cid M., Marín-Barnuevo FABO D., MARTÍNEZ LAGO M. A. M., Orón Moratal G. (Dir.) (2024). *La Ley General Tributaria: una visión crítica tras veinte años de aplicación. Editorial* Tirant lo Blanch. Pág. 389.

OLIVARES OLIVARES B. D. (2022). *La inteligencia artificial en la relación entre los obligados y la Administración Tributaria. Retos ante la gestión tecnológica.* AEDAF, CISS, La Ley Soluciones Legales S.A. Madrid, Pág. 29.

PALOMARES-HERRERA, M. (2024). Comentarios sobre el estado de la tutela multinivel de los derechos humanos en el sistema Europeo y Americano desde la experiencia hispanocolombiana. *Revista Anuario Parlamento y Constitución,* (25), 237-259.

PALOMARES-HERRERA, M. (2023). Yesterday and today of the religious fact from the registration of the church to the new context of the metaverse: special constitutional approach from Spain. *Rev. Just. Direito, 37,* 61.

Parlamento Europeo (2025). Macrodatos: definición, beneficios, retos (Infografía), https://www.europarl.europa.eu/news/es/headlines/

priorities/inteligencia-artificial-en-la-ue/20210211STO97614/macrodatos-definicion-beneficios-retos-infografia.

RINCÓN DE PABLO G. (2023): *El uso de la inteligencia artificial por la Administración Tributaria: ¿quién vigila a los vigilantes?*, 23-6-23,

RINCÓN DE PABLO G. (2024). *Así es la estrategia de inteligencia artificial de la Agencia Tributaria para 2024-2027*

SERRANO ANTÓN F. (2021). "Inteligencia Artificial y Administración Tributaria. Especial referencia al procedimiento de Inspección Tributaria", *en* Serrano Antón F. (DIR.): *Inteligencia Artificial y Administración Tributaria: eficacia administrativa y defensa de los derechos de los contribuyentes,* Thomson Reuters Aranzadi , Madrid. Pág, 149-194.

Standford University (2018): AI Index 2018 Annual Report. 2018, http://cdn.aiindex.org/2018/AI%20Index%202018%20Annual%20Report.pdf

VEGA PEDREÑO I. (2024). "Inteligencia artificial y medidas cautelares en dispositivos electrónicos: más dudas que certezas en la esfera tributaria". Hinojosa Torralvo J. J. y SÁNCHEZ-ARCHIDONA HIDALGO G. (Dir.) *Inteligencia artificial, cumplimiento voluntario, y los derechos y garantías de los contribuyentes.* Editorial Atelier , Barcelona, Pág. 251. 275

TORREBLANCA GÓMEZ DE LAS HERAS S. (2024): "El impacto de las tecnologías disruptivas en la Administración Pública: nuevos retos en los modelos de gestión", *European Public % Social Innovation Review,* (9). Pág. 9.

WOLTERS KLUWER TAA ESPAÑA (2020): *Cómo utiliza la AEAT la Inteligencia Artificial, 2020 ,2-9-2020* https://www.wolterskluwer.com/es-es/expert-insights/como-utiliza-la-aeat-la-inteligencia-artificial,

BLOQUE IV: IUSFUNDAMENTALISMO A LO NACIONAL: INTIMIDAD Y GÉNERO

Capítulo VII. La digitalidad en el derecho fundamental a la intimidad y su reflejo administrativo

PABLO FERNÁNDEZ GARCÍA-ARMERO
Universidad de León

INTRODUCCIÓN

El impacto de las tecnologías de la información y de la comunicación incide en innumerables ámbitos de nuestra sociedad, formando parte indispensable de los cambios en nuestro *modus vivendi.* Los derechos fundamentales tampoco son ajenos a esta realidad en la que llevamos unos años inmersos y su confluencia con lo digital puede reconfigurar en algunos de ellos tanto su núcleo esencial como su contenido adicional, o incluso ambos. Por ello, es indispensable al menos esbozar cómo lo digital va efectuando este proceso en el derecho a la intimidad, por ser este uno de los ámbitos en los que más ha incidido el avance de las tecnologías, pues otro enfoque de análisis de tipo cualitativo o cuantitativo excede el objetivo de estas líneas. No obstante, el ritmo vertiginoso del avance del estado de la técnica y su inmediata aplicación a la sociedad posibilitan que este texto pueda devenir desfasado en un corto lapso de tiempo. No sería la primera vez que esto sucede.

1. EL CONTENIDO ESENCIAL DE LOS DERECHOS FUNDAMENTALES

La sentencia del Tribunal Constitucional de 8 de abril de 1981[1] sigue dos caminos para aproximarse a la idea de "contenido esencial" al que hace referencia el artículo 53 de nuestra vigente Constitución. El primero de ellos entiende que viene determinado por la necesidad de que el derecho en cuestión sea reconocido y protegido en un determinado contexto his-

---

1 Sentencia Tribunal Constitucional 11/1981, de 8 de abril: "Constituyen el contenido esencial de un derecho subjetivo aquellas facultades o posibilidades de actuación necesarias para que el derecho sea recognoscible como pertinente al tipo descrito y sin las cuales deja de pertenecer a ese tipo y tiene que pasar a quedar comprendido en otro desnaturalizándose, por decirlo así. Todo ello referido al momento histórico de que en cada caso se trata y a las condiciones inherentes en las sociedades democráticas, cuando se trate de derechos constitucionales.
El segundo posible camino para definir el contenido esencial de un derecho consiste en tratar de buscar lo que una importante tradición ha llamado los intereses jurídicamente protegidos como núcleo y médula de los derechos subjetivos. Se puede entonces hablar de una esencialidad del contenido del derecho para hacer referencia a aquella parte del contenido del derecho que es absolutamente necesaria para que los intereses jurídicamente protegibles, que dan vida al derecho, resulten real, concreta y efectivamente protegidos. De este modo, se rebasa o se desconoce el contenido esencial cuando el derecho queda sometido a limitaciones que lo hacen impracticable, lo dificultan más allá de lo razonable o lo despojan de la necesaria protección.
Los dos caminos propuestos para tratar de definir lo que puede entenderse por «contenido esencial» de un derecho subjetivo no son alternativos, ni menos todavía antitéticos, sino que, por el contrario, se pueden considerar como complementarios, de modo que, al enfrentarse con la determinación del contenido esencial de cada concreto derecho pueden ser conjuntamente utilizados para contrastar los resultados a los que por una u otra vía pueda llegarse".

tórico. El segundo alude a los denominados "intereses jurídicamente protegidos" que constituyen el núcleo del derecho. En este sentido, semanas después, el máximo intérprete de nuestra *lex normarum* dictó sentencia el 14 de julio de 1981, versando sobre la doble naturaleza de los derechos y libertades, siendo una parte de esta afirmación su categorización como elementos esenciales también de un ordenamiento, por lo que podemos constatar en esta materia otro punto de vista del adjetivo esencial[2].

En todo caso, uno de los aspectos más relevantes de nuestro ordenamiento jurídico es que el poder constituyente no solo reguló los derechos fundamentales en la Constitución después de su Título Preliminar, sino que asignó al legislador ordinario su desarrollo. Sin embargo, al mismo tiempo, nuestra carta magna le impuso a este igualmente una serie de limitaciones en forma de garantías, de entre las que destacan: la necesidad tanto de un procedimiento agravado de la Constitución para su reforma como de leyes que tengan el rango de orgánicas, así como la posibilidad de acudir ante los tribunales ordinarios por un procedimiento que se fundamenta en los principios de preferencia y sumariedad o de formular recurso de amparo ante el Tribunal

---

2 Sentencia Tribunal Constitucional 25/1981, de 14 de julio: "Ello resulta lógicamente del doble carácter que tienen los derechos fundamentales. En primer lugar, los derechos fundamentales son derechos subjetivos, derechos de los individuos no sólo en cuanto derechos de los ciudadanos en sentido estricto, sino en cuanto garantizan un status jurídico o la libertad en un ámbito de la existencia. Pero al propio tiempo, son elementos esenciales de un ordenamiento objetivo de la comunidad nacional, en cuanto ésta se configura como marco de una convivencia humana justa y pacífica, plasmada históricamente en el Estado de Derecho y, más tarde, en el Estado social de Derecho o el Estado social y democrático de Derecho, según la fórmula de nuestra Constitución (art. 1.1)".

Constitucional. Además, téngase presente que el intérprete supremo de nuestra norma fundamental también tutela este tipo de derechos y libertades mediante el control de constitucionalidad. De este modo, los derechos fundamentales tienen un reconocimiento formal y una serie de variadas garantías para velar por su efectivo cumplimiento. Todo esto refuerza la protección de este tipo de derechos frente a posibles vulneraciones.

Huelga decir lo difícil que es la tarea del legislador ordinario al que se le ha encomendado el desarrollo de esta materia, pues requiere de un consenso que en cualquier caso no podrá desvirtuar el contenido de ninguno de los derechos establecidos en la Constitución. Conviene precisar que lo realmente arduo es identificar el contenido esencial. De hecho, lo digital está favoreciendo la reconfiguración de algunos derechos fundamentales, dado que algunos de estos se están ensanchando para poder ser capaces de abarcar una mayor casuística. Esta es la tendencia que se puede advertir en los últimos tiempos. Ahora bien, en no pocos casos y simplemente, parafraseando al visionario Marshall McLuhan, el medio es el mensaje, idea que lleva entre nosotros desde su publicación en 1964[3].

2. LA DIGITALIDAD EN EL DERECHO FUNDAMENTAL A LA INTIMIDAD

Antes de comenzar con el análisis del derecho fundamental a la intimidad es necesario aludir someramente al artículo 15 de la Constitución, en tanto en cuanto este es base esencial para el resto de derechos recogidos en la carta magna, ya que estos no pueden darse sin la existencia del primero. Por ello, no es

---

3 MCLUHAN, M. (1996). *Comprender los medios de comunicación: Las extensiones del ser humano.* Paidós, Barcelona, pp. 27-42.

de extrañar que el poder constituyente decidiese comenzar la sección primera del capítulo segundo de su Título I de nuestra *norma normarum* con la regulación del derecho a la vida, para acto seguido recoger el derecho a la integridad física y moral. Adviértase que esta disposición comienza con el término "todos" y esta opción no es baladí, tal y como indica García-Atance y García de Mora, pues "dejaba, en el momento de redactar la Constitución, un intencionado margen para decidir optar en su momento por una posible despenalización del aborto voluntario, y además la duda del ámbito de proyección de la protección de este derecho fundamental"[4]. Recuérdese que la Declaración Universal de los Derechos Humanos publicada en 1948 aborda esta cuestión en su artículo tres de la siguiente manera: "Todo individuo tiene derecho a la vida, a la libertad y a la seguridad de su persona".

La acertada observación de García-Atance y García de Mora pone de manifiesto que incluso el derecho básico a la vida es susceptible de matizaciones e interpretaciones, pese a existir un consenso indiscutible en catalogarlo como el más importante, ya que sus vulneraciones impedirían ejercitar cualquier otro derecho. Es decir, hasta un derecho inherente al ser humano debido principalmente a su mera existencia biológica admite variadas discusiones, alguna de ellas de índole constitucional, tal y como revelan algunos aspectos que ya se han abordado vía jurisprudencia y doctrina. Asimismo, no se puede obviar el hecho de que este artículo está inexorablemente vinculado con la dignidad humana.

De este modo, desde la aprobación de nuestra carta magna se han tratado fundamentalmente tesituras que conllevan la

---

4 GARCÍA-ATANCE Y GARCÍA DE MORA, M. V. (2011). *Derechos y libertades en la Constitución Española de 1978.* Sanz y Torres, Madrid, p. 159.

pérdida del derecho a la vida, tales como: el aborto, la pena de muerte, la eutanasia, el suicidio y las prácticas ilícitas de reproducción artificial asistida. Por otro lado, la coyuntura histórica no ha hecho necesario, en lo concerniente a la abolición de la pena de muerte, estar a lo que puedan disponer las leyes militares para tiempos de guerra ni su regulación por ley.

Hogaño, casi medio siglo después de la entrada en vigor de nuestra Constitución, aparecen elementos digitales en el concepto de vida y, por ende, nuestro artículo 15 tiende a ensancharse. Cualquier otra interpretación restrictiva iría en detrimento del espíritu de nuestra *norma normarum.* En este sentido, el derecho a la identidad que se analizará más adelante y que se encuentra estrechamente conectado con el derecho a la vida, hoy tiene matices digitales que no se pueden soslayar y que requieren de una protección en mayor o en menor medida. En consecuencia, debería solamente discutirse quien debe llevarla a cabo y la forma en que esta tiene lugar. Por otro lado, téngase presente que este artículo también trata acerca de la integridad física y moral, concurriendo en esta última mayormente la digitalidad, pues ha propiciado que se aumente la casuística de las formas de atentado contra este tipo de derecho, teniendo algunas de las cuales encaje en el derecho penal.

Concluida esta necesaria referencia al artículo 15, es necesario adentrarnos en el contenido que da título a este epígrafe. De este modo, los derechos fundamentales recogidos en el primer apartado del artículo 18 de la Constitución no se caracterizan solo por recibir la influencia del entorno digital, sino que puede afirmarse con rotundidad que algunos de ellos son los que se han visto más afectados por la utilización tanto de las nuevas tecnologías como de las denominadas Tecnologías de la Información y de la Comunicación. De hecho, esto es el reflejo de la importancia que el actual estado de la técnica ha tenido y tiene en la sociedad de nuestros días. Evidentemente, de seguirse en la misma dirección en el futuro y todo parece indicar que así será, se consolidará esta influencia.

Con respecto al derecho al honor, al igual que sucede en el derecho a la integridad moral, la digitalidad ha favorecido que se incrementen las maneras de vulnerarlo y también algunas de ellas se incardinan en el ámbito de actuación del derecho penal. No obstante, a raíz de la incidencia que ha venido adquiriendo en los últimos años la denominada "cultura del *like*"[5] [6], conviene distinguir los conceptos de honor y fama. Así, Alzaga Villaamil advirtió hace casi tres décadas que "aquél le cabe a toda persona de recto proceder, mientras que *la fama* propiamente dicha es patrimonio exclusivo de *los famosos*"[7]. En el presente esta afirmación requiere una serie de matizaciones, entre ellas que la fama por la fama es el anhelo de muchos de nuestros coetáneos y en muchos casos es indiferente la forma de alcanzarla.

En cuanto a los derechos a la intimidad personal y familiar y a la propia imagen, adviértase que la nueva concepción social que con carácter general se tiene de los mismos de un tiempo a esta parte es otra manifestación más del impacto, básicamente,

---

5 Es una nueva forma de cultura donde el *like* está en un clic. Puede considerarse una nueva forma de comunicación no verbal. Pulsarlo o ignorarlo puede llegar a alcanzar relevancia para una persona o para la sociedad.

6 LÓPEZ MENACHO, J. (2021). *La generación like: Guía práctica para madres y padres en la era multipantalla.* Los Libros de la Catarata, Madrid.

7 ALZAGA VILLAAMIL, O. (2002). "Derechos y libertades de la esfera privada". *Derecho político español según la Constitución de 1978. Tomo II. Derechos fundamentales y órganos del Estado*, ALZAGA VILLAAMIL, O., GUTIÉRREZ GUTIÉRREZ, I. y RODRÍGUEZ ZAPATA, J. Centro de Estudios Ramón Areces, 3ª edición, Madrid, p. 95. Las cursivas en el texto son de Alzaga Villaamil.

de las Tecnologías de la Información y de la Comunicación. Esto ha supuesto el comienzo de un nuevo paradigma que también, como no puede ser de otra manera, alcanza al ámbito del derecho. Piénsese simplemente en la cantidad de veces a lo largo del año que aceptamos las condiciones de las nuevas aplicaciones que descargamos en nuestros dispositivos sin tan siquiera detenernos a leerlas. Este simple clic puede desencadenar una serie de actos cuyas consecuencias ignoramos para nuestra intimidad. En definitiva, no es descabellado pensar que hoy el mercader de Venecia vendiera su carne por instalar un juego en su teléfono móvil de última generación[8].

El derecho a la intimidad protege el espacio más interno y reservado de la esfera vital del conocimiento de otras personas. La sentencia del Tribunal Constitucional de 26 de noviembre de 1984[9] aborda la regulación del derecho a la intimidad personal y familiar, salvaguardándolo de las intromisiones que en ese espacio vital protegido se pudieran producir por cualquier

---

8 *El mercader de Venecia* es una obra teatral escrita por William Shakespeare, cuyo argumento gira sobre un préstamo de dinero entre dos particulares con una cláusula muy peculiar: en el caso de que la cantidad no se devuelva en el plazo convenido, el prestatario deberá dar una libra de carne de su cuerpo y el prestamista decidirá la zona anatómica con la que ver cumplida su deuda.

9 Sentencia Tribunal Constitucional 110/1984, de 26 de noviembre: “Lo ocurrido es que el avance de la tecnología actual y el desarrollo de los medios de comunicación de masas ha obligado a extender esa protección más allá del aseguramiento del domicilio como espacio físico en que normalmente se desenvuelve la intimidad y del respeto a la correspondencia, que es o puede ser medio de conocimiento de aspectos de la vida privada. De aquí el reconocimiento global de un derecho a la intimidad o a la vida privada que abarque las intromisiones que por cualquier medio puedan realizarse en ese ámbito reservado de vida. No siempre es fácil, sin embargo, acotar con nitidez el contenido de la intimidad”.

medio. Adviértase que el máximo intérprete de nuestra *lex normarum* con este razonamiento jurídico otorga una protección total a este derecho y, viéndolo desde la perspectiva que brinda el transcurso de cuatro décadas, se anticipó convenientemente a lo que estaba por venir en el ámbito del mundo virtual.

En esta materia también hay que destacar la sentencia del Tribunal Constitucional de 15 de julio de 1999[10] en lo concer-

---

10 Sentencia Tribunal Constitucional 134/1999, de 15 de julio: "El derecho a la intimidad salvaguardado en el art. 18.1 C.E. tiene por objeto garantizar al individuo un ámbito reservado de su vida frente a la acción y al conocimiento de terceros, sean estos poderes públicos o simples particulares, que está ligado al respeto de su dignidad (SSTC 73/1982, 110/1984, 107/1987, 231/1988, 197/1991, 143/1994, 151/1997). El derecho a la intimidad atribuye a su titular el poder de resguardar ese ámbito reservado por el individuo para sí y su familia de una publicidad no querida. El art. 18.1 C.E. no garantiza una "intimidad" determinada, sino el derecho a poseerla, a tener vida privada, disponiendo de un poder de control sobre la publicidad de la información relativa a la persona y su familia, con independencia del contenido de aquello que se desea mantener al abrigo del conocimiento público. Lo que el art. 18.1 garantiza es un derecho al secreto, a ser desconocido, a que los demás no sepan qué somos o lo que hacemos, vedando que terceros, sean particulares o poderes públicos, decidan cuáles sean los lindes de nuestra vida privada, pudiendo cada persona reservarse un espacio resguardado de la curiosidad ajena, sea cuál sea lo contenido en ese espacio. Del precepto constitucional se deduce que el derecho a la intimidad garantiza al individuo un poder jurídico sobre la información relativa a su persona o a la de su familia, pudiendo imponer a terceros su voluntad de no dar a conocer dicha información o prohibiendo su difusión no consentida, lo que ha de encontrar sus límites, como es obvio, en los restantes derechos fundamentales y bienes jurídicos constitucionalmente protegidos. A nadie se le puede exigir que soporte pasivamente la revelación de datos, reales o supuestos, de su vida privada personal o familiar (SSTC 73/1982, 110/1984,

niente al derecho a la intimidad personal y la de 2 de diciembre de 1988[11] en lo atinente al derecho a la intimidad familiar. La primera hace referencia al entorno que cualquier persona decide reservar para sí y la segunda extiende su aplicación a la familia. Esto podría visualizarse mediante una estructura compuesta por esferas concéntricas, siendo la más interna la más reservada, mientras que las más externas van abarcando aspectos menos íntimos o generales. Conviene tener presente que hay ocasiones en que es difícil diferenciar la intimidad personal de la familiar, pues aquella viene conformada por esta en no pocas ocasiones.

En cuanto al derecho a la propia imagen, hace referencia a la capacidad que tenemos los seres humanos de decidir sobre la reproducción de nuestra imagen física. La sentencia del

---

170/1987, 231/1988, 20/1992, 143/1994, 151/1997; SSTEDH Caso X e Y, de 26 de marzo de 1985; Caso Leander, de 26 de marzo de 1987; Caso Gaskin, de 7 de julio de 1989; Caso Costello-Roberts, de 25 de marzo de 1993; Caso Z, de 25 de febrero de 1997)".

11 Sentencia Tribunal Constitucional 231/1988, de 2 de diciembre: "el derecho a la intimidad personal y familiar se extiende, no sólo a aspectos de la vida propia y personal, sino también a determinados aspectos de la vida de otras personas con las que se guarde una especial y estrecha vinculación, como es la familiar; aspectos que, por la relación o vínculo existente con ellas, inciden en la propia esfera de la personalidad del individuo que los derechos del art. 18 de la C.E. protegen. Sin duda, será necesario, en cada caso, examinar de qué acontecimientos se trata, y cuál es el vínculo que une a las personas en cuestión; pero al menos, no cabe dudar que ciertos eventos que puedan ocurrir a padres, cónyuges o hijos tienen, normalmente, y dentro de las pautas culturales de nuestra sociedad, tal trascendencia para el individuo, que su indebida publicidad o difusión incide directamente en la propia esfera de su personalidad".

Tribunal Constitucional de 26 de marzo de 2001[12] explica magistralmente la autonomía de este derecho respecto a los otros contenidos en el artículo 18.1 de la Constitución. La razón principal de su protección radica en que la propia imagen es una herramienta esencial para la identificación y la forma en la que el ser humano se muestra al exterior.

Llegados a este punto, hay que dilucidar si nuestra carta magna y la vigente jurisprudencia constitucional se adaptan a

---

[12] Sentencia Tribunal Constitucional 81/2001, de 26 de marzo: "En su dimensión constitucional, el derecho a la propia imagen consagrado en el art. 18.1 CE se configura como un derecho de la personalidad, derivado de la dignidad humana y dirigido a proteger la dimensión moral de las personas, que atribuye a su titular un derecho a determinar la información gráfica generada por sus rasgos físicos personales que puede tener difusión pública. La facultad otorgada por este derecho, en tanto que derecho fundamental, consiste en esencia en impedir la obtención, reproducción o publicación de la propia imagen por parte de un tercero no autorizado, sea cual sea la finalidad -informativa, comercial, científica, cultural, etc.- perseguida por quien la capta o difunde.

En la Constitución española ese derecho se configura como un derecho autónomo, aunque ciertamente, en su condición de derecho de la personalidad, derivado de la dignidad y dirigido a proteger el patrimonio moral de las personas, guarda una muy estrecha relación con el derecho al honor y, sobre todo, con el derecho a la intimidad, proclamados ambos en el mismo art. 18.1 del Texto constitucional. No cabe desconocer que mediante la captación y publicación de la imagen de una persona puede vulnerarse tanto su derecho al honor como su derecho a la intimidad. Sin embargo, lo específico del derecho a la propia imagen es la protección frente a las reproducciones de la misma que, afectando a la esfera personal de su titular, no lesionan su buen nombre ni dan a conocer su vida íntima. El derecho a la propia imagen pretende salvaguardar un ámbito propio y reservado, aunque no íntimo, frente a la acción y conocimiento de los demás".

las nuevas realidades existentes derivadas del estado actual de la técnica. Evidentemente, habrá que ponderar esta disyuntiva en base a la particularidad de cada supuesto concreto y su coyuntura, pues el apriorismo no resulta un método idóneo en el entorno jurídico por varios motivos, pero el análisis de estos escapa del objetivo de estas líneas. No hace falta mencionar la imposibilidad de analizar con carácter previo todas las variables que pudieran producirse y máxime en un mundo digital identificado constantemente con la novedad, ya que cada innovador adelanto supone un aumento exponencial de la casuística y bien la necesidad de ensanchar el derecho existente para que el supuesto en cuestión tenga cabida, o bien encontrar la respuesta en cualquier parte de nuestro ordenamiento jurídico.

Retomando con lo dicho anteriormente, la laxitud generalizada en la concepción contemporánea de la intimidad no es una cuestión baladí por varias razones, entre las que destacan las siguientes: puede llevar a una mayor exposición de información personal directamente proporcional al riesgo de invasión de la privacidad, puede normalizar comportamientos que anteriormente se consideraban invasivos, puede llegar a atacar a la dignidad y puede mermar un componente indispensable en la construcción de relaciones de confianza. Por lo tanto, es necesario reflexionar profundamente sobre dicha concepción y, en el caso de que sea necesario, adoptar cuantas medidas sean necesarias para proteger la intimidad adecuadamente. Esto dependerá en gran medida de la percepción global en la sociedad, pero esta realidad deberá ser capaz de conjugarse con la que tenga el ser humano que ha decidido no claudicar ante un dispositivo móvil.

El estadio actual de esta noción es fruto de una evolución, si bien esta se ha acelerado considerablemente en los últimos años. Adviértase que se habla de años y no de otros periodos temporales como lustros o décadas porque los cambios son significativos y perceptibles casi nada más producirse. Fue el psiquiatra y psicoanalista francés Jacques Lacan quien alumbró el concepto de extimidad a mediados del siglo pasado, para referirse a aquello que está más cerca de lo más profundo de nuestro interior, pero que no deja de formar parte del mundo exterior[13].

Desde hace unos años, el concepto de extimidad se ha convertido en un término clave en las ciencias sociales, describiendo el fenómeno por el cual las personas muestran o comparten aspectos de su vida a través de sus dispositivos digitales. El auge de internet y las redes sociales han transformado la forma en que interactuamos y divulgamos nuestra vida personal. La extimidad refleja cómo lo público y lo privado se entrelazan, ya que se exponen detalles personales en un entorno accesible a otros internautas, lo que ha significado un enorme cambio en las dinámicas sociales de consecuencias impredecibles. En síntesis, y obviando una serie de matices, puede entenderse el concepto extimidad como antónimo de intimidad, dado que nos estamos refiriendo básicamente su exhibición pública.

En este sentido, puede constatarse la existencia de un panóptico digital y que nos vigila constantemente gracias a la complicidad del propio cibernauta, quien contribuye voluntariamente mediante sucesivas decisiones de entregar constantemente su información personal[14]. Con lo cual puede apreciarse como la noción de extimidad surge próxima en el tiempo a la consolidación de la televisión como medio de comunicación masivo, pues salir en la pequeña pantalla puede implicar en no

---

13 LACAN, J. (1988). *El seminario de Jacques Lacan. Libro 7: La ética del psicoanálisis 1959-60.* Paidós, Buenos Aires.

14 HAN, B-C. (2013). *La sociedad de la transparencia.* Herder, Barcelona, pp. 87-95.

pocos casos mostrar al *homo videns*[15] una serie de aspectos de la vida privada de sus congéneres.

Ahora tenemos otros medios de comunicación masivos e invasivos para el *homo tecnologicus*[16], ya que, a diferencia de los televisores, van con nosotros a dondequiera que vayamos porque son dispositivos móviles, tal y como indica la propia definición de estos aparatos. Por este motivo, estos terminales móviles son el primer objeto de la historia de la humanidad que lo sabe casi todo de nosotros y esto hace que la información que almacenan resulte valiosa para distintas entidades. Puede afirmarse que buena parte de nuestra intimidad se encuentra alojada en uno o varios aparatos, con todas las implicaciones que esto conlleva.

Hoy en día, basta un simple clic para conocer aspectos íntimos de personas que residen en la otra parte del mundo o al menos así habrían sido considerados hace años. No puede negarse el hecho de que la protección personal de todo lo que tiene que ver con la intimidad se ha ido relajando y la tendencia continúa hacia una cada vez mayor permisividad en conductas que otrora serían consideradas como muy invasivas. Para muchas personas la extimidad parece haberse convertido en un *modus vivendi* en la cual la intimidad ha quedado relegada al final de la escala de sus prioridades. Ni qué decir tiene que este tipo de decisiones de

---

15 Giovanni Sartori introdujo esta expresión para describir al tipo de ser humano que emergió con la creación de la televisión a mediados del siglo XX. Vid. SARTORI, G. (2018). *Homo videns. La sociedad teledirigida*, Debolsillo, Barcelona, pp. 11-31.

16 Podríamos emplear otras expresiones para caracterizar al ser humano de nuestros tiempos: *homo faber, homo symbolicus, homo ludens, homo interneticus, homo cyborg, homo Facebook, homo computerus, homo aestheticus-informaticus, homo videoludens*, etc. Vid. ALLEGRITTI, P. (2018). *Deep Web: La parte oscura y peligrosa de internet.* Penguin Random House, Buenos Aires (Argentina).

índole personal exponiendo la propia intimidad suelen carecer de relevancia jurídica, pero hay otras ocasiones en las que tienen una inevitable repercusión en el ámbito del derecho pese a que en determinados casos aparentan ser inocentes.

Hay cuestiones relacionadas con la intimidad y su necesidad de protección que tienen que ver con varios aspectos vinculados a la propia configuración de los aparatos y cuyo análisis es necesario. Adviértase que existen muchas más, pero la relevancia y el impacto de las seleccionadas hace necesario su planteamiento aunque sea de forma sucinta. Es probable que el futuro estado de la técnica incorpore nuevos debates sobre este tema que se encuentra en constante evolución.

De este modo, antes de adquirir un dispositivo móvil, sería conveniente saber las consecuencias que se derivan por el hecho de que estos "integran videocámaras y micrófonos, que pueden ser activados o desactivados por aplicaciones y por el sistema operativo del terminal, y sistemas de geoposición basados en GPS, redes wifi, telefonía móvil e incluso Bluetooth"[17]. Asunto distinto pero conexo es determinar si los estados deberían obligar a las empresas suministradoras de estas tecnologías a informar a los usuarios de todos los efectos que se derivan de las funcionalidades integradas en el dispositivo o, en su defecto, asumir ellos mismos esta responsabilidad para que se garantice a las personas el cumplimiento de este cometido informativo, aunque es probable que los estados desconozcan por completo todas las implicaciones. De ahí que descargar toda la responsabilidad en el usuario implique ignorar la necesidad de un enfoque colectivo que considere las responsabilidades compartidas entre los distintos actores.

---

17 Síndic de Greuges de Cataluña. (2022). *Caso Pegasus: vulneraciones de los derechos a la intimidad, la defensa y otros derechos.*

Evidentemente, estas consideraciones no se ciñen a las funcionalidades que cada dispositivo trae de fábrica, sino que también son extensibles a las aplicaciones susceptibles de ser descargadas. Estas tienden a agravar la problemática anteriormente expuesta por diversos motivos, de entre los que destacan los siguientes: solicitan permisos que dan acceso a datos personales del usuario innecesarios para su operatividad, la falta de supervisión en lo concerniente al origen de las fuentes de descargas y su dificultad para identificar las correctas, la impredecibilidad de sus actualizaciones y la mayor exposición a vulnerabilidades.

Alguna problemática concreta derivada de la propia configuración de los dispositivos móviles que merece ser someramente expuesta es la relativa al empleo de una tecnología inalámbrica como Bluetooth. Esta se caracteriza por permitir la transferencia de datos personales entre dispositivos cercanos. Pese a su utilidad, no se puede obviar la vulnerabilidad a riesgos como el acceso no autorizado o el *bluejacking*[18] y el *bluesnarfing*[19]. Evidentemente, el uso de esta tecnología puede socavar el derecho a la intimidad de diversas maneras, por lo que se hace necesario adoptar medidas que eliminen o minimicen las consecuencias de asumir estos riesgos.

---

18 Se trata de una técnica de piratería informática consistente en enviar mensajes publicitarios o no deseados a los usuarios de dispositivos inteligentes. Estos mensajes pueden contener enlaces a páginas web potencialmente peligrosas o contenido peligroso. Un clic en un enlace inadecuado es suficiente para posibilitar la infección del dispositivo con *malware*. No obstante, esta técnica se limita a la transferencia de datos.

19 Se trata de una técnica de piratería informática que busca obtener acceso a diversos datos almacenados en nuestro dispositivo inteligente. Para ser llevada a cabo, el atacante debe encontrarse en proximidad física con el dispositivo y cumplir una serie de condiciones. Esta técnica implica el robo de información.

Otro problema en este terreno tiene que ver con el acceso que se tiene al micrófono de nuestro dispositivo móvil. Desde la perspectiva del usuario es una herramienta útil para la comunicación, pero desde el punto de visto de las empresas hace que nos convirtamos en productos por la recopilación de datos que hace de nosotros. Esto se debe a que muchas aplicaciones solicitan acceso al micrófono para ofrecer servicios personalizados, pero la tecnología ha avanzado hasta el punto de que los micrófonos pueden captar conversaciones cotidianas y emplear esta información para ofrecer publicidad dirigida aun sin haberla solicitado. La mera idea de que nuestras conversaciones puedan ser escuchadas o analizadas plantea cuestiones éticas fundamentales inexorablemente relacionadas con el derecho a la intimidad de los usuarios. Hay considerables diferencias entre la personalización de los servicios que una persona recibe en su dispositivo móvil y la invasión de la privacidad gracias a la recopilación de este tipo de datos.

Otro desafío en esta materia tiene que ver con la forma en que estamos sometidos a una constante vigilancia a través de nuestros dispositivos móviles. Esta forma de control opera de múltiples maneras, principalmente mediante el uso de la dirección IP, las *cookies* y las aplicaciones que rastrean la ubicación móvil. Cabe destacar que muchas personas están dispuestas a renunciar a su intimidad con tal de seguir utilizando la tecnología de la misma manera, asumiendo de manera consciente los riesgos que esto implica[20]. Por lo tanto, el aparente anonimato en la red es una utopía para el internauta medio que

---

20 FERNÁNDEZ GARCÍA-ARMERO, P. (2024). "La necesidad de modernizar la democracia y la defensa de los derechos humanos en la era digital". *Desafíos jurídicos contemporáneos en la defensa de los derechos humanos*, coord. PALOMARES HERRERA, M. Tirant lo Blanch, Valencia, pp. 184-185.

carece de los conocimientos para ocultar su actividad. Incluso para el informático experto es tarea ardua la de no dejar rastro de sus movimientos.

Existen otras cuestiones que no se ciñen a las funcionalidades del aparato y que surgen de las nuevas dinámicas sociales. Entre ellas destaca la identidad digital, que puede definirse de la siguiente manera: "la herramienta que permite singularizar, asociar información e interconectar a las personas físicas, entidades y objetos en un contexto digital. La identidad digital es el equivalente a la identidad de una persona o entidad en un entorno digital y se utiliza para la identificación de la persona en las conexiones o las transacciones entre ordenadores, teléfonos móviles u otros dispositivos personales. Puede estar conformada por información offline de la persona, como su nombre, dirección física, etc. Y, además, está integrada por la imagen que proyecta la huella y sombra digital del usuario, así como por su reputación online"[21]. En un sentido similar se manifiesta Batuecas al afirmar que: "alude al conjunto de signos o rasgos («atributos») de una persona que son consustanciales a ella de una manera inequívoca en el entorno digital y que permiten diferenciarla de los demás"[22].

Durante mucho tiempo los procesos de identificación derivados de la identidad digital se fundamentaban en datos alfanuméricos, pero las brechas en la seguridad han obligado a implementar nuevas formas de identificación basadas en la biometría y estas suponen un retorno a la fisionomía como medio para identificar e individualizar a los seres humanos, tal y

---

[21] HURTADO, J. (2020). "La identidad digital, una herramienta para el desarrollo sostenible". *RA & DEM: Revista de Administración y Dirección de empresas,* nº 4, p. 116.

[22] BATUECAS CALETRÍO, A. (2022). "El derecho a la identidad y la identidad digital". *Anuario de derecho civil,* vol. 75, nº 3, p. 946.

como se ha hecho fuera de las pantallas a lo largo de la historia. Se cuestiona la catalogación de la identidad digital como un derecho propio y autónomo, esto es, *nihil novum sub sole* en el ámbito de la categorización de los derechos digitales, pues llevamos años inmersos en un debate entre los partidarios de considerarlos derechos nuevos y los que afirman que son meras manifestaciones de derechos ya existentes adaptados al entorno digital. En caso de acoger la primera postura, cabe destacar lo paradójico y contradictorio que resultaría convertir en un derecho de la personalidad una expresión deshumanizada basada únicamente en datos.

Planteados varios de los dilemas a los que se enfrenta el derecho a la intimidad en lo digital, conviene recordar algunas respuestas que se han dado en nuestro ordenamiento jurídico al respecto de esta materia. En primer lugar, la sentencia del Tribunal Constitucional de 30 de noviembre de 2000[23], que

---

[23] Sentencia Tribunal Constitucional 292/2000, de 30 de noviembre: "De ahí la singularidad del derecho a la protección de datos, pues, por un lado, su objeto es más amplio que el del derecho a la intimidad, ya que el derecho fundamental a la protección de datos extiende su garantía no sólo a la intimidad en su dimensión constitucionalmente protegida por el art. 18.1 CE, sino a lo que en ocasiones este Tribunal ha definido en términos más amplios como esfera de los bienes de la personalidad que pertenecen al ámbito de la vida privada, inextricablemente unidos al respeto de la dignidad personal (STC 170/1987, de 30 de octubre, FJ 4), como el derecho al honor, citado expresamente en el art. 18.4 CE, e igualmente, en expresión bien amplia del propio art. 18.4 CE, al pleno ejercicio de los derechos de la persona. El derecho fundamental a la protección de datos amplía la garantía constitucional a aquellos de esos datos que sean relevantes para o tengan incidencia en el ejercicio de cualesquiera derechos de la persona, sean o no derechos constitucionales y sean o no relativos al honor, la ideología, la intimidad personal y familiar a cualquier otro bien constitucionalmente amparado.

establece de manera explícita y contundente el derecho fundamental autónomo a la protección de datos. En segundo lugar, la cuestión prejudicial planteada ante el Tribunal de Justicia de la Unión Europea que dio lugar al derecho al olvido. Debe tenerse presente que este reciente derecho está vinculado a varios derechos fundamentales; así, desde la perspectiva de su protección, al derecho a la intimidad personal y al derecho al honor; mientras que desde el punto de vista contrario ampara la libertad de expresión y de información[24].

Finalmente, no está de más recordar que el resto de apartados del artículo 18 de la Constitución, esto es, segundo, tercero y cuarto, hacen hincapié en la protección de diversos aspectos de la intimidad como: el domicilio, las comunicaciones y las limitaciones del uso de la informática. Hoy estos conceptos e

---

De este modo, el objeto de protección del derecho fundamental a la protección de datos no se reduce sólo a los datos íntimos de la persona, sino a cualquier tipo de dato personal, sea o no íntimo, cuyo conocimiento o empleo por terceros pueda afectar a sus derechos, sean o no fundamentales, porque su objeto no es sólo la intimidad individual, que para ello está la protección que el art. 18.1 CE otorga, sino los datos de carácter personal. Por consiguiente, también alcanza a aquellos datos personales públicos, que por el hecho de serlo, de ser accesibles al conocimiento de cualquiera, no escapan al poder de disposición del afectado porque así lo garantiza su derecho a la protección de datos. También por ello, el que los datos sean de carácter personal no significa que sólo tengan protección los relativos a la vida privada o íntima de la persona, sino que los datos amparados son todos aquellos que identifiquen o permitan la identificación de la persona, pudiendo servir para la confección de su perfil ideológico, racial, sexual, económico o de cualquier otra índole, o que sirvan para cualquier otra utilidad que en determinadas circunstancias constituya una amenaza para el individuo".

24 SEISDEDOS POTES, V. (2014). "Derecho al olvido. Jaque a Google en Europa". *Cadernos de Dereito Actual*, nº 2, 2014, pp. 119-121.

ideas tienen que verse con la perspectiva temporal que da casi medio siglo de constantes cambios de diversa índole y se llegará a la conclusión de que han mutado en mayor o menor medida, pero esto ya es harina de otro costal.

3. EL REFLEJO ADMINISTRATIVO DE LA DIGITALIDAD

El reflejo administrativo de la digitalidad del derecho fundamental a la intimidad es un tema que abarca diversas cuestiones relacionadas con ámbitos conexos, de entre los que destacan los siguientes: la protección de datos personales, la privacidad, el impacto de la transformación digital entre los ciudadanos y la administración pública. El derecho a la intimidad en su vertiente administrativa enfrenta retos singulares en lo digital debido a la cantidad y variedad de información personal que recopila. Por ello, la digitalización de la información personal y su uso en el ámbito administrativo agravan la posibilidad de vulneraciones a la intimidad, puesto que, sin perjuicio de otras conductas cuestionables, pueden darse accesos no autorizados, usos indebidos de datos o la construcción de perfiles automatizados. Esto requiere un enfoque administrativo para garantizar la protección de este derecho fundamental.

En el marco de la administración la digitalización implica la recolección, procesamiento y almacenamiento de ingentes cantidades de datos personales para distintas finalidades, siendo las instituciones públicas los custodios de toda esta información, en muchos casos estrechamente vinculada con la esfera concéntrica más interna o íntima de este derecho a la que nos referimos anteriormente. Por este motivo, encontrar un equilibrio entre aprovechar la eficiencia que ofrecen las tecnologías digitales y garantizar la privacidad de los ciudadanos se erige en un desafío constante.

Existen una serie de riesgos asociados a la digitalización que no hay que desdeñar. Destacan los relativos a la vulnerabilidad a ciberataques que pueden comprometer la confidencialidad e integridad de los datos personales, el posible uso indebido de dicha información para fines no autorizados que atenten contra la intimidad de los ciudadanos, así como la utilización de algoritmos[25] y herramientas de inteligencia artificial que, al basarse en datos personales, podrían dar lugar a discriminaciones o decisiones injustas si no se garantiza la imparcialidad en su aplicación.

Los ciudadanos también tienen un papel activo en la protección de su intimidad frente a las administraciones públicas, por lo que es esencial tanto fomentar el conocimiento sobre derechos y responsabilidades como proporcionar herramientas accesibles para ejercerlos. No debe olvidarse, como siempre, la importancia de la educación digital para que los ciudadanos puedan tomar decisiones con respecto al uso de su información personal.

Se hace necesario ir hacia un modelo administrativo que sea respetuoso con la intimidad en el entorno digital, para lo cual las administraciones públicas deberán adoptar un enfoque proactivo y dinámico que implica una serie de aspectos de distinta naturaleza como son los siguientes: incorporación de la privacidad como un diseño inicial en los sistemas y procesos administrativos, capacitar al personal administrativo en buenas prácticas de gestión de datos y actualizar constantemente tanto las políticas como los marcos normativos para adaptarlos a los avances tecnológicos lo antes posible.

No obstante, conviene detenerse ante la imperante y acelerada automatización de actuaciones administrativas para reflexionar ante este proceso y todo lo que conlleva. En palabras de Mercedes Fuertes: "La celeridad de los cambios técnicos y

---

25 CARDON, D. (2018). *Con qué sueñan los algoritmos: Nuestra vida en el tiempo de los big data.* Dado, Madrid.

de criterios generará extrañeza, además de inseguridad. Hay que insistir en la prudencia, en la mesura ante tanta precipitación en la inmediata incorporación de nuevos programas. Es necesario dar tiempo al tiempo para advertir los efectos y las consecuencias, conjugar la recogida de datos con un riguroso análisis de pruebas y predicciones con el fin de no generar una quiebra del principio de confianza legítima en la actuación pública"[26]. Las conclusiones de este certero análisis podrían extenderse más allá de la automatización de actuaciones administrativas e impregnar todos los procesos administrativos actuales donde lo digital tiene presencia.

Finalmente, téngase en cuenta que la garantía de los derechos digitales probablemente sea una de las mayores aportaciones de la Ley Orgánica 3/2018, de 5 de diciembre, de Protección de Datos Personales y garantía de los derechos digitales, al neoconstitucionalismo[27]. Sin embargo, por múltiples motivos imposibles de desarrollar a modo de conclusión, no puede excluirse la importancia del derecho administrativo en este proceso garantista de los derechos digitales. En este sentido, el derecho administrativo se consolida como un pilar esencial para adaptar el marco jurídico a las necesidades de la era digital, garantizando también la protección efectiva de los derechos fundamentales. Además, fomenta la creación de políticas innovadoras que promuevan un

---

26 FUERTES LÓPEZ, M. (2022). "Reflexiones ante la acelerada automatización de actuaciones administrativas". *Revista jurídica de Asturias,* nº 45, pp. 113-114.

27 SEIJAS VILLADANGOS, M. E. (2018). "Modernas tendencias en el Derecho Constitucional: hacia unos nuevos principios constitucionales". *España constitucional (1978-2018): trayectorias y perspectivas,* vol. III, dir. PENDÁS GARCÍA, B., Centro de Estudios Políticos y Constitucionales, Madrid.

equilibrio entre la transformación tecnológica y la tutela de los derechos ciudadanos.

4. CONCLUSIONES

La pérdida generalizada de intimidad es una realidad innegable fruto del avance tanto de las nuevas tecnologías como de las denominadas Tecnologías de la Información y de la Comunicación. Esto ha generado que haya ido adquiriendo cada vez más importancia en nuestra sociedad lo digital y la transparencia. Es más, puede hablarse de una extimidad consciente pero incapaz de advertir todos los peligros que esta conlleva. Hoy todo se ve a través de una pantalla y en esta comienzan nuevas formas de vida desconocidas hasta hace pocos años.

Los derechos fundamentales establecidos en el artículo 18 de la Constitución también se ven afectados por este contexto en el que estamos inmersos. De ahí que ignorar las diferentes consecuencias que el entorno es susceptible de producir o ya ha producido en esta materia, supondrá en no pocos casos la merma tanto del núcleo esencial del derecho a la intimidad como del resto de sus elementos periféricos. Por eso es necesario que los operadores jurídicos nos detengamos a reflexionar acerca de la configuración de los dispositivos móviles, ya que estos coadyuvan a mitigar o a eliminar directamente la protección de las cuestiones relacionadas con lo íntimo. Intervenir sobre esta realidad o reducir su alcance al ámbito meramente individual es una disyuntiva de la cual depende nuestra sociedad del futuro. No obstante, los debates relacionados con esta cuestión seguirán surgiendo con las evoluciones del estado de la técnica.

Prueba inequívoca de que nos encontramos ante una transformación social profunda es el surgimiento de algunos conceptos como el de "identidad digital", que nace como consecuencia de que buena parte de nuestra vida transcurre en el mundo virtual. Esta puede considerarse el reflejo de la identidad personal, aunque hay demasiados supuestos en que lo que verdaderamente se produce es un desdoblamiento del individuo que nada tiene que ver con el que habita fuera de los dispositivos móviles. No obstante, lo realmente importante es que esta identidad digital permite identificar y diferenciar a una persona entre los demás. La casuística y la problemática que derivan de este concepto son amplísimas.

En este ámbito no solo se han reconfigurado los límites de los derechos fundamentales, sino que también han surgido nuevos derechos como el derecho a la protección de datos y el derecho al olvido. Sin embargo, no se puede obviar la importancia que debe tener el derecho administrativo en todo este proceso por múltiples razones, de entre las que destacan dos: la protección de una coyuntura tan compleja requiere soluciones interdisciplinares y, en consecuencia, cobra importancia una materia que incide diariamente en la vida de millones de ciudadanos de nuestro país. Todo ello sin olvidar las particulares características de una administración como la española y de su derecho administrativo, las cuales acarrean *per se* una serie de efectos que también necesitarían de cooperación para ser solventados.

En definitiva, la coherencia, la plenitud y la unidad son valores esenciales para garantizar la pervivencia de nuestro ordenamiento jurídico porque, a diferencia del aludido mercader de Venecia, aquí no se puede trocear, y menos enajenar, nada. Hacerlo nos llevaría a un cambio de paradigma de imprevisibles consecuencias.

Referencias bibliográficas

ALLEGRITTI, P. (2018). *Deep Web: La parte oscura y peligrosa de internet.* Penguin Random House, Buenos Aires (Argentina).

ALZAGA VILLAAMIL, O. (2002). "Derechos y libertades de la esfera privada". *Derecho político español según la Constitución de 1978. Tomo II. Derechos fundamentales y órganos del Estado,* ALZAGA VILLAAMIL, O., GUTIÉRREZ GUTIÉRREZ, I. y RODRÍGUEZ ZAPATA, J. Centro de Estudios Ramón Areces, 3ª edición, Madrid.

BATUECAS CALETRÍO, A. (2022). "El derecho a la identidad y la identidad digital". *Anuario de derecho civil,* vol. 75, nº 3.

CARDON, D. (2018). *Con qué sueñan los algoritmos: Nuestra vida en el tiempo de los big data.* Dado, Madrid.

FERNÁNDEZ GARCÍA-ARMERO, P. (2018). "El derecho al olvido". *Cadernos de Dereito Actual,* nº 9.

FERNÁNDEZ GARCÍA-ARMERO, P. (2024). "La necesidad de modernizar la democracia y la defensa de los derechos humanos en la era digital". *Desafíos jurídicos contemporáneos en la defensa de los derechos humanos,* coord. PALOMARES HERRERA, M. Tirant lo Blanch, Valencia.

FUERTES LÓPEZ, M. (2022). "Reflexiones ante la acelerada automatización de actuaciones administrativas". *Revista jurídica de Asturias,* nº 45.

GARCÍA-ATANCE Y GARCÍA DE MORA, M. V. (2011). *Derechos y libertades en la Constitución Española de 1978.* Sanz y Torres, Madrid.

HAN, B-C. (2013). *La sociedad de la transparencia.* Herder, Barcelona.

HURTADO, J. (2020). "La identidad digital, una herramienta para el desarrollo sostenible". *RA & DEM: Revista de Administración y Dirección de empresas,* nº 4.

LACAN, J. (1988). *El seminario de Jacques Lacan. Libro 7: La ética del psicoanálisis 1959-60.* Paidós, Buenos Aires.

LÓPEZ MENACHO, J. (2021). *La generación like: Guía práctica para madres y padres en la era multipantalla.* Los Libros de la Catarata, Madrid.

MCLUHAN, M. (1996). *Comprender los medios de comunicación: Las extensiones del ser humano.* Paidós, Barcelona.

PALOMARES-HERRERA, M. (2022). *Fundamentos de la Transparencia y el acceso a la información.* Dykinson, Madrid.

SARTORI, G. (2018). *Homo videns. La sociedad teledirigida,* Debolsillo, Barcelona.

SEIJAS VILLADANGOS, M. E. (2018). "Modernas tendencias en el Derecho Constitucional: hacia unos nuevos principios constitucionales". *España constitucional (1978-2018): trayectorias y perspectivas,* vol.

III, dir. PENDÁS GARCÍA, B., Centro de Estudios Políticos y Constitucionales, Madrid.

SEISDEDOS POTES, V. (2014). "Derecho al olvido. Jaque a Google en Europa". *Cadernos de Dereito Actual,* nº 2, 2014.

Síndic de Greuges de Cataluña. (2022). *Caso Pegasus: vulneraciones de los derechos a la intimidad, la defensa y otros derechos.*

Capítulo VIII: el impacto del derecho internacional de género en el ordenamiento jurídico español: otra cuestión sobre la técnica multinivel[1]

JUAN LUIS JIMÉNEZ RUIZ
Profesor Contratado Doctor
Universidad Internacional de la Rioja -UNIR-

PLANTEAMIENTO

El presente trabajo pretende apuntar mediante la aplicación de una metodología multinivel el entramado político, jurídico, y también normativo, que en materia de género explica el Derecho y la cuestión de género en el Ordenamiento jurídico español. Para ello parte del análisis de las inercias político-normativas que se originaron ya durante el S. XX en los sistemas internacionales y que conectan con España. Además, este trabajo supone una suerte de guía, o al menos ejemplo, que permite estructurar dicha materia en cualquier Estado de la Tierra. Ello en la medida en que el nivel internacional que se expone al inicio, conecta con todos los estados de la Tierra. De igual manera se exponen los sistemas regionales y sus previsiones en materia de género. En este trabajo se tratan pues los tres sistemas de protección de Derechos humanos

---

1 Dedico esta contribución, junto con mi gratitud, a Dª Concha Ramos Jiménez, mi primer parámetro vital sobre la igualdad, en general, y sobre feminismo, en particular.

más desarrollados hasta la fecha: el europeo, el americano y el africano, y se alude también a otros contextos. Sistemas que se anudan al nivel universal y que a su vez conectan con los sistemas estatales de las respectivas regiones mundiales. Continúa el trabajo abordando, como punto focal, en la conexión de todo lo anterior, el sistema jurídico español, dentro del que se reseñan también los niveles autonómicos y locales. Se pone fin, con una breve reflexión en torno a algunos de los retos, o problemáticas, que asedian a esta área del Derecho, y de la sociedad, en la actualidad.

1. LA POLÍTICA Y EL DERECHO DE GÉNERO EN LA SOCIEDAD INTERNACIONAL

La génesis, toma de conciencia, preocupación y, consecuentemente, el tratamiento jurídico y político de la cuestión de género, a nivel mundial, encuentra su antecedente contemporáneo en el sistema internacional universal, en concreto, tras la finalización de la Segunda Guerra Mundial, y más particularmente, con el surgimiento mismo de la *Organización de las Naciones Unidas* (ONU). A partir de dicho acontecimiento en la conformación de la sociedad, y orden, mundial -hasta ahora- “vigente”, la cuestión, y con ella la política y el Derecho de género, ha venido extendiéndose pendularmente, lenta, pero de manera paulatina y constante, con carácter más o menos eficaz en, y por todos, los rincones del planeta, soportando muy severas tensiones e incluso su directa negación, en muchos ámbitos y contextos, lo que no aminora el alcance de los muy importantes avances logrados. Todo ello lleva a no poder predicar, por desgracia en la actualidad, la superación ideológica, -y sobre todo pragmática- de los argumentos y acciones que lastran los instrumentos jurídicos y políticos que tratan de imponer la igualdad de trato, y de oportunidades, entre géneros en todo contexto mundial. Situaciones que en resumidas cuentas no dejan de poner de manifiesto la fragilidad de la mente humana. A día de hoy no existe lugar donde las desigualdades de género no incidan de un modo más o menos inquisitivo. Aunque se han logrado, como veremos, numerosos progresos, se está lejos aún de superar las cuestiones que fundan y justifican, por reacción, la articulación de esta área del Derecho, la que, como todas, hunde naturalmente sus raíces en la sociología.

El primer acontecimiento dado en el seno de las Naciones Unidas sobre la cuestión de género, lo supuso la creación del principal órgano internacional que tuvo como esencial cometido la búsqueda de la igualdad de la mujer a través de su empoderamiento. Se creó en virtud de la creación de la *Comisión de la Condición Jurídica de la Mujer,* dependiente del Consejo Económico y Social, creada en virtud de la Resolución E/RES/11 (II), del Consejo, de 21 de junio de 1946. Dicha Comisión se forjó a través del incremento de categoría de la Subcomisión de la Condición Jurídica de la Mujer, que pasó en dicha resolución a ser reconocida con la naturaleza de Comisión. Las funciones de la Comisión de la Condición Jurídica de la Mujer se tasaron en el art. 1 de la Resolución citada, y fueron: *i)* presentar recomendaciones e informes al Consejo Económico y Social sobre la promoción de los Derechos de la mujer en los campos político, social, económico y docente; *ii)* formular recomendaciones al Consejo sobre los problemas urgentes en el ámbito de los derechos de la mujer; así como, *iii)* presentar al Consejo propuestas, en el ámbito de sus atribuciones competenciales. El Consejo Económico y Social, en su Resolución E/RES/1996/6, continuó perfilando las funciones y el funcionamiento de la Comisión, atribuyéndole de manera indubitable, a fin de cuentas, el papel de liderazgo en la observancia y seguimiento de los avances alcanzados en materia de género.

Naciones Unidas tomó conciencia, y así lo manifestó, actuando en consecuencia desde sus inicios de las desigualdades de género que caracterizaban y se encontraban fuertemente instaladas en la sociedad mundial y como hemos visto actuó en consecuencia. Así en el itinerario que explica esta cuestión en el ámbito de ONU se han logrado los más relevantes avances en materia de igualdad de género que hasta ahora ha conocido la humanidad. Entre otros, resaltan la *Declaración y la Plataforma de Acción de Beijing*, y, jurídicamente, la síntesis de la pieza jurídica clave en el ámbito universal, se sitúa en la *Convención sobre la Eliminación de Todas las Formas de Discriminación contra la Mujer* (*CEDAW*-en sus siglas en inglés-).

Como resulta evidente, es la igualdad, -e insoslayablemente con ella la dignidad humana-, la cuestión de fondo en toda esta inercia jurídica. Se trata pues, de una materia vinculada, directamente, con la cuestión relativa a los Derechos humanos en el ámbito internacional, y con los fundamentales, desde la perspectiva interna de los Estados. No hay sistema de Derechos humanos y o fundamentales – por naturaleza indivisibles, inalienables y *universales*-, real, que se precie, si no es precisamente a partir de la consideración de la igualdad entre todos los miembros que componen la familia humana.

1.1. En el nivel internacional universal

Por su parte, la igualdad de género se introdujo, de manera inducida, en las normas internacionales, apoyada, naturalmente, en la *Declaración Universal de los Derechos Humanos* (DUDH) de 1948, donde la consagración de la igualdad entre hombres y mujeres aparece ya en su Preámbulo, y es fijada claramente tanto, en su art.1, como en su art. 2. Además, debe significarse que toda la Declaración fue redactada con términos igualitarios e inclusivos, mediante las locuciones subjetivas que se dan por todo el texto, tales como: "Todos los Seres Humanos…"; "Toda persona..."; "Todo individuo..."; "Nadie..."; "Los hombres y las mujeres...", etc. En tal contexto[2] fueron la representante de la India, Hansa Mehta, y la de Estados Unidos, Eleanor Roosvelt, en el ámbito de la Comisión de los Derechos Humanos de las Naciones Unidas, quienes lograron la redacción del art. 1 de la Declaración, el que inicialmente se redactó, como: "Todos los hombres nacen iguales...", materializándose finalmente como: "*Todos los seres humanos nacen libres e iguales...*". La igualdad[3], como valor, principio y también derecho, se consagró en el art. 2 de la DUDH, el que no admite, al margen de la interpretación que sobre él se construya, distinción entre unos y otros, de ninguna índole, ni por ninguna condición.

A partir de la DUDH, y de la Comisión de la Condición Jurídica de la Mujer (1946) -antes tratada- en el seno de ONU, se han venido gestando diferentes medidas políticas y normativas que dan vida al itinerario en cuestión de género en el sistema internacional universal. Procede pues continuar el camino presentando la *Convención sobre los Derechos Políticos de la Mujer*[4], aprobada por la Asamblea General de ONU en el plenario general N.° 409, que tuvo lugar el 20 de diciembre de 1952. Fue finalmente adoptada el 31 de marzo de 1953, y entró en vigor el 7 de julio de 1954. Esta convención, breve (cuenta con once artículos) vino a impulsar el sufragio femenino, que

---

2 Amplíese información a través del enlace: https://www.un.org/es/observances/human-rights-day/women-who-shaped-the-universal-declaration

3 Sobre la igualdad y su universalidad y el tratamiento jurídico del concepto "persona", véase Jiménez Ruiz, J. L. (2014). *El orden jurídico multinivel entre los paradigmas de libertad y seguridad.* Madrid: Congreso de los Diputados. Pág. 254 y ss.

4 Accesible a través del enlace: https://www.acnur.org/fileadmin/Documentos/BDL/2001/0019.pdf?file=fileadmin/Doc

apenas había sido comenzado a reconocer en el ámbito interno de algunos Estados. No obstante, en la mitad del s. XX, eran aún múltiples los Estados que no observaban este derecho, y no permitían, por tanto, la participación de la mujer en la vida política en sus Estados de pertenencia. Situación que persiste en algunos Estados en la actualidad (2025).

En 1979, cristalizó la Convención sobre la Eliminación de todas las formas de Discriminación contra las Mujeres (*CEDAW*). Es tasado como el instrumento de mayor relevancia, en el ámbito universal, contra la discriminación contra las mujeres. Planteó muchos adelantos, como la legitimación de las medidas de acción positiva en favor de la igualdad, o el amparo de medidas de protección de la maternidad, aunque, probablemente, como producto de la época y de la técnica legislativa que implementó, también enfrenta críticas. Por ejemplo, su silencio por cuanto respecta a la violencia de género, solventada en la actualidad mediante otros mecanismos. Siguiendo el esquema de control convencional de ONU, la *CEDAW* dio vida al *Comité para la Eliminación de la Discriminación contra la Mujer*. Se trata de su órgano de control, conformado por expertos independientes, que monitorean el acatamiento de la *CEDAW*. Dicho órgano se compone por veintitrés expertos en la materia que representan a todas las regiones del Mundo. Los Estados adheridos a la Convención están obligados a presentar al Comité informes periódicos, donde traten la observancia, y situación, de los derechos amparados por la Convención. El Comité examina dichos informes y plantea a cada Estado parte sus preocupaciones y recomendaciones en forma de observaciones finales. Por su parte, además, la *CEDAW* ha favorecido la sucesión de conferencias mundiales periódicas sobre la mujer, iniciadas en la *I Conferencia de México* (1975), sobre la que por evidente *ratio temporis* no influyó, pero sí a partir de la *II, en Copenhague* (1980), así como en las sucesivas: la *III en Nairobi* (1985), la *IV en Beijing* (1995), y posteriormente conferencias y reuniones en Nueva York, donde con periodicidad quinquenal se examinan los logros e impedimentos, que atenazan a los objetivos de la IV Conferencia Mundial, denominándose en consecuencia: Beijing + 5 (2000), Beijing + 10 (2005), Beijing + 15 (2010), Beijing + 20 (2015) y Beijing + 25 (2020). Justamente en 2025 tendrá lugar el trigésimo aniversario de la Conferencia de Beijing, con lo cual se prepara su pertinente revisión.

Continua nuestro rápido itinerario reseñando la *Conferencia Mundial de Derechos Humanos*, celebrada en Viena, entre el 14 y el 25 de junio de 1993. En este contexto los representantes de 171 Estados aprobaron la *Declaración y Programa de Acción de Viena*. Este documento plasmó claramente la naturaleza universal, indivisible e interdependiente de los derechos humanos y plasmó el compromiso de los Estados para promover y proteger todos los derechos de todas las personas, sin exclusión, ello al margen de cuáles sean sus sistemas políticos, económicos y culturales. Entre sus múltiples y relevantes avances, esta Conferencia instó, a fin de cuentas, a los gobiernos, a las instituciones intergubernamentales y a las ONG a maximizar su labor en favor de los derechos humanos de la mujer y de la niña.

Contemporánea a la anterior encuentra contexto la *Declaración sobre la Eliminación de la Violencia contra la Mujer*[5], resultó el *primer instrumento internacional que abordó expresamente la violencia contra la mujer* y estableció un marco para la acción nacional e internacional. Define la violencia contra la mujer, en su art. 1, como: "todo acto de violencia basado en la pertenencia al sexo femenino que tenga o pueda tener como resultado un

---

5 Aprobada por la Asamblea General de las Naciones Unidas en su resolución 48/104, de 20 de diciembre de 1993. Accesible a través del enlace: https://www.ohchr.org/es/instruments-mechanisms/instruments/declaration-elimination-violence-against-women

daño o sufrimiento físico, sexual o sicológico para la mujer, así como las amenazas de tales actos, la coacción o la privación arbitraria de la libertad, tanto si se producen en la vida pública como en la vida privada.".

Se pone fin a este recorrido por los hitos jurídicos del nivel universal reseñando la creación, por parte de la Asamblea General ONU, en 2010, de *ONU Mujeres*[6]. Entidad que tiene como cometido la promoción de la igualdad de género y el empoderamiento de la mujer. El surgimiento de ONU Mujeres se explica como parte del programa de reforma de las Naciones Unidas. Se erige y se basa en el importante trabajo de cuatro[7] organismos independientes del sistema de las Naciones Unidas, que se centraban exclusivamente en la igualdad de género y en el empoderamiento de la mujer. Las principales funciones de esta entidad son: *i)* ofrece apoyo a los organismos intergubernamentales. *ii)* Colabora con los Estados miembros en la implementación de sus políticas. *iii)* Dirige y coordina el Trabajo de ONU en esta materia. *iv)* Promueve alianzas e involucra a la sociedad civil.

1.2. En los niveles regionales:

El auspicio universal del regionalismo y de los sistemas regionales encuentra su soporte en la misma Carta de ONU, entre sus artículos 52 a 54 concreto en su Capítulo VIII "Acuerdos

---

6 Visítese en su web: https://www.unwomen.org/es

7 Los cuatro aludidos son: La División para el Adelanto de la Mujer (DAM). El Instituto Internacional de Investigaciones y Capacitación para la Promoción de la Mujer (INSTRAW). La Oficina del Asesor Especial en Cuestiones de Género y Adelanto de la Mujer (OSAGI). Y, el Fondo de Desarrollo de las Naciones Unidas para la Mujer (UNIFEM).

regionales". Rodríguez Suárez (2012), trata por su parte la conceptualización del regionalismo del siguiente modo: "como una forma de cooperación internacional intermedia, que se establece por medio de la creación de alianzas y de la cooperación interregional entre países que por lo general comparten una misma región geográfica, aunque no siempre es así el caso. Asimismo, puede ser definido como una acción del Estado, e inclusive de la sociedad civil, así como de otros actores de las relaciones internacionales, cuya finalidad es la de promover la cooperación interregional. De igual manera, las integraciones regionales se fundamentan en valores, en un sentido de pertenencia e intereses compartidos, cuya finalidad es la de contrarrestar los múltiples retos que enfrentan los Estados desde una óptica regional."[8]. Al hilo de lo anterior, es claro, que la materia relativa a los Derechos humanos resulta pieza clave, esencial y paradigmática del fenómeno que plantea el regionalismo. La dignidad humana, que nunca podrá predicarse respetada sin la observancia efectiva de los catálogos que tipifican y positivan los derechos humanos y fundamentales (Jiménez Ruiz, 2014) supone, a juicio de quien suscribe, uno de los motores más importantes, precisamente, en el establecimiento del fenómeno del regionalismo. Pues, en resumidas cuentas, el respeto a la dignidad humana es fundamento de la paz y convivencia pacífica de la humanidad.

---

8 Véase en Rodríguez Suárez, P. M., (2012). "Regionalismos en el marco de las relaciones internacionales en el S. XXI". *Nómadas. Revista Crítica de Ciencias Sociales y Jurídicas*, n.º 34. Accesible a través del enlace: https://revistas.ucm.es/index.php/NOMA/article/view/40744/39063

Por su parte, Escobar Hernández (2022)[9] reconoce que el fenómeno del regionalismo se encuentra en proceso de expansión, y que involucra a todos los ámbitos regionales en materia de Derechos humanos, sin embargo, fija su atención en el tratamiento de los sistemas regionales que han alcanzado mayor desarrollo, resultando por tanto el propio de Europa (Consejo de Europa y Unión Europea), América (con la Organización de Estados Americanos) y África (con la Unión Africana).

Veamos pues a continuación, centrándonos particularmente en Europa, cómo dichos niveles han desarrollado la cuestión de género, sobre todo por cuanto, a igualdad y violencia, en sus respectivos sistemas.

1.2.1. Europeo:

Tratar el Sistema de Derechos humanos, y también fundamentales, en el ámbito del regionalismo europeo supone un ejercicio de muy notables proporciones, ello provocado en la complejidad que plantea la pervivencia de un sistema bicéfalo de protección que involucra a todos los Estados europeos, sea por su pertenencia a al *Consejo de Europa* (cuenta actualmente -2025- con 46 Estados miembros), y/o, a la *Unión Europea* (cuenta actualmente -2025- con 27 Estados miembros). Cada uno de estos sistemas plantea sus propios instrumentos y mecanismos, fundamentados en procedimientos y cauces por completo diversos. Ambos sistemas tienden a la integración en esta particular materia. Integración impulsada expresamente por el derecho originario de la Unión, en 2009, a partir del Tra-

---

9 Escobar Hernández, C. (2022). "Capítulo XXVIII. La protección internacional de los Derechos humanos (II)", en Díez de Velasco, M. (Dir.), *Instituciones de Derecho Internacional Público.* Madrid: Tecnos. Págs. 697 a 728.

tado de Lisboa, ello, a tenor de lo dispuesto en el art. 6.2 del Tratado de la Unión Europea, que literalmente dispone: "La Unión se adherirá al Convenio Europeo para la Protección de los Derechos Humanos y de las Libertades Fundamentales...", hito no logrado hasta hoy, bien avanzado ya 2025. Veamos pues cómo uno y otro han abordado la cuestión de género...

a) Consejo de Europa

El punto de partida en el ámbito del Consejo de Europa se sitúa en el *Convenio Europeo para la protección de los Derechos humanos y de las Libertades Fundamentales* (1950), en vigor desde 1953. Es la piedra angular sobre la protección de los Derechos humanos en dicho sistema. Este Convenio establece en su art. 14 la prohibición absoluta de cualquier causa de discriminación sobre los derechos y libertades que se consagran en su texto. Posteriormente, el 04 de noviembre de 2000, mediante el Protocolo n.º 12 anexo al Convenio se fortaleció, en mayor medida el principio de no discriminación, aludiendo particularmente, y en su caso, prohibiendo, la discriminación que pudiera provenir de una autoridad pública. Además de estos textos, absolutamente referenciales en materia de protección de los Derechos humanos en el ámbito del Consejo de Europa, que suponen, además, en su instancia jurisdiccional -Tribunal Europeo de Derechos Humanos[10]-, el fin de la tutela jurisdiccional, en el plano inter-

---

[10] Encontramos parámetros jurisprudenciales del TEDH, en esta materia, entre otras, en las siguientes sentencias, se citan las siguientes por su carácter referencial: STEDH de 9 de junio de 2009, *Caso Opuz vs. Turquía*: la violencia de género es una discriminación contra la mujer. STEDH de 7 de enero de.2010, *Caso Rantsev vs. Chipre y Rusia*: la trata de personas con fines de explotación sexual es una forma de explotación humana asimilable a la esclavitud, la servidumbre o el trabajo forzoso. STEDH de 22 de marzo de 2012, *Konstantin*

nacional de los Derechos fundamentales violados en cualquiera de los 46 Estados miembros, el Consejo de Europa ha articulado múltiples medidas atenientes a la cuestión de género en muy diferentes facetas. Por ejemplo, resaltan las recomendaciones del Comité de Ministros, dadas sobre violencia sexista, educación, transversalidad de género, sexismo en el lenguaje, tráfico de seres humanos para explotación sexual, empoderamiento de las mujeres. Resalta por su actualidad en este contexto la *Estrategia para la Igualdad de Género 2024-2029*[11].

No obstante, a lo anterior, destaca por su naturaleza y materia en este ámbito el *Convenio del Consejo de Europa sobre prevención y lucha contra la violencia contra las mujeres y la violencia doméstica,* (Convenio de Estambul, de 11 de mayo de 2011)[12].

Markin vs. Rusia: los derechos de conciliación entran dentro del del derecho a la vida privada y a la no discriminación por razón de sexo. STEDH de 25 de julio de 2012, *Caso B. S. vs. España;* o STEDH de 25 de julio de 2017, *Caso Carvalho Pinto de Sousa Morais vs. Portugal*: se emplea el concepto de discriminación múltiple a través de la detección de estereotipos en la actuación de los poderes públicos.

11 Amplíese información a través del enlace: https://www.coe.int/es/web/portal/-/council-of-europe-adopts-gender-equality-strategy-for-2024-2029#:~:text=El%20Comit%C3%A9%20de%20Ministros%20del,en%20los%20pr%C3%B3ximos%20seis%20a%C3%B1os.

12 Accédase al documento a través del siguiente enlace: https://rm.coe.int/1680462543 Debe reseñarse que Turquía, sorpresivamente -por razón evidente- es el primer y único país del Consejo de Europa que se ha retirado del Convenio. De los 47 países del Consejo de Europa, 34 han firmado y ratificado el Convenio de Estambul. Por su parte, Azerbaiyán y Rusia, son los únicos Estados miembros del Consejo de Europa que aún no han firmado este tratado. El gobierno turco y quienes lo apoyan han dicho que el Convenio amenaza “valores familiares” y “normaliza la homosexualidad”, afirmaciones de las que se han hecho eco varios gobiernos, como los de Polonia y Hungría, para

Este documento reconoce el derecho a vivir en una sociedad donde la violencia de género esté por completo ausente (Suárez Espino, 2024, 355 y ss.). Además, entiende la violencia contra la mujer desde una perspectiva de género y preconiza que tal forma de violencia constituye una grave violación de los Derechos humanos. Al mismo tiempo introduce un gran avance, pues no se limita a enunciar derechos, sino que insta a tipificar penalmente todas las formas de violencia contra la mujer como delitos, particularmente a los Estados que deberán proceder a su oportuna y precisa tipificación penal y por tanto consecución mediante esta vía de última *ratio*. También dicho documento insta tanto a la regulación estatal de las conductas que convengan, como a la protección de las víctimas de violencia de género. El Convenio por tanto se dirige fundamentalmente a los Estados, pues considera la violencia de género como una lacra pública, por lo que reclama su persecución pública.

Por su parte, se culmina este apartado, planteando un *muy notable nexo* con el siguiente y es que debe resaltarse que la Unión Europea es por fin parte del Convenio de Estambul, su entrada en vigor para la UE, se perfeccionó el 01 de octubre de 2023.

b) Unión Europea

No se encuentra ni rastro de democracia en los orígenes de la actual Unión Europea. Afirmación coherente con la naturaleza con la que se instituyeron, entonces, las originales Comunidades Europeas, a partir del *Tratado de París* (1951), que institu-

---

justificar sus intentos de hacer retroceder los derechos. Amplíese esta información a través del enlace: https://www.amnesty.org/es/latest/news/2021/06/turkeys-withdrawal-from-the-istanbul-convention-rallies-the-fight-for-womens-rights-across-the-world-2/

yó la CECA, y, en los *Tratados de Roma* (1957), que instituyeron CEE y EURATOM, siendo esta la única Comunidad supérstite.

La afirmación anterior es consecuencia lógica de la naturaleza internacional clásica de tales tratados que vinieron a conformar las Comunidades Europeas, como meras organizaciones internacionales, creadas, en resumidas cuentas, para mantener la paz y el concierto europeo, sobre todo a partir de lo económico y *mercatorio.* Las Comunidades, en su origen, desconocían por tanto la materia relativa a los Derechos humanos y fundamentales, que no estaban entre sus cometidos. Así las cosas, la ausencia en los Tratados de tales derechos, provocó que el TJCE, no admitiera, hasta la década de los sesenta, asunto alguno controvertido con Derechos humanos y fundamentales. No obstante, entrada ya la década de los sesenta, en adelante, sí comenzó a tutelar asuntos[13] tangentes con los Derechos fundamentales,

---

13 Véanse entre otras las siguientes sentencias: La sentencia *Defrenne II*, de 8 de abril de 1976 (asunto C-43/75): El TJCE apreció el efecto directo del principio de la igualdad de retribución para hombres y mujeres y declaró que es aplicable no solo a la actuación de las autoridades públicas, sino también a los convenios de carácter colectivo regulador por cuenta ajena. La sentencia *Bilka,* de 13 de mayo de 1986 (asunto C-170/84): El TJCE consideró que una medida que excluya a los trabajadores a tiempo parcial de un régimen de pensiones profesional daría lugar a una "discriminación indirecta". La sentencia *Barber,* de 17 de mayo de 1990 (asunto C-262/88): El Tribunal promulgó que a todas las formas de pensiones profesionales les es aplicable el principio de la igualdad de trato. La sentencia *Marschall,* de 11 de noviembre de 1997 (asunto C-409/95): Declaró que la legislación comunitaria no se oponía a una norma nacional que obligase a promover prioritariamente a las candidatas femeninas en casos, en los que las mujeres fuesen minoritarias con respecto a los hombres en un sector de actividad (discriminación positiva). La sentencia *Test Achats,* de 1 de marzo de 2011, (asunto C-236/09): El Tribunal declaró inválido el artículo 5, apartado 2, de

iniciando su primera etapa de tutela de tales derechos a partir del Sistema pretoriano de protección de derechos fundamentales (Jiménez Ruiz, 2024, 337 y ss.). Dicho sistema pervivió hasta la entrada en vigor del *Tratado de Lisboa* el 01 de diciembre de 2009, pues simultáneamente también la *Carta de Derechos Fundamentales de la UE* (Carta de Niza) cobró idéntico valor al Tratado, como Derecho originario de la Unión, con lo cual la protección pretoriana de Derechos fundamentales perdió la justificación de su existencia.

No obstante, el Tratado de Roma sí introdujo la igualdad entre mujeres y hombres al establecer en su art. 119 un principio de igual retribución. Dicho artículo fue coherente, y a la vez inspirado en el *Convenio 100, sobre igualdad de remuneración de la OIT* (1951). El progreso del principio de igualdad entre sexos fue desarrollado por el Tribunal de Justicia de las Comunidades Europeas, y también por la acción, a través de estrategias y programas sociales de igualdad, emprendidos e implementados por la Comisión Europea. Ese fue el punto de partida de un relevante *corpus* normativo antidiscriminatorio por razón de sexo en el ámbito de las Comunidades y posterior Unión. Es posible identificar en este particular contexto una primera etapa (entre 1975 a 1986) en la que se sucedieron las cinco directivas primigenias sobre igualdad de sexos, que posteriormente, en una segunda etapa, han sido complementadas con otras Directivas[14].

---

la Directiva del Consejo 2004/113/CE por ser contrario al principio de igualdad de trato entre hombres y mujeres en el acceso a bienes y servicios y su suministro.

14 Por citar algunas, de manera no exhaustiva: Directiva 2002/73/CE del Parlamento Europeo y del Consejo, de 23 de septiembre de 2002, que modifica la Directiva 76/207/CEE del Consejo relativa a la aplicación del principio de igualdad de trato entre hombres y mujeres en

En la actual Unión, el Derecho originario en materia de igualdad, además de ser reconocido transversalmente en el cuerpo de los Tratados, se encuentra contenido en la Carta de Derechos Fundamentales, a lo que dedica su Capítulo III. En concreto, el art. 21 (no discriminación) prohíbe toda clase de discriminación, por toda causa, y, en particular, por razón de sexo. El art. 23 (igualdad entre hombre y mujeres) refiere que "la igualdad entre hombres y mujeres será garantizada en todos los ámbitos, inclusive en materia de empleo, trabajo y retribución", y que, "el principio de igualdad no impide el mantenimiento o la adopción de medidas que ofrezcan ventajas concretas en favor del sexo menos representado". En su art. 33 introduce el derecho a la conciliación. Por su parte el art. 8 del TFUE, faculta a la Unión con el objetivo de eliminar las desigualdades entre hombre y mujer y promover su igualdad en todas sus acciones, lo que es conocido como "integración de la dimensión de género" y lo que a todas luces representa una cláusula de transversalidad.

Se culmina este apartado señalando que la UE, implementa múltiples acciones, como por ejemplo la que lleva a cabo la Comisión Europea, que adoptó su *Estrategia para la Igualdad de*

---

lo que se refiere al acceso al empleo, a la formación y a la promoción profesionales, y a las condiciones de trabajo; Directiva 96/97/CE del Consejo de 20 de diciembre de 1996 por la que se modifica la Directiva 86/378/CEE relativa a la aplicación del principio de igualdad de trato entre hombres y mujeres en los regímenes profesionales de seguridad social; y Directiva 2010/41/UE del Parlamento Europeo y del Consejo, de 7 de julio de 2010 , sobre la aplicación del principio de igualdad de trato entre hombres y mujeres que ejercen una actividad autónoma, y por la que se deroga la Directiva 86/613/CEE del Consejo. Las dos primeras derogadas, en vigor la última.

Género 2020-2025[15], donde se tasó el marco sobre la promoción de la igualdad de género, tanto en Europa como en otros continentes. La estrategia se funda en una perspectiva de Europa en la que mujeres, hombres, niñas y niños, en toda su diversidad, viven libres de violencia y estereotipos. Casi finalizado ya su periodo de vigencia, y al margen de los avances constatables, no se puede predicar que la Unión haya alcanzado tal fin. O también la iniciativa del Consejo de la UE, que adoptó el reglamento por el que se establece el *Marco Financiero Plurianual (MFP) de la Unión para el período 2021-2027*[16]. El vigente MFP atribuye carácter prioritario a la integración de la perspectiva de género en el presupuesto de la Unión.

1.2.2. Americano

El tratamiento de cualquier asunto relativo a los Derechos humanos y fundamentales en el ámbito internacional regional americano, exige iniciar tratando la *Organización de Estados Americanos* (OEA) y, a través de ella, de los instrumentos políticos y normativos que se han instalado en su seno. No obstante, el resto de organizaciones regionales o subregionales americanas también implementan medidas sobre la cuestión de género en sus propios sistemas.

La OEA aprobó su *Carta constitutiva* en 1948, la que entró en vigor en 1951. Sin embargo, el punto de salida en el particular

---

15 Amplíese información a través del enlace: https://commission.europa.eu/strategy-and-policy/policies/justice-and-fundamental-rights/gender-equality/gender-equality-strategy_es

16 Revísese a través del enlace: https://eur-lex.europa.eu/ES/legal-content/summary/eu-multiannual-financial-framework-2021-2027.html?fromSummary=06

ámbito de la promoción y protección de los Derechos humanos, se encuentra, junto con la anterior, en la *Declaración Americana de los Derechos y Deberes del Hombre -Carta de Chupaltepec-*, a la que se vincula el *Pacto de San José* así como algunos *Protocolos* adicionales, y en la *Carta Internacional Americana de Garantías Sociales* (1947). Como órgano de salvaguarda de tal sistema se instituyó la *Comisión Interamericana de los Derechos Humanos*, la que conforme a su Estatuto (1979) se configura como una institución de naturaleza promocional y protectora de los Derechos humanos. Obsérvese lo indicado como la estructura esencial del Sistema Interamericano de Protección de los Derechos Humanos, cuyo círculo protector se cierra con la Corte Interamericana de Derechos Humanos, como órgano jurisdiccional garante del sistema reseñado.

En la particular parcela de la cuestión de género, el Sistema Americano encuentra su punto focal en la *Convención Interamericana para prevenir, sancionar y erradicar la violencia contra la Mujer -Convención de Belém do Pará-*, documento impulsado por la *Comisión Interamericana de Mujeres* (1928). Convención, que en su art. 11 sitúa a la Corte Interamericana, como órgano consultivo de interpretación de la propia Convención. Además, la Comisión Interamericana se constituye como órgano receptor de denuncias y quejas, conforme a su art. 12, por violación de los previsto en el art. 7. Este documento regional establece tres tipos de violencia: física, sexual y psicológica y constata tres ámbitos donde se manifiesta: en la vida privada, en la vida pública y la causada o permitida por los poderes públicos[17]. Por otra parte, se trata del primer reconocimiento en el ámbito

---

17 Véase art. 1 de la Convención, que dice: "…cualquier acción o conducta, basada en su género, que cause muerte, daño o sufrimiento físico, sexual o psicológico a la mujer, tanto en el ámbito público como en el privado.".

internacional regional americano que prevé el derecho de las mujeres a vivir una vida libre de violencia, también expone los derechos[18] que reconoce entre sus arts. 3 a 6.

Esta Convención, tal y como ocurre con el Convenio de Estambul, ha impulsado y dado pautas[19] para la adopción de le-

---

18 El derecho de las mujeres a ser libres de toda forma de discriminación. El derecho de las mujeres a ser valoradas y educadas libres de patrones estereotipados de comportamiento y prácticas sociales y culturales basadas en conceptos de inferioridad o subordinación. El derecho a que se respete su vida. El derecho a que se respete su integridad física, psíquica y moral. El derecho a la libertad y a la seguridad personales. El derecho a no ser sometida a torturas. El derecho a que se respete la dignidad inherente a su persona y a que se proteja a su familia. El derecho a la igualdad de protección ante la ley y de la ley. El derecho a un recurso sencillo y rápido ante los tribunales competentes, que la ampare contra actos que violen sus derechos. El derecho a la libertad de asociación. El derecho a la libertad de profesar la religión y las creencias propias dentro de la ley. Y el derecho a tener igualdad de acceso a las funciones públicas de su país y a participar en los asuntos públicos, incluyendo la toma de decisiones. Toda mujer tiene derecho al reconocimiento, goce, ejercicio y protección de todos los derechos humanos y a las libertades consagradas por los instrumentos regionales e internacionales sobre derechos humanos. Tiene derecho a ejercer libre y plenamente sus derechos civiles, políticos, económicos, sociales y culturales y contará con la total protección de esos derechos consagrados en los instrumentos regionales e internacionales sobre Derechos humanos.

19 Abstenerse de cualquier acción o práctica de violencia contra la mujer y velar por que los agentes del estatales cumplan con esta obligación. Actuar con la diligencia debida para prevenir, investigar y sancionar la violencia contra las mujeres. Incluir en su legislación y política interna normas que aseguren el cumplimiento de los objetivos de la Convención. Adoptar medidas jurídicas que protejan efectivamente a las mujeres de sus agresores. Abolir o modificar normativas y prácticas jurídicas que perpetúan la violencia contra las mujeres. Establecer procedimientos legales que aseguren a las mujeres víctimas de vio-

yes y políticas para la erradicación, sanción y prevención de la violencia contra la Mujer en todos los Estados parte de la Convención. Por lo que ha venido a completar el esquema interamericano de protección de Derechos humanos, en la particular parcela de la cuestión de género. El *Mecanismo de Seguimiento de la Convención de Belém do Pará* (MESECVI), se creó en 2004 y su trabajo se fundamenta en los informes nacionales, donde los Estados parte, básicamente, comunican y exponen los avances realizados para la implementación de la Convención.

---

lencia acceso a la justicia y al debido proceso. Asegurar a las mujeres víctimas de la violencia, mecanismos efectivos para lograr el resarcimiento, la reparación del daño u otros medios de compensación. Fomentar el conocimiento y la observancia del derecho de las mujeres a una vida libre de violencia. Modificar los patrones socioculturales de conducta de hombres y mujeres, eliminando prácticas educativas que refuercen ideas, actitudes o estereotipos, tanto de hombres como de mujeres, que perpetúan la violencia contra las mujeres. Fomentar la educación y capacitación de agentes del Estado encargados de aplicar la ley y las políticas de prevención, sanción y eliminación de la violencia contra las mujeres. Brindar servicios especializados para la atención de mujeres víctimas de violencia. Fomentar y apoyar programas de educación que difundan los aspectos sobre la violencia contra las mujeres. Ofrecer programas eficaces de rehabilitación y capacitación a las mujeres víctimas de violencia, que les permitan insertarse de manera plena en la vida pública, privada y social. Estimular a los medios de comunicación para que elaboren directrices adecuadas de difusión, que contribuyan a erradicar la violencia contra las mujeres. Garantizar la investigación y recopilación de estadísticas y demás información pertinente que permita visualizar la violencia que sufren las mujeres. Y promover e impulsar la cooperación internacional para el intercambio de ideas y experiencias.

1.2.3 Africano

El continente africano, por su parte, también se ha dotado, en el contexto de su organización regional que toma forma en la *Unión Africana*[20] (UA) 2002, de un sistema de promoción y tutela de los Derechos humanos. Su nivel de desarrollo y pragmatismo no es homologable -salta a la vista- al propio de los sistemas revisados anteriormente, lo que no resta valor, sino que lo incrementa, debido a la los ingentes esfuerzos demostrados por los pueblos de África para promocionar y proteger tales Derechos en sus territorios, enfrentando no pocas y severas dificultades. África, como continente esquilmado y maltratado[21] desde la antigüedad por las potencias europeas, y hoy, por las que habitan otras latitudes, ha enfrentado una extensa gama de problemáticas, tanto endógenas, como exógenas, que la sitúan en un panorama[22] nada alentador en la promoción

---

20 Visítese su portal web oficial, a través del enlace: https://au.int/es, Se trata de la Organización internacional, compuesta por 55 Estados parte, sucesora de la *Organización para la Unidad Africana* -OUA- (1963-1999), sus principales objetivos fueron: librar al continente de los restos de la colonización y el *apartheid*; promover la unidad y la solidaridad entre los Estados africanos; coordinar e intensificar la cooperación al desarrollo; salvaguardar la soberanía y la integridad territorial de los Estados miembros y promover la cooperación internacional. Su Carta constitutiva es accesible a través del enlace: https://au.int/sites/default/files/treaties/7758-treaty-0021_-_CONSTITUTIVE_ACT_OF_THE_AFRICAN_UNION_E.pdf

21 Recuérdese para vergüenza perpetua de Europa, además del esclavismo ancestral, y saqueo económico, que la asoló, la Conferencia de Berlín de 1884.

22 Véase Amnistía Internacional (2024): En este informe se da buena cuenta de la situación, por ofrecer algún dato ilustrativo: "La violencia de género ha sido una característica fundamental de algunos de estos conflictos. En el contexto general de violencia sexual ejercida

y protección de los Derechos humanos. Situación que, por las dificultades que enfrentan, refuerza sin duda las muy positivas inercias y avances para la protección de los Derechos humanos.

Siguiendo el desarrollo de los anteriores sistemas, la UA se ha dotado de una estructura propia para la defensa de los Derechos humanos. Cuenta con tres órganos fundamentales: *i)* la *Asamblea de Jefes de Estado o de Gobierno*; *ii)* la *Comisión Africana de los Derechos Humanos y de los Pueblos*; y *iii)* como órgano jurisdiccional garante del sistema se dotó con la *Corte Africana de los Derechos Humanos y de los Pueblos*, activada mediante el Protocolo de 1998, en vigor, desde el 15 de enero de 2004.

El texto de referencia en la actual UA para la promoción y protección de los Derechos Humanos lo compone la *Carta Africana de los Derechos Humanos y de los Pueblos*[23], también conocida como Carta de Banjul, y, sobre ella se edifica también la cuestión de género para África, cuyo texto nuclear lo supone el *Protocolo de la Carta Africana de Derechos Humanos y de los Pueblos relativo a los Derechos de la Mujer en África*, firmado en Maputo (Mozambique), el 11 de julio de 2003, en vigor desde el 25 de noviembre de 2005. Este protocolo, homologable por su naturaleza a los documentos referenciales expuestos en los sistemas anteriores, proscribe en su art. 2, toda forma de discriminación contra la mujer y se estructura en torno a los 32 artículos que

---

por las Fuerzas de Defensa de Eritrea, varios soldados secuestraron al menos a 15 mujeres y las retuvieron durante casi 3 meses en un campamento militar de la región etíope de Tigré, donde las violaron repetidamente. En República Democrática del Congo, sólo en la provincia de Kivu Septentrional se denunciaron más de 38.000 casos de violencia sexual durante el primer trimestre del año".

23 Adoptada el 27 de junio de 1981, en la XVIII Asamblea General de Jefes de Estado y de Gobierno de la OUA, en vigor, desde el 21 de octubre de 1986.

lo integran. Sin embargo, la persecución de la violencia de género, plantea a día de hoy su incipiente consolidación en la UA, ello al punto en que para febrero de 2025 -al tiempo de redactar estas líneas- se preveía la adopción de la *Convención de la Unión Africana sobre la Eliminación de la Violencia contra Mujeres y Niñas* (AUCEVAWG), sin embargo, no se ha podido verificar si su adopción se ha materializado. En lo que cualquier caso se debe interpretar, por fortuna, como una mera cuestión temporal, visto que la inercia existe..., en cuyo caso debe contar.

1.2.4. En otros contextos

Resta completar la visión del regionalismo mundial mediante, al menos, si quiera la alusión a Asia y Oceanía. Tanto la una, como la otra región presentan avances muy diversos en materia relativa a la cuestión de género. Es muy distinta la realidad de Oceanía de la que acontece en Asia. Así es denunciado en el informe *La Situación de los Derechos Humanos en el Mundo*, de abril de 2024, emitido por Amnistía Internacional. En dicho informe, muy detallado se denuncia que: "A pesar de los avances logrados en algunos países, la ofensiva contra los derechos de las mujeres, las niñas y las personas LGBTI se ha intensificado. Muchos gobiernos han menoscabado los derechos sexuales y reproductivos y los derechos de las personas LGBTI y no han abordado la violencia de género.".

Según el referido informe, algunos gobiernos potencian la discriminación contra las mujeres y las niñas. Por ejemplo, las autoridades de Afganistán[24] han prohibido a las mujeres y niñas

[24] Sobre la situación de Afganistán visiónese el discurso de la actriz estadounidense Meryl Streep quien compareció en 2024 ante las Naciones Unidas, en un evento paralelo de la Asamblea General, para llevar a cabo la denuncia de la situación actual en Afganistán en re-

recibir educación más allá de la escuela primaria, tampoco les es permitido trabajar en oficinas de ONG, o de organizaciones internacionales, ni obtener empleo en la mayoría de los órganos y organismos públicos. En Irán se ha intensificado la represión de las mujeres y niñas para imponerles el uso del velo. En los dos Estados citados, y también en Sri Lanka, Pakistán, Bangladesh, Indonesia, Maldivas o Nepal, las mujeres y niñas se han enfrentado -con bajas humanas incluidas- a brutales represalias del Estado por ejercer o exigir sus derechos, y las autoridades han llegado a repeler las protestas de las mujeres con respuesta armada y mediante el empleo de una fuerza brutal y desproporcionada.

El informe también señala que en 2023 se reforzó la protección jurídica para prevenir y combatir la violencia de género, incluida la violencia sexual e intrafamiliar, en países como Japón o Uzbekistán.

Por su parte, en Oceanía[25], la cuestión de género y los Derechos de la Mujer encuentran una inercia favorable, que se

---

lación con las mujeres y niñas del país. Según la artista, la educación y el empleo han sido restringidos para ellas por los talibanes, y no tienen acceso a los parques públicos. "Una ardilla tiene más libertad que una mujer en Afganistán" o "Hoy, en Kabul, una gata tiene más libertades que una mujer" afirmó Streep. Discurso disponible a través del enlace: https://www.youtube.com/watch?v=IueigIB4o2I

25 Véase el comunicado de 21 de enero de 2025, que lleva por título: *La mayor conferencia del mundo sobre igualdad de género se celebrará en la región de Oceanía y el Pacífico en 2026.* "*Women Deliver* ha tenido el honor de anunciar hoy que la región de Oceanía y el Pacífico será la que albergue y organice la tan esperada Conferencia *Women Deliver 2026*, que se celebrará en Narrm (Melbourne), Australia, del 27 al 30 de abril de 2026. Accesible a través del enlace: https://womendeliver.org/press/la-mayor-conferencia-del-mundo-sobre-igualdad-de-genero-se-celebrara-en-la-region-de-oceania-y-el-pacifico-en-2026/ . O, sobre Australia, véase la noticia (2025) titulada:

constata, al menos desde 2012. Lo anterior a tenor de la *Declaración sobre la Igualdad de Género*[26], hecha pública el 30 de agosto de 2012. En ese contexto los jefes de gobierno de Oceanía reconocieron en el Foro que los reunió que la igualdad de género "es esencial para crear una Oceanía próspera, estable y segura para esta y para todas las generaciones futuras".

Culminamos este apartado afirmando que, en estos contextos, a excepción de Oceanía, el avance de los derechos de la mujer está aún muy lejos de demostrar un desarrollo, al menos político y normativo homologable a los a anteriores, si es que no se asiste a su directa negación, beligerante, en muchos de estos Estados

2. LA POLÍTICA Y EL DERECHO DE GÉNERO EN ESPAÑA

La tímida[27] apertura vivida en la España del primer cuarto del S. XX, por cuanto respecta a la igualdad de la mujer, saltó por los aires tras la Guerra Civil Española y la consolidación del subsiguiente periodo dictatorial que tuvo lugar entre 1939 y 1975.

Australia dice que la igualdad de género será clave en su política exterior y humanitaria, accesible a través del enlace: https://www.swissinfo.ch/spa/australia-dice-que-la-igualdad-de-g%C3%A9nero-ser%C3%A1-clave-en-su-pol%C3%ADtica-exterior-y-humanitaria/88829475 . Es posible acceder a la legislación de género en Australia, a partir del enlace: https://www.wgea.gov.au/about/our-legislation

26 Amplíese información en Amnistía Internacional (2012), Los líderes de Oceanía se comprometen con la igualdad de género, disponible: https://www.es.amnesty.org/en-que-estamos/noticias/noticia/articulo/los-lideres-de-oceania-se-comprometen-con-la-igualdad-de-genero/

27 En 1912 se reconoció el derecho a la educación y en tiempos de la II República, 1931, se reconoció el derecho al voto.

El régimen dictatorial impuso el retorno de un férreo paternalismo sobre la mujer, la que, considerada, como sexo débil, debía, según el entendimiento del régimen, ser en todo caso tutorizada[28], con derecho de corrección[29] incluso, por el hombre. Este posicionamiento es la que muestra el *Fuero del Trabajo,* de 1938, que previó que el Estado "prohibirá el trabajo nocturno de las mujeres... (y) liberará a la mujer casada del taller y de la fábrica". La legislación penal española de la época, consolidada en el texto refundido del Código penal de 1944, protegió las ideas políticas, culturales, religiosas y sociales del régimen, por ejemplo, rindiendo tributo al viejo derecho penal castellano, reflexiónese en torno a: la pena del uxoricidio *honoris causa* era leve; o sobre el reconocimiento del derecho de corrección del marido frente a su esposa; el adulterio de la mujer se castigaba en todo caso, mientras que el del marido sólo si concurría amancebamiento. Por su parte, el *Código Civil* contuvo múltiples normas discriminatorias, por ejemplo, la esposa, no tenía permitido administrar su propio y personal patrimonio, ni ostentar la patria potestad de sus descendientes, además ésta solo podía trabajar con el pertinente permiso del marido.

A finales de la década de los cincuenta, influido por una tímida apertura internacional -más deseada por el régimen que por la propia Sociedad Internacional-, se produjeron algunos pequeños

---

28 El Decreto 2310/1970, de 20 de agosto, sobre derechos laborales de la mujer, planteó derechos de conciliación de titularidad femenina, como la excedencia voluntaria para el cuidado de hijos. Por su parte la Ley de 2 de mayo de 1975, modificativa del Código Civil, reconoció, al derogar la licencia marital, la capacidad de obrar de la esposa.

29 Ley Orgánica 8/1983, de 25 de junio, expulsó del sistema jurídico las diferencias en la falta de malos tratos verbales que amparaban el derecho de corrección del marido a la esposa, recuérdese que el maltrato verbal cometido por el hombre no estaba penalizado, solo se penalizaba si era cometido por la esposa.

avances en materia de igualdad, en cualquier caso, ajustados a la ideología del régimen. En tal sentido la *Ley de 24 de abril de 1958, de reforma del Código Civil*, derogó prohibiciones aplicables a las mujeres: por ejemplo, la facultó a ser testigo testamentario, u a ocupar cargos tutelares. No obstante, mantenía que "por exigencias de la unidad matrimonial, existe una potestad de dirección que la Naturaleza, la Religión y la Historia atribuyen al marido". Por su parte, la *Ley 56/1961, de 22 de julio, de derechos políticos, profesionales y de trabajo de la mujer*, contuvo una cláusula general de igualdad. Aunque mantuvo las prohibiciones de trabajo y, en particular, el acceso a cargos o profesiones tales como la judicatura, la fiscalía, y también la prohibición de acceso al ejército.

2.1. En el nivel nacional

La breve reseña anterior presenta el contexto histórico, jurídico y político inmediato en el que, a grandes rasgos, se encontró España -y padeció la mujer- durante los tres primeros cuartos del S. XX. El punto de inflexión en esta trayectoria lo marcó naturalmente el advenimiento de la vigente *Constitución Española de 1978*, la que en su art. 14, proclama la igualdad y la prohibición de la discriminación, y además reprogramó el sistema bajo el paradigma de los valores consagrados en su art. 1.1 (la libertad, la justicia y el pluralismo político). El círculo jurídico constitucional se cierra a nivel estructural con lo dispuesto en el art. 9.2, con un mandato a los poderes públicos, para "promover las condiciones para que la libertad y la igualdad del individuo y de los grupos en que se integra sean reales y efectivas.". Sin embargo, la Constitución aún contiene (art. 57.1), inexplicablemente, la medieval y castellana[30] preferencia del

---

[30] Véase la sucesión a la Corona del Reino de Castilla en el *Código de las Siete Partidas, Tomo II, Título XV, Ley II, Cómo el fijo mayor del rey*

varón, frente a la mujer, en la sucesión a la Corona de España, siendo éste a juicio de quien suscribe el escollo de mayor envergadura, y contradicción, con respecto a la igualdad de sexos en la Constitución (art. 14), lo que también, a juicio de este autor, supone el auténtico "Caballo de Troya"[31] presente en el texto constitucional.

Continúa esta sucesión de hitos con la creación del Instituto de la Mujer, mediante la *Ley 16/1983, de 24 de octubre, de creación del Organismo Autónomo Instituto de la Mujer*, desde entonces y de manera coherente con el cambio de la jurisprudencia[32] constitucional, la acción pública se encaminó hacia la igualdad material. Ello tomó forma, por un lado, en planes de igualdad, que iniciaron

---

ha adelantamiento et mayoría sobre los otros sus hermanos. (edición de 1807, pág. 132). Accesible a través del enlace: https://www.boe.es/biblioteca_juridica/publicacion.php?id=PUB-LH-2021-217

31 No retiene duda este autor que la previsión del art. 57.1, sobre la preferencia del hombre con respecto a la mujer, acabará proscrita, por razones evidentes, de la Constitución Española. Sin embargo, no es ejercicio baladí, pues supone la activación del procedimiento agravado de reforma previsto en el art. 168 -hasta ahora nunca activado-. Clausula de reforma en lo teórico, y pétrea en lo pragmático. Los padres de la Constitución *protegieron al máximo* mediante dicho artículo a todo lo concerniente a la Corona. Esta ansia de proteger la Corona, representa flaco favor. Pues una cosa habría sido salvaguardar al máximo la forma de jefatura de Estado -monarquía-, y otra bien distinta, realizar la misma acción sobre todos los parámetros de dicha institución, que ahora, en la práctica, resultan irreformables.

32 Entre otras, revísense las sentencias: STC 128/1987, de 16 de julio; la STC 19/1989, de 31 de enero. STC 109/1993, de 25 de marzo. La STC 166/1998, de 26 de septiembre. La STC 94/1984, de 16 de octubre. La STC 145/1991, de 1 de julio. La STC 216/1991, de 14 de noviembre. La STC 229/1992, de 14 de diciembre. La STC 198/1996, de 3 de diciembre. La STC 126/1997, de 3 de julio. O la STC 224/1999, de 13 de diciembre.

su andadura en 1988, y que han venido sucediéndose hasta la actualidad. Por otra parte, en reformas legislativas que, después de una primera etapa (puede ser situada entre 1988 a 1998), fueron sucedidos por una segunda etapa (desde 1999, hasta hoy) que incorporan al sistema español las nuevas perspectivas de género.

Los avances anteriores, junto a otros[33] que se dieron, influidos por la recepción en el sistema español de textos internacionales ya comentados, es importante resaltar que España ratificó todos los textos sobre derechos humanos de la ONU, incluyendo el Convenio sobre la Eliminación de Todas las Formas de Discriminación contra la Mujer (1979) -CEDAW-, también los convenios de la OIT sobre igualdad y maternidad, a nivel regional asumió el Convenio Europeo de Derechos Humanos (1950) y la Carta Social Europea, ello sumado a la propia inercia de evolución de la sociedad española, dieron lugar ya en el s. XXI, al conjunto normativo del que goza España y que puede ser situado, por cuanto a técnica legislativa presenta, como uno de los más avanzados de la Tierra, en esta materia, en la actualidad. El catalizador de este cambio de rumbo en España se sitúa, entre otros, a nivel internacional, en el año 1995, con la influencia proyectada por la *IV Conferencia Internacional* (Beijing) y, a partir de ahí, el carácter de transversalidad inherente a esta naturaleza normativa, que opera en todo el sistema jurídico español. Así surgieron las primeras normas de este nuevo estadio social, político y jurídico que hicieron mutar el marco normativo español.

---

33 Entre otros, como los impulsados por la Ley Orgánica 3/1989, de 21 de julio, que modificó el Código penal que actuó sobre el delito de violación. La Ley 3/1989, de 3 de marzo, sobre el permiso por maternidad y que estableció medidas para favorecer la igualdad de trato de la mujer en el trabajo. O la Ley 11/1990, de 15 de octubre, modificó varios artículos del Código Civil para eliminar las rémoras del sistema patriarcal en el ámbito familiar.

Las primeras normas que se encuentran y aparecieron en esta nueva etapa, fueron, entre otras[34]: la *Ley 39/1999, de 5 de noviembre, para promover la conciliación de la vida familiar y laboral de las personas trabajadoras*, la que acabó afectando a numerosas parcelas jurídicas; o la *Ley 33/2002, de 5 de julio, de modificación del artículo 28 del texto refundido de la Ley del Estatuto de los Trabajadores, aprobado por Real Decreto legislativo 1/1995, de 24 de marzo*, que modificó el art. 28 del Estatuto de los Trabajadores, aclarando que el trabajo de igual valor, implica idéntica retribución, y no solo igual salario. Fue el momento también de la considerada como primera norma transversal de nuestro sistema jurídico, se trata de la *Ley 30/2003, de 13 de octubre, sobre medidas para incorporar la valoración del impacto de género en las disposiciones normativas que elabore el gobierno*, impone la realización de un informe de impacto de género en la elaboración de leyes y reglamentos.

Sin embargo, el auténtico punto de inflexión producido ante la maraña normativa antedicha lo supuso la entrada en vigor de la *Ley Orgánica 3/2007, de 22 de marzo, para la igualdad efectiva de mujeres y hombres*. Esta ley, transversal por naturaleza, y también comprometida con la igualdad material, persigue edificar un ordenamiento jurídico donde las necesidades y aspiraciones de las mujeres, tengan la misma relevancia que la de los hombres. Además de solventar otras dificultades, esta norma transpuso -conforme a su Disposición adicional 4ª: la *Directiva 2002/73/CE del Parlamento Europeo y del Consejo, de 23 de*

---

34 *La Ley 9/2005, de 6 de junio, para compatibilizar las pensiones del seguro obligatorio de vejez e invalidez con las pensiones de viudedad del sistema de la seguridad social. La Ley Orgánica 3/2005, de 8 de julio, para perseguir extraterritorialmente la práctica de la mutilación genital femenina. La Ley 33/2006, de 30 de octubre, de igualdad del hombre y la mujer en el orden de sucesión de los títulos nobiliarios.* O la *Ley Orgánica 2/2010, de 3 de marzo, de salud sexual y reproductiva y de interrupción voluntaria del embarazo.*

septiembre de 2002, que modifica la Directiva 76/207/CEE del Consejo relativa a la aplicación del principio de igualdad de trato entre hombres y mujeres en lo que se refiere al acceso al empleo, a la formación y a la promoción profesionales, y a las condiciones de trabajo; la *Directiva del Consejo 2004/113/CE, de 13 de diciembre de 2004, por la que se aplica el principio de igualdad de trato entre hombres y mujeres al acceso a bienes y servicios y su suministro*, y la *Directiva 97/80/CE del Consejo, de 15 de diciembre de 1997, relativa a la carga de la prueba en los casos de discriminación por razón de sexo.*

Por cuanto respecta al tratamiento de la violencia de género en el ordenamiento jurídico español[35], debe ser tratada la *Ley Orgánica 1/2004, de 28 de diciembre, de Medidas de Protección Integral contra la Violencia de Género*. Define la violencia en su art. 1[36] y da desarrollo a su contenido en los setenta y dos artículos

---

35 Complementan a la Ley Orgánica, la siguiente normativa: el *Real Decreto Ley 3/2013, de 22 de febrero, por el que se modifica el régimen de las tasas en el ámbito de la Administración de Justicia y el sistema de asistencia jurídica gratuita*, el que reconoce el beneficio a la asistencia jurídica gratuita, universalmente y con independencia de sus recursos económicos, a todas las víctimas de violencia de género y trata de seres humanos. La *Ley 23/2014, de 20 de noviembre, de reconocimiento mutuo de resoluciones penales en la Unión Europea*, regula la Orden Europea de Investigación. El *Real Decreto-ley 9/2018, de 3 de agosto, de medidas urgentes para desarrollo del Pacto de Estado contra la violencia de género*. Y el *Real Decreto-ley 12/2020, de 31 de marzo, de medidas urgentes en materia de protección y asistencia a las víctimas de violencia de género*. Puede accederse a éstos y otros muchos documentos citados a través del enlace: https://www.igualdad.gob.es/normativa/normativa-en-vigor/

36 1. La presente Ley tiene por objeto actuar contra la violencia que, como manifestación de la discriminación, la situación de desigualdad y las relaciones de poder de los hombres sobre las mujeres, se ejerce sobre éstas por parte de quienes sean o hayan sido sus cónyu-

que la componen, a los que se suman, veintiuna Disposiciones Adicionales, dos Disposiciones transitorias, una Disposición derogatoria, y siete Disposiciones finales, más anexo.

2.2. En los niveles autonómicos

Conforme a la organización territorial propia del Estado español como un Estado descentralizado y por consiguiente con la institución de las Autonomías, se dio vida a los sistemas jurídicos autonómicos que conectan, lógicamente con el nivel estatal. Dichos niveles plantean de manera simultánea, al estatal, la misma inercia y proceso revisado en el ámbito estatal. Por tanto, las comunidades autónomas, que cuentan con competencias todas en la materia, y por mímesis con el Estado, han dado vida a organismos[37] de igualdad dentro de sus respectivos sistemas. Los organismos aludidos virtualizan planes de igualdad autonómicos. También han protagonizado avances

---

ges o de quienes estén o hayan estado ligados a ellas por relaciones similares de afectividad, aun sin convivencia.
2. Por esta ley se establecen medidas de protección integral cuya finalidad es prevenir, sancionar y erradicar esta violencia y prestar asistencia a las mujeres, a sus hijos menores y a los menores sujetos a su tutela, o guarda y custodia, víctimas de esta violencia.
3. La violencia de género a que se refiere la presente Ley comprende todo acto de violencia física y psicológica, incluidas las agresiones a la libertad sexual, las amenazas, las coacciones o la privación arbitraria de libertad.
4. La violencia de género a que se refiere esta Ley también comprende la violencia que con el objetivo de causar perjuicio o daño a las mujeres se ejerza sobre sus familiares o allegados menores de edad por parte de las personas indicadas en el apartado primero.

[37] Entre otros se citan: el Instituto Vasco de la Mujer (1988), el *Institut Valencià de la Dona* (1988), el Instituto Andaluz de la Mujer (1989), o el *Institut Català de les Dones* (1989).

legislativos y sociales, entre otros logros, no carentes de riesgos y amenazas, en muchos casos provenientes de sectores políticos que emplean la demagogia como arma política principal.

Las comunidades autónomas han aprobado por su parte leyes de igualdad marcadas por la transversalidad. En la actualidad se encuentran leyes de igualdad y de violencia, por ejemplo, en Andalucía, Murcia, Navarra, Aragón, Madrid, Castilla-León, Cantabria, Valencia, Canarias, Galicia, País Vasco, Islas Baleares, Castilla La Mancha, Extremadura y/o Asturias.

2.3. En los niveles locales

Por su parte los niveles locales deben ser respetuosos de los parámetros contenidos en los niveles anteriormente apuntados. Con ellos se culmina de manera integral la estructura multinivel que se ha pretendido ejemplificar empleando, para ello el contenido vehicular que representa el sistema jurídico español. Y, en efecto los sistemas locales también demuestran su preocupación en materia de género, generando múltiples previsiones, instrucciones y ordenanzas sobre el tema que tratamos. Sirva como ejemplo las vigentes directrices, de diversa índole -controvertidas con la cuestión de género- por ejemplo, y por citar algunas, las emitidas desde los ayuntamientos de Granada, Madrid, Sevilla o Barcelona.

3. RETOS ACTUALES

Se da buena cuenta de ellos, entre otros, en Amnistía Internacional (2024) y se procede en este trabajo -por cuestión de espacio- a esbozar un mero y sutil apunte. Como es sencillo suponer, son incontables por cantidad, calidad y naturaleza los retos que enfrentan los Derechos humanos en general y los derechos de la mujer en particular. Sin embargo, todos, o la mayoría hunden sus raíces en lo sociológico, pues la mujer se ha encontrado sometida, tanto por cuestiones culturales, históricas, políticas, e incluso religiosas en todos los rincones del planeta. Han sido las mismas religiones, al menos las que han marcado el contexto Cultural occidental, las que han retenido a la mujer en una posición secundaria con respecto al hombre. Los propios sistemas jurídicos han venido reforzando esa situación en Occidente hasta el presente. Por lo tanto, irremediablemente si la Cultura de una sociedad es patriarcal y machista, su Derecho, también lo será. Es en consecuencia, el *elemento Cultural* el responsable y definitorio de esa situación de desigualdad mantenido desde los orígenes de la historia, al menos en el contexto occidental.

Por otra parte, en estos días, asistimos, sin lugar a dudas, a la configuración de un *nuevo orden mundial*, al menos en lo que a política y Derecho internacional se refiere. Su detonante se encuentra a juicio de quien suscribe en el auge de lo que podemos denominar como neofascismos, que observan en la igualdad de la mujer, en el reconocimiento de derechos de minorías, como las sexuales, y, en suma, en cualquier desarrollo de los derechos fundamentales y libertades públicas, una amenaza para el *statu quo* imperante que sustenta a sus respectivos sistemas. Reflexiónese por ejemplo en los argumentos dados por el presidente de Turquía, Erdoğan, para abandonar, paradójicamente, el Convenio de Estambul, o las ocurrentes intervenciones del nuevo presidente de los Estados Unidos, D. Trump, el que, en su segunda legislatura, iniciada en enero de 2025, está literalmente *destrozando* el sistema que ha permitido, un relativo periodo de paz en la humanidad desde la Segunda Guerra Mundial, atacando sus postulados más elementales.

Es esa encrucijada en la que se encuentra toda la sociedad mundial en general, y en particular, Europa, la que a juicio de quien suscribe, debe ver en los aires tan adversos que soplan, la oportunidad de su auténtica y decidida reformulación, en su espíritu kelseniano (Kelsen, 2003). La que debe ir en sintonía con las ideas que los padres fundadores de la Unión expusieron, si quiera en lo ideológico -siguiendo a Víctor Hugo, pues llegaron a nominar, lo que a su juico supondría el culmen de la integración europea, alcanzándose los *Estados Unidos de Europa*. Alternativamente, la vuelta a los estatalismos, conducirán a la humanidad, aun proceso sin parangón en la historia, y colocarán a la sociedad mundial en una posición, desconocida, cuyo retorno podrá volverse por completo impracticable.

Es el proceso apuntado, donde debe operar una ciudadanía crítica, formada, y bien informada, la que cuenta con métodos de conexión y de información, como nunca antes en la historia humana, la que apruebe, o frene, en su contexto, de manera decidida y unitaria la acción de quienes pueden ser considerados como *archienemigos*[38] de la humanidad. Pues a fin de cuentas, *nihil novum sub sole*, ni al principio, ni en el final.

Bibliografía

Amnistía Internacional (2024) -Informe-: *La Situación de los Derechos Humanos en el Mundo*, disponible: https://www.amnesty.org/es/location/asia-and-the-pacific/report-asia-and-the-pacific/

-(2012), *Los líderes de Oceanía se comprometen con la igualdad de género*, disponible: https://www.es.amnesty.org/en-que-estamos/noticias/noticia/articulo/los-lideres-de-oceania-se-comprometen-con-la-igualdad-de-genero/

Ballester Pastor, M.ª. A., (2019). "El RDL 6/2019 para la garantía de la igualdad de trato y de oportunidades entre mujeres y hombres en el empleo y la ocupación: Dios y el diablo en la tierra del sol.". *FEMERIS: Revista Multidisciplinar de Estudios de Género.* Vol. 4. Nº 2. Disponible: https://e-revistas.uc3m.es/index.php/FEMERIS/article/view/4763

---

[38] Es conocida la anécdota mediante la cual la reina Guillermina de los Países Bajos, refería a Adolf Hitler, como el *archienemigo de la Humanidad.*

Escobar Hernández, C. (2022). "Capítulo XXVIII. La protección internacional de los Derechos humanos (II)", en Díez de Velasco, M. (Dir.), *Instituciones de Derecho Internacional Público.* Madrid: Tecnos.

Jiménez Ruiz, J. L. (2014). *El orden jurídico multinivel entre los paradigmas de libertad y seguridad.* Madrid: Congreso de los Diputados.

-(2024) (Dir. y Coord.). *UNIÓN EUROPEA, o La materia, forma y poder de una organización internacional.* Madrid: Aranzadi-La Ley.

Kelsen, H. (2003). *La paz por medio del Derecho.* Madrid: Trotta.

Lousada Arochena, J.F. (2019). "Encuentros y desencuentros entre el TEDH y el TJUE en materia de igualdad de género". *FEMERIS: Revista Multidisciplinar de Estudios de Género.* Vol. 4, núm. 2.

-(2014). *El derecho fundamental a la igualdad efectiva de hombres y mujeres.* Valencia: Tirant lo Blanch.

- (2022). "Evolución de la igualdad desde la Constitución de 1978: del patriarcado fuerte hacia la igualdad de género". *iQual: revista de género e igualdad.* Nº. 5, 2022. Accesible a través del enlace: https://digitum.um.es/digitum/handle/10201/117472

-(2020). "Protección universal del derecho a la igualdad". *Femeris: Revista Multidisciplinar de Estudios de Género.* Vol. 5, Nº. 2. Accesible a través del enlace: https://e-revistas.uc3m.es/index.php/FEMERIS/article/view/5386

- (2022). "Violencia de género: enjuiciamiento con perspectiva de género y aplicación de la agravante de género". *Foro Galego: Revista xurídica.* Nº. 211.

Rodríguez Suárez, P. M., (2012). "Regionalismos en el marco de las relaciones internacionales en el S. XXI". *Nómadas. Revista Crítica de Ciencias Sociales y Jurídicas,* n. 34. Accesible a través del enlace: https://revistas.ucm.es/index.php/NOMA/article/view/40744/39063

Ron Latas, R. P. (2021). "Crónica de la jurisprudencia del Tribunal Constitucional sobre Igualdad". *FEMERIS: Revista Multidisciplinar de Estudios de Género.* Vol. 6, núm. 2. Accesible a través del enlace: https://e-revistas.uc3m.es/index.php/FEMERIS/article/view/6145

Suárez Espino, Mª L. (2024). "El Derecho de género en la Unión Europea", en Jiménez Ruiz, J. L. *UNIÓN EUROPEA, o La materia, forma y poder de una organización internacional.* Madrid: Aranzadi-La Ley.

Ylarri, J. S. y Jiménez Ruiz, J. L. (2024). *El Sistema Interamericano de Protección de los Derechos Humanos.* A Coruña: Colex.

BLOQUE V: CONSTITUCIÓN Y DERECHOS EMERGENTES

Capítulo IX. Perspectivas futuras: hacia una Constitución de los derechos humanos

PEDRO JESÚS JIMÉNEZ VARGAS[1]
Contratado Doctor en Ciencias Sociales y Jurídicas
Universidad Internacional de la Rioja

I. INTRODUCCIÓN

Hoy en día, vivimos en un mundo que cambia rápidamente, donde la tecnología está transformando casi todos los aspectos de nuestra vida diaria. Desde la inteligencia artificial hasta las redes sociales, las innovaciones tecnológicas nos ofrecen oportunidades increíbles, pero también traen consigo nuevos desafíos para proteger nuestros derechos fundamentales. En este contexto, la idea de crear una "Constitución de los Derechos Humanos" se vuelve cada vez más importante.

Una Constitución de los Derechos Humanos no solo debería garantizar los derechos básicos que nos corresponden a todos, como el derecho a la privacidad, la libertad o la igualdad, sino que también tendría que adaptarse a los nuevos riesgos que surgen con los avances tecnológicos. La protección de estos derechos no debe quedarse atrás mientras avanzamos hacia

---

[1] Investigador del Proyecto de Innovación Docente Aplicada de UNIR. Referencia: PIDA 2526_050. "La aplicación de la Inteligencia Artificial a las asignaturas de la Facultad de Derecho de UNIR. Acrónimo: EDUCAIA- Educación en Derecho e Inteligencia Artificial".

el futuro. Debemos asegurarnos de que la tecnología, lejos de convertirse en una amenaza para nuestras libertades, sea utilizada para promover el bienestar de todas las personas.

La pregunta que nos planteamos es ¿Cómo construir un marco global que, además de proteger los derechos que ya hemos logrado, pueda adaptarse a los tiempos que vienen? Un marco que asegure que, sin importar dónde estemos, podamos beneficiarnos de las maravillas tecnológicas sin que nuestros derechos sean vulnerados. En un futuro lleno de posibilidades, debemos encontrar una forma de que la tecnología se convierta en un aliado para todos, garantizando que nuestros derechos humanos sean respetados y protegidos en cada paso del camino.

II. LA EVOLUCIÓN DE LOS DERECHOS HUMANOS: TRANSFORMACIONES Y DESAFÍOS CONTEMPORÁNEOS

La evolución de los derechos humanos ha sido una de las transformaciones más significativas en la historia reciente del derecho y la política internacional. Desde la promulgación de la Declaración Universal de los Derechos Humanos en 1948, las naciones del mundo han recorrido un largo camino para reconocer y garantizar la dignidad humana a través de diversas normas y principios. Sin embargo, este proceso no ha sido estático ni uniforme. Ha estado sujeto a las transformaciones sociales, políticas, tecnológicas y ambientales que han moldeado las estructuras de la sociedad global. Con el tiempo, estas dinámicas han creado la necesidad de adaptar y reformar las constituciones nacionales, promoviendo la expansión de los derechos y la incorporación de nuevos principios que reflejen mejor las realidades contemporáneas y las preocupaciones globales. «De allí que actualmente dichos derechos sean titularizados a favor del individuo en sí mismo y en asociación con otros; es decir, son individuales y colectivos» (García Toma 2018, p.29).

En sus inicios, las constituciones se centraban principalmente en derechos fundamentales como la libertad de expresión, la protección contra la discriminación, el derecho a la vida y la libertad. Estos principios eran esenciales para garantizar la igualdad y la dignidad de las personas, especialmente en un contexto marcado por las luchas, por la libertad y los derechos civiles. Sin embargo, con el avance de las sociedades y el surgimiento de nuevos problemas, las constituciones comenzaron a adaptarse, incorporando derechos que antes no se contemplaban. Como manifiesta Rubio Correa (2010) «han ido variando y, normalmente, se han ido ampliando a lo largo de la evolución de la historia en función de los valores y principios políticos, ideológicos, morales y religiosos imperantes o predominantes en una realidad social histórica determinada». Este cambio refleja una comprensión más profunda de la interconexión de los derechos humanos con los desafíos del siglo XXI, como los avances tecnológicos, el cambio climático y las demandas sociales por una mayor equidad.

Un ejemplo claro de esta evolución es la inclusión del derecho a un ambiente sano, un derecho que ha ganado relevancia en las últimas décadas debido a la creciente preocupación por los impactos del cambio climático y la degradación ambiental[2]. Resoluciones del Parlamento Europeo por un lado, y de

---

2 En el contexto de Europa el origen de este Derecho de forma explícita viene recogido en Carta de los Derechos Fundamentales de la Unión Europea Artículo 37: Reconoce explícitamente el derecho a un ambiente sano, declarando que "un alto nivel de protección ambiental y la mejora de la calidad del medio ambiente deben integrarse en las políticas de la Unión". El 28 de julio de 2022, la Asamblea General de las Naciones Unidas reconoció el derecho a un medio ambiente limpio, saludable

Naciones Unidas por otro, han hecho avanzar hacia un mayor reconocimiento y fortalecimiento de este derecho, de hecho, como señala Fernández Egea (2021, p.2), gracias a este fortalecimiento del derecho ambiental «es posible que en algunos años ya no se tenga que recurrir a la constatación de la vulneración de otros derechos fundamentales cuando se produzcan injerencias sobre el medio ambiente, para poder referirse al derecho a un medio ambiente sano, de forma autónoma».

Por otra parte, las crisis ecológicas, como el calentamiento global, la contaminación del aire y del agua, y la pérdida de biodiversidad, han revelado la urgente necesidad de un marco legal que proteja el medio ambiente no solo por su valor intrínseco, sino también por su conexión directa con la salud y el bienestar humano. El derecho a vivir en un entorno saludable ha sido incorporado en las constituciones de algunos países, como Ecuador y Bolivia, Colombia o España, que han adoptado enfoques innovadores al reconocer no solo los derechos de las personas a un ambiente libre de contaminación, sino también los derechos de la naturaleza misma. Ecuador, por ejemplo, fue pionero al incluir en su Constitución de 2008, que la naturaleza tiene derechos propios, estableciendo que los ecosistemas tienen un valor inherente que debe ser defendido. Este enfoque de protección intergeneracional es esencial para asegurar que las generaciones futuras puedan disfrutar de los recursos naturales y de un planeta habitable.

---

y sostenible como un derecho humano. La UE, con un marco jurídico avanzado en esta materia, ha integrado este derecho en sus políticas, destacando la importancia de un medio ambiente saludable para el bienestar social y económico. Se estima que alrededor del 40% de los empleos a nivel mundial dependen de un clima y ecosistemas saludables. (Fuente resolución 76/300 de 28 de julio de 2022 de Naciones Unidas).

Otro derecho emergente que han cobrado gran importancia debido a los avances tecnológicos es el derecho a la privacidad y los derechos digitales. En un mundo cada vez más interconectado, donde las redes sociales, los servicios de mensajería y las plataformas digitales recopilan grandes volúmenes de datos personales, el derecho a la privacidad ha adquirido una nueva dimensión. Como señala Soler Martínez (2022, p.126), «es un derecho humano fundamental o básico que afecta a lo más subjetivo de la persona, su individualidad y sus libertades fundamentales»; indica que «puede contemplarse desde dos puntos de vista: uno negativo o excluyente, según cual la persona no permite o no desea se conozcan ciertos aspectos de su parte más íntima o subjetiva; y otro, de carácter positivo, que permite que la persona pueda tener el control de sus propios datos y consecuentemente exigir su actualización, rectificación, corrección o supresión».

La recolección masiva de datos y el uso indebido de la información personal por parte de gobiernos y corporaciones plantean serias preocupaciones sobre la autonomía individual y la seguridad de las personas. En este sentido, el Reglamento General de Protección de Datos (GDPR) de la Unión Europea se ha convertido en un ejemplo de cómo los marcos legales han comenzado a adaptarse a los desafíos del siglo XXI, garantizando que los ciudadanos mantengan el control sobre sus datos personales. A nivel constitucional[3], algunos países están reconociendo el derecho a la protección de los datos personales, entendiendo que la privacidad no es solo un derecho individual, sino un componente esencial de la libertad y la dignidad humana en la era digital.

---

3 Para Soler Martínez (2022) el artículo 18 de la Constitución Española, establece los tres derechos fundamentales de la privacidad en España: el derecho al honor, el derecho a la intimidad y el derecho a la imagen personal. p.96.

En paralelo, ha comenzado a ganar fuerza un concepto innovador dentro de la teoría de los derechos humanos; "*los derechos de las futuras generaciones*"[4]. Este concepto sostiene que las acciones presentes no deben comprometer el derecho de las generaciones venideras, por ejemplo, a un entorno saludable y a la preservación de los recursos naturales etc. Como sostiene Perdomo Vielma (2022, p.109) lo primero que se debe hacer es: «reconocer los derechos que puedan tener ciudadanos que aún no existen. Eso se puede lograr con acciones específicas como leyes, decretos, acciones políticas y otros aspectos que colaboren en la sensibilización de la población actual en el reconocimiento directo o indirecto de sus derechos». Este enfoque reconoce que las decisiones actuales tienen un impacto directo en las vidas de aquellos que aún no han nacido, generando así una responsabilidad intergeneracional.

Medioambientalmente hablando, la sostenibilidad y la justicia climática son los principios que sustentan este movimiento, promoviendo una ética global de protección a largo plazo. En varios países, del mundo como hemos señalado anteriormente, este concepto ha sido reconocido en las constituciones, asegurando la preservación de los recursos naturales y la protección del medio ambiente como un derecho fundamental, no solo para la generación actual, sino también para todas las futuras generaciones. La crisis del cambio climático, junto con otras crisis globales, ha puesto en evidencia la necesidad de revisar profundamente las constituciones para adaptarlas a las

---

4 Mencionar brevemente que el reconocimiento del derecho de las generaciones futuras no es algo nuevo, realmente data de hace décadas. La Constitución de los Estados Unidos (1787) deja en evidencia la importancia de los beneficios de la libertad para las generaciones futuras. Fuente: *Declaración de Independencia y la Constitución de los Estados Unidos de América, Cato Institute.*

nuevas realidades. Para Rodríguez (2022, p.31) «es el deber que tienen los Estados de adoptar las acciones necesarias para enfrentar los desafíos ambientales, en aras de respetar, promover y garantizar los derechos humanos consagrados en los diferentes instrumentos internacionales y el entorno». El cambio climático no solo afecta el acceso a los recursos naturales esenciales como el agua, el alimento y la vivienda, sino que también puede desencadenar fenómenos como migraciones forzadas, conflictos por recursos y desplazamientos masivos.

La inclusión del derecho al cambio climático y la justicia ambiental en las constituciones representa un paso importante hacia el reconocimiento de que, los derechos humanos y el medio ambiente están profundamente entrelazados. «Las constituciones deben proporcionar marcos legales que promuevan la sostenibilidad y obliguen a los gobiernos a implementar políticas públicas que protejan a las poblaciones más vulnerables frente a los efectos de la crisis climática» (Boyd, D.R. 2012).

Por otra parte, la pandemia de COVID-19, demostró cómo los sistemas constitucionales deben ser lo suficientemente flexibles para responder ante emergencias de salud pública sin comprometer otros derechos fundamentales. La crisis sanitaria global obligó a muchas naciones a priorizar la protección de la salud pública, lo que a su vez implicó restricciones en derechos como la libertad de movimiento y la libre circulación. Estas situaciones han demostrado que las constituciones deben equilibrar las necesidades de la salud pública con la protección de los derechos individuales, y deben contener disposiciones que permitan a los gobiernos responder de manera efectiva a situaciones de emergencia, sin sacrificar principios democráticos fundamentales.

La necesidad de reformas constitucionales más inclusivas, dinámicas y adaptables es cada vez más urgente. Las constituciones del futuro deben ser capaces de reconocer no solo los derechos clásicos que protegían la dignidad humana, sino también los nuevos derechos que emergen de los desafíos contemporáneos. Para Lijpahrt, (2012, p.210), esta lógica «se sustenta en el principio democrático en el cual las decisiones más importantes de la vida política de una sociedad deben residir en los representantes de ésta, donde los órganos legislativos también funcionan como órganos garantes de la Constitución. Esta primera idea estaría complementada con la reforma judicial de manera posterior». Esta reforma debe ser flexible y estar orientada hacia la inclusión, el fortalecimiento de la justicia social y la equidad, además de fundamentarse en la participación democrática de la ciudadanía.

La constitución no puede ser solo un documento técnico; debe ser una herramienta viva y flexible que responda a las realidades de un mundo en constante cambio. Solo a través de un compromiso continuo con la reforma constitucional y la inclusión de nuevos derechos fundamentales se garantizará que las constituciones sigan reflejando los valores que la humanidad busca preservar: dignidad, libertad, equidad y sostenibilidad. Por ejemplo, la Declaración Universal de los Derechos Humanos establece que: «la dignidad y los derechos iguales e inalienables de todos los miembros de la familia humana son la base de la libertad, la justicia y la paz en el mundo» (Naciones Unidas 1948).

El futuro de los derechos humanos y de las constituciones dependerá de nuestra capacidad para adaptarlas a las nuevas realidades sociales, tecnológicas y ambientales. La integración de los derechos de las futuras generaciones, la sostenibilidad, el derecho a un ambiente sano y los derechos digitales debe ser una prioridad en las reformas constitucionales, para que estas no solo respondan a los desafíos del presente, sino que también preparen a las futuras generaciones para un mundo más justo y equilibrado. De este modo, las constituciones seguirán siendo un pilar fundamental en la protección de los derechos humanos, proporcionando un marco legal que garantice el bienestar y la dignidad de todas las personas, tanto las de hoy como las del mañana.

III. LA PARTICIPACIÓN CIUDADANA EN LA REFORMA CONSTITUCIONAL: HACIA UN PROCESO MÁS INCLUSIVO Y DEMOCRÁTICO

La participación ciudadana en los procesos de reforma constitucional es esencial para garantizar que las modificaciones reflejen las necesidades y aspiraciones de toda la sociedad, especialmente necesaria en aquellos Estados en situación de conflicto extremo, donde se generan fracturas o divisiones internas, ya que como sostiene Yash Ghai (2006, p.6)[5] «el proceso de formulación constitucional debe cumplir la función de promover la reconciliación entre los diseñado e implementarse de forma tal que fortalezca la unidad nacional y el sentido de una identidad nacional en común, lo cual no se logrará si no se trata de un proceso inclusivo en el que todos se sientan involucrados, y no solo las partes activamente involucradas en el conflicto. Esto significa que todos los aspectos de la diversidad nacional deberán reconocerse y quedar reflejados en el proceso, incluyendo las diversidades religiosas y lingüísticas».

Una Constitución no debe considerarse solo como un conjunto de normas legales, sino como un pacto social entre el

---

5 Para Ghai, «al momento de diseñar el procedimiento de participación pública, resulta importante tener en cuenta algunos problemas: la manipulación del pueblo por parte de los grupos de interés, la "etnización" de la opinión pública, la espontaneidad y el populismo, así como la desvalorización del papel de los expertos y el entorpecimiento de la construcción de consenso» p.8.

Estado y los ciudadanos, que debe adaptarse a las transformaciones sociales. Un proceso inclusivo fortalece la democracia y garantiza que los derechos de todos estén protegidos en la ley fundamental de la nación. Aunque las reformas constitucionales implican aspectos técnicos, es fundamental que la ciudadanía no solo opine, sino que participe activamente en la creación de una nueva Constitución. Si bien es cierto que en el contexto actual es de vital importancia la participación de los ciudadanos en la reforma constitucional, porque aseguraría que el texto final sea justo, equitativo y representativo, promoviendo la protección de los derechos humanos de todas las personas, como señala Rivera (2016, p.145) «no es menos cierto que la materialización de esa participación no es una tarea fácil ni está exenta de riesgos y problemas que, de no tenerse cuidado, podrían obstaculizar y hasta hacer fracasar el proceso».

Uno de los mecanismos más relevantes para involucrar a la ciudadanía es el referendo. A través de éste, las personas pueden aprobar o rechazar directamente las propuestas de reforma, lo que les otorga un papel decisivo en la construcción de su constitución. Sin embargo, para que este mecanismo sea efectivo, es crucial que las reformas sean explicadas de manera clara y accesible. De igual modo, según Bojórquez (2012, p.166) «es necesario, por parte de los grupos sociales, contar no solo con los recursos económicos, sino con los jurídicos y políticos; de aquí la intervención obligada del Estado para crear las estructuras que canalicen eficazmente la participación social». Un texto legal lleno de tecnicismos no es suficiente; las autoridades deben esforzarse por comunicar las propuestas de forma comprensible para todos. Además, es indispensable garantizar que todos los ciudadanos puedan participar en igualdad de condiciones, evitando la exclusión de grupos vulnerables, como las comunidades rurales, las personas con discapacidad o las minorías étnicas.

Otro mecanismo importante son las asambleas populares o constituyentes. Estas asambleas ofrecen un espacio para el diálogo abierto y democrático, permitiendo la participación directa de la ciudadanía en la redacción de la nueva Constitución. En este proceso, es esencial garantizar la inclusión de grupos históricamente marginados, como comunidades indígenas, mujeres, personas afrodescendientes y otras minorías. Su participación activa asegura que sus derechos sean reconocidos y protegidos en el nuevo texto constitucional. Además, estas asambleas no solo promueven la inclusión, sino que educan a la ciudadanía sobre el proceso, generando un mayor sentido de pertenencia y compromiso con el futuro político del país.

Las consultas públicas son otro recurso valioso para fomentar la participación ciudadana. En palabras de Smith (2009, p.2)[6], se configuran como «dispositivos democráticos que brindan a los ciudadanos un rol formal en decisiones de política, legislativas o constitucionales». Permiten a las personas expresar sus opiniones en diferentes etapas del proceso constitucional, asegurando que las reformas reflejen las preocupaciones y propuestas de la sociedad. Este mecanismo es particularmente importante para amplificar las voces de los sectores más vulnerables, quienes a menudo carecen de poder para influir en las decisiones políticas. Las consultas públicas fortalecen la demo-

---

6 Para Smith «este énfasis en incrementar la participación también es un tema constante dentro de la teoría democrática contemporánea. En los últimos años, han surgido una variedad de perspectivas teóricas que enfatizan el aumento y la profundización de la participación ciudadana en la toma de decisiones políticas. Ejemplos incluyen la democracia participativa (Pateman 1970), democracia deliberativa (Bohman 1998), democracia directa (Saward 1998), democracia de la diferencia (Young 1990) y democracia cosmopolita (Held 1995)» (p.5)

cracia participativa al permitir que todos los ciudadanos sean escuchados y que sus inquietudes sean consideradas en la redacción de la Constitución.

Por otra parte, organizaciones de la sociedad civil, como ONG y movimientos sociales, desempeñan un papel fundamental en este proceso. Estas organizaciones ayudan a movilizar a la ciudadanía, actúan como defensoras de los derechos humanos y aseguran que la reforma constitucional sea inclusiva y equitativa. Además, ofrecen asesoría técnica y legal a las comunidades que no cuentan con los recursos necesarios para participar plenamente en un proceso complejo. Su labor es clave para garantizar que la reforma no sea exclusiva, sino accesible para todos, sin distinciones ni barreras. «Es indispensable que las reformas constitucionales no solo reconozcan los derechos de los grupos históricamente marginados, sino que también garanticen su participación activa en el proceso. Comunidades indígenas, mujeres, personas con discapacidad y otras minorías deben tener un papel central en la reforma, ya que son quienes más necesitan una protección robusta de sus derechos» (Declaración de las Naciones Unidas sobre los Derechos de los Pueblos Indígenas (2007).

Aunque muchas constituciones reconocen formalmente estos derechos, persisten brechas significativas entre lo que la ley establece y la realidad social de estos colectivos. Una reforma transformadora debe cerrar estas brechas, promoviendo la igualdad mediante acciones y políticas públicas concretas. La inclusión de diversas perspectivas en el proceso de reforma podría beneficiar a toda la sociedad, ya que enriquecería el marco legal y lo haría más justo y representativo. Una reforma constitucional inclusiva no solo tendría mayor legitimidad, sino que también sería más efectiva en la protección práctica de los derechos humanos. Una Constitución que refleje las aspiraciones de todos los grupos sociales tiene el potencial de transformar la sociedad, promoviendo la cohesión social y reduciendo las desigualdades persistentes.

La participación ciudadana en los procesos de reforma constitucional es esencial para fortalecer la democracia y garantizar que las reformas sean representativas e inclusivas. Mecanismos como los referendos, las asambleas populares y las consultas públicas permiten que los ciudadanos influyan activamente en la construcción de la constitución, asegurando que ésta respete sus derechos y refleje sus intereses[7]. «Si las personas crean organizaciones para la protección de sus intereses, parece lógico que éstas sean también titulares de derechos fundamentales, en la medida que sirvan para proteger los fines y atender los intereses para los que han sido constituidas» (Claude y Ojeda Maldonado, 2014).

Por lo tanto, debemos concluir señalando que las organizaciones de la sociedad civil desempeñan un rol crucial al garantizar que el proceso sea inclusivo, y al alcance de todos. Una reforma constitucional verdaderamente participativa e inclusiva es un paso clave para construir una sociedad más justa, equitativa y democrática, donde los derechos humanos sean universales y respetados en la práctica. Según Hechavarria Prade (2021, p.84) «la política pública debe asimilar los componentes culturales y sociopolíticos del contexto (los problemas, los valores, inquietudes, necesidades, aspiraciones) como elementos esenciales para su construcción y que, en importante medida, pretende transformar».

---

7 Varios pensadores políticos, como Jean-Jacques Rousseau y John Locke, han defendido la importancia de la participación popular en la creación de leyes y estructuras políticas. Rousseau, en su obra *El contrato social*, propone la soberanía popular como base para la democracia.

IV. EL DESAFÍO GLOBAL: HACIA UNA GOBERNANZA INTERNACIONAL DE LOS DERECHOS HUMANOS

En un mundo cada vez más interconectado y globalizado, los derechos humanos enfrentan desafíos sin precedentes. La rapidez de los cambios sociales, económicos, tecnológicos y ambientales exige una visión global sobre cómo se protegen y promueven los derechos fundamentales de las personas. Problemas globales como el cambio climático, las crisis migratorias, las pandemias o los conflictos bélicos no pueden resolverse de manera aislada por un solo país. Por lo tanto, la necesidad de una gobernanza internacional coherente y coordinada en materia de derechos humanos se hace más urgente que nunca. Como señala Annan (2006, p.287) «los Estados deben asumir la responsabilidad de proteger y, cuando sea necesario, actuar en consecuencia. Esa responsabilidad recae, primordialmente, en cada Estado, cuya principal razón de ser y obligación es proteger a su población».

En un mundo interdependiente, los derechos humanos deben ser una prioridad global, pero también deben respetar las particularidades culturales, históricas y políticas de cada nación. Según Annan (2006), «si las autoridades nacionales no están dispuestas a proteger a sus ciudadanos o no pueden hacerlo, se debe trasladar a la comunidad internacional la responsabilidad de utilizar medios diplomáticos, humanitarios y de otro tipo para ayudar a proteger los derechos humanos y el bienestar de la población civil».

En este contexto, las organizaciones internacionales juegan un papel crucial en la creación de un marco global para garantizar la protección de los derechos humanos. Entre estas, las Naciones Unidas (ONU) destaca como el principal actor internacional en la promoción y protección de los derechos humanos. Desde su fundación en 1945, la ONU ha trabajado incansablemente para fomentar la paz, la justicia y la seguridad, mientras promueve el respeto de los derechos humanos en todo el mundo. Un ejemplo emblemático de este esfuerzo es la adopción de la Declaración Universal de los Derechos Humanos en 1948, que sentó las bases de una serie de tratados y mecanismos internacionales destinados a garantizar la dignidad humana en todas las naciones.

Dentro del sistema de la ONU, existen diversas instituciones dedicadas específicamente a la protección de los derechos humanos. El Consejo de Derechos Humanos, por ejemplo, es un órgano clave en la promoción y defensa de los derechos fundamentales, encargado de monitorear las violaciones y emitir resoluciones y recomendaciones para mejorar la situación de los derechos humanos en los Estados. A pesar de sus esfuerzos, este consejo enfrenta limitaciones en su capacidad para imponer sanciones o tomar acciones directas, ya que su eficacia depende de la voluntad política de los Estados miembros, lo que en ocasiones dificulta la intervención en países que se resisten a aceptar la supervisión internacional (Consejo de Derechos Humanos de la ONU (CDH).

Otra institución importante en el marco global de derechos humanos es la Corte Internacional de Justicia (CIJ)[8;] aunque su papel se centra en la resolución conflictos legales entre los Estados y en la interpretación de tratados internacionales, también desempeña un papel indirecto en la protección de los derechos humanos, ya que puede intervenir cuando un Estado

---

8 La **Corte Internacional de Justicia (CIJ)** es el principal órgano judicial de las **Naciones Unidas** (ONU) y tiene la responsabilidad de resolver disputas legales entre los Estados y emitir opiniones consultivas sobre cuestiones jurídicas internacionales. Fue establecida en 1945 por la **Carta de las Naciones Unidas**, y su sede se encuentra en **La Haya, Países Bajos**.

violador de derechos es llevado ante ella por otro. Sin embargo, su capacidad de actuación es limitada por la disposición de los países a someterse a su jurisdicción.

Además de estas instituciones internacionales, las organizaciones no gubernamentales (ONG) juegan un papel esencial. Movimientos como Amnistía Internacional y Human Rights Watch, junto con muchas otras ONG locales e internacionales, son las encargadas de llevar a cabo investigaciones independientes sobre las violaciones de derechos humanos en diversas partes del mundo. Estas organizaciones no solo denuncian las injusticias, sino que también presionan a los gobiernos para que mejoren sus prácticas y cumplan con los compromisos adquiridos a nivel internacional. De esta manera, las ONG actúan como guardianes de los derechos humanos, dando voz a los silenciados y abogando por un cambio real.

Sin embargo, uno de los mayores obstáculos para la protección global de los derechos humanos es la cuestión de la soberanía nacional. Como señala Epping (1999, p.56) «la soberanía interior de los Estados incluye su autonomía constitucional, el derecho de éstos a autogobernarse». No obstante, cuando se trata de derechos humanos, este principio entra en conflicto con la necesidad de establecer normas internacionales vinculantes que aseguren la protección de los derechos fundamentales en todas las naciones. Muchos países, especialmente aquellos con regímenes autoritarios, ven cualquier intento de intervención o supervisión internacional como una amenaza a su autonomía y control sobre sus propios asuntos internos.

El debate sobre la soberanía nacional frente a la intervención internacional en cuestiones de derechos humanos ha sido especialmente evidente en situaciones como los genocidios en

Ruanda o el conflicto en Sudán[9]. En estos casos, la comunidad internacional fue criticada por su falta de acción decisiva para proteger a las víctimas de violaciones masivas de derechos humanos. Esto plantea una pregunta fundamental: ¿hasta qué punto pueden los países renunciar a parte de su soberanía para permitir que la comunidad internacional actúe en nombre de la protección de los derechos humanos?

El reto está en encontrar un equilibrio entre respetar la autonomía de los países y garantizar que los derechos humanos no sean sacrificados en el altar de la soberanía. En este contexto, el futuro de las constituciones nacionales en un mundo globalizado se presenta como un desafío complejo. A medida que la globalización transforma las relaciones internacionales, las constituciones de los países deben adaptarse a un nuevo marco global en el que los derechos humanos sean reconocidos y protegidos como principios universales (Declaración y Programa de Acción de Viena 1993)[10].

Esto no implica imponer un único modelo, sino buscar una armonización que respete las diferencias culturales, políticas y sociales de cada nación; según Santos y Rodríguez Garavito (2007, p.322) «se necesita construir un marco fluido, una colección de instrumentos heurísticos con los cuales se pue-

---

9 La comunidad internacional fue ampliamente criticada por su falta de acción durante el genocidio de 1994 en Ruanda, donde más de 800,000 personas fueron asesinadas. Documentos como el **Informe de la ONU sobre el Genocidio en Ruanda** analizan cómo el principio de soberanía impidió una intervención oportuna. Fuente: informe de la Comisión Internacional de Investigación sobre Ruanda (ONU 1999).

10 Este documento reafirma la universalidad, indivisibilidad e interdependencia de todos los derechos humanos, y establece un marco para fortalecer su promoción y protección en todo el mundo. Fuente: Declaración y Programa de Acción de Viena (1993).

dan traducir las exigencias de los movimientos sociales en metodologías al servicio de la Constitución». Las constituciones deben reflejar no solo los derechos humanos fundamentales, sino también los contextos históricos y sociales particulares de cada país o Estado, de manera que las normas internacionales se implementen de forma efectiva y respetuosa con las tradiciones locales.

Un modelo que podría ayudar a integrar los derechos humanos internacionales en las constituciones nacionales es la creación de comités de revisión constitucional que involucren tanto a expertos internacionales como a representantes locales. Estos comités podrían colaborar en la adaptación de las constituciones a los principios universales de los derechos humanos, asegurando que las reformas sean coherentes con las obligaciones internacionales de los países, pero también con las realidades nacionales. Así, se podría garantizar que los derechos humanos sean protegidos de manera efectiva, sin que ello implique un choque con las particularidades culturales o políticas de cada país. Este modelo de integración flexible permitiría que las naciones avancen hacia un sistema global más justo, sin perder de vista su identidad propia.

Al incorporar los derechos humanos internacionales de manera gradual y adaptada, los Estados podrían avanzar en su compromiso con la justicia social y la equidad, sin temer a la pérdida de su soberanía. Las reformas constitucionales, si se implementan correctamente, no solo protegerían los derechos fundamentales, sino que también fortalecerían el tejido social de cada nación, creando un entorno en el que los derechos de todas las personas sean respetados, independientemente de su origen o contexto. «De esta manera la reforma conseguirá garantizar la supervivencia de la Constitución cuando los contenidos de ésta abocan al conflicto» (Nebrera 2004, p.151)[11].

Por lo tanto y concluyendo con este apartado, el futuro de los derechos humanos en un mundo interconectado dependerá de cómo los países o Estados logren equilibrar sus obligaciones internacionales con sus sistemas legales nacionales. Si bien la soberanía nacional es un valor fundamental, no debe ser un obstáculo para la protección de los derechos humanos. La creación de un sistema de gobernanza internacional basado en el respeto mutuo y la cooperación será crucial para enfrentar los desafíos del futuro. Solo a través de un compromiso continuo con los principios universales de los derechos humanos y la participación activa de la comunidad internacional, se garantizará un futuro más justo y equitativo para todos.

V. LA INTEGRACIÓN DE LOS DERECHOS HUMANOS EN LAS NUEVAS TECNOLOGÍAS: DESAFÍOS Y OPORTUNIDADES EN LAS CONSTITUCIONES DEL FUTURO

La rápida evolución de las tecnologías digitales ha transformado de manera profunda cómo vivimos, nos comunicamos y participamos en la sociedad. Desde la conectividad global hasta innovaciones en inteligencia artificial y biotecnología, las nuevas tecnologías han abierto un abanico de posibilidades, pero también han creado nuevos desafíos para los derechos

---

11 Para Nebrera «también es cierto, que la ambigüedad total puede resultar peligrosa en el contexto de algunas formas de Estado, pues permite a las fuerzas políticas que se instalan en el gobierno hacer interpretaciones tan laxas que puedan volver a generar (o desaletargar) un conflicto político» (p.151).

humanos; «la tecnología tiene una estrecha relación con los marcos normativos que suelen regular o desregular las dinámicas sociales y comerciales; y en consecuencia, los actores públicos y privados tienen los deberes de respeto, protección y garantía de los derechos humanos, en particular el derecho a la libertad de expresión» (Gutiérrez 2016, p.37).

En este contexto, las constituciones de los Estados, como las cartas fundamentales que protegen los derechos de los ciudadanos, deben adaptarse para hacer frente a estos desafíos y garantizar que la dignidad humana sea protegida en un mundo digital[12]. En este apartado exploraremos cómo las nuevas tecnologías afectan a los derechos humanos, las implicaciones que tienen para las constituciones y las medidas necesarias para equilibrar los avances tecnológicos con la protección de los derechos fundamentales.

Uno de los derechos más profundamente afectados por la tecnología es el derecho a la privacidad y protección de datos; como señala Soler Martínez (2022, p.101) «el derecho fundamental a la protección de datos cobra en el mundo digital no sólo un indudable valor intrínseco, sino también un importante valor instrumental para la garantía de la dignidad y de la libertad, vinculadas a la propia naturaleza humana».

Hoy vivimos en una era en la que la recopilación de datos es un negocio global. Cada clic en una página web, cada interacción en redes sociales e incluso cada movimiento con nuestros

---

12 La dignidad humana es el fundamento de los derechos humanos y se encuentra consagrada en numerosas constituciones y tratados internacionales, como la Declaración Universal de los Derechos Humanos (Art. 1). En el mundo digital, este principio cobra relevancia en contextos como: privacidad y protección de datos personales, o la Identidad y autonomía digital.

teléfonos inteligentes genera datos que pueden ser recopilados, almacenados y utilizados por gobiernos, corporaciones y otras entidades. Aunque como señala Lucena Cid (2019, p.138) «las tecnologías representan una oportunidad para aquellos que trabajan por el respeto, la promoción y la defensa de los derechos humanos, por lo que éstas ofrecen condiciones de posibilidad para que su trabajo sea garantista, eficaz y más relevante desde el punto de vista social, político y jurídico», también pueden convertirse en una amenaza real para nuestra privacidad, libertad y autonomía personal. Sin una regulación adecuada, estos datos pueden ser utilizados para manipular decisiones, influir en opiniones o incluso discriminar.

En muchos Estados, la protección de la privacidad sigue siendo una preocupación secundaria, pero la situación actual exige un enfoque más firme y comprometido. Las constituciones deben adaptarse para reconocer explícitamente el derecho de los ciudadanos a la protección de su información personal, estableciendo límites claros sobre qué datos pueden ser recolectados, cómo pueden ser utilizados, y bajo qué circunstancias pueden ser consultados. En este contexto, a nivel internacional, marcos como el Reglamento General de Protección de Datos (GDPR)[13] de la Unión Europea ofrecen ejemplos de cómo se puede proteger la privacidad digital, aunque este es solo un primer paso en un proceso continuo de adaptación constitucional. Además, las tecnologías emergentes como la inteligencia artificial y el uso de algoritmos para la toma de decisiones están poniendo a prueba los derechos fundamentales de las personas.

Aunque estas herramientas pueden ofrecer eficiencia y precisión, también corren el riesgo de perpetuar o incluso agravar

---

[13] Reglamento General de Protección de Datos (UE) 2016/679 del Parlamento Europeo y del Consejo, de 27 de abril de 2016.

las desigualdades sociales existentes. Por ejemplo, los algoritmos utilizados en sistemas de justicia penal o contratación laboral pueden estar sesgados por datos históricos que reflejan prejuicios raciales, de género o socioeconómicos. Las decisiones tomadas por estos sistemas pueden tener un impacto negativo y desproporcionado sobre comunidades vulnerables, excluyendo a grupos enteros de oportunidades laborales, sociales y educativas. Este fenómeno pone de manifiesto la necesidad urgente de regulación en el uso de la inteligencia artificial para asegurar que los derechos humanos no sean violados a través de la automatización. Las constituciones del futuro deben garantizar que los sistemas de inteligencia artificial sean transparentes, auditables y responsables, evitando que se conviertan en herramientas que perpetúen la discriminación o el abuso de poder. Para ello, será crucial establecer una supervisión regulatoria robusta, tanto a nivel nacional como internacional, que fomente un desarrollo ético y responsable de estas tecnologías. Los gobiernos deben crear un entorno donde los avances tecnológicos no solo busquen la eficiencia, sino también un compromiso ético que priorice la equidad y la no discriminación.

Otro aspecto fundamental en las reformas constitucionales es la cuestión de la accesibilidad digital. Si bien la tecnología tiene el potencial de empoderar a los individuos, también corre el riesgo de excluir a aquellos que no tienen acceso a Internet o a dispositivos adecuados. En palabras de Pont et. al (2022, p.24) «esta "brecha digital" se acentúa en razón de la pobreza, el aislamiento geográfico, las barreras lingüísticas, la falta de conocimientos informáticos y los estereotipos de género discriminatorios». El acceso a Internet y a las herramientas digitales se ha convertido en un derecho esencial para acceder a la educación, la información, la participación política e incluso servicios básicos como la atención médica. Las constituciones deben reconocer explícitamente el derecho a la inclusión digital como un derecho fundamental, garantizando que todos los ciudadanos, independientemente de su contexto social o económico, tengan la oportunidad de participar plenamente en la sociedad digital.

Asegurar el acceso equitativo a las tecnologías digitales no solo es una cuestión de justicia social, sino también una medida para fortalecer la democracia, permitiendo que más personas expresen sus opiniones, participen en debates públicos y accedan a servicios gubernamentales. «Sin acceso equitativo a la tecnología, las sociedades corren el riesgo de crear nuevas formas de exclusión y marginalización» (Comisión de Ciencia y Tecnología para el Desarrollo ONU)[14].

Un dilema clave que enfrentan las constituciones en la era digital es la libertad de expresión, un derecho fundamental que debe ser protegido, pero que también puede ser sujeto de abuso en el entorno digital. Las redes sociales, los foros en línea y otras plataformas digitales han proporcionado un espacio sin precedentes para el intercambio de ideas y la libertad de expresión. Sin embargo, también han generado amenazas

---

14 Naciones Unidas insta a que la infraestructura de la tecnología de la información y las comunicaciones es fundamental para alcanzar el objetivo de la inclusión digital y que la brecha digital persiste entre distintos grupos de ingresos, grupos de edad, zonas geográficas y entre los géneros y, por consiguiente, recuerda su adhesión a la meta 9.c de la Agenda 2030, que llama a aumentar significativamente el acceso a la tecnología de la información y las comunicaciones y a esforzarse por proporcionar acceso universal y asequible a Internet en los países menos adelantados para 2020, y, a ese respecto, observa la importancia de la Agenda Conectar 2030 de las telecomunicaciones/tecnologías de la información y la comunicación mundiales, incluida la banda ancha, para el desarrollo sostenible; Fuente: Comisión de Ciencia y Tecnología para el Desarrollo Informe sobre el 26° período de sesiones (27 a 31 de marzo de 2023) (p.9)

como la propagación de noticias falsas, discursos de odio y desinformación, que pueden tener consecuencias devastadoras para las democracias y la cohesión social. Según Marchal González (2022, p.9) «Esta situación de vulnerabilidad, de la cual se aprovechan las acciones de desinformación anteriormente mencionadas, se ve potenciada por el uso de las tecnologías de la información y comunicación»

En este contexto, la cuestión es cómo proteger la libertad de expresión en línea sin permitir que se abuse de este derecho para dañar a otros. Las constituciones deben equilibrar la protección de la libertad de expresión con la necesidad de regular el discurso en línea para evitar incitaciones al odio, la violencia o la discriminación; «cualquier limitación a este derecho debe estar establecida por la ley y ser necesaria en una sociedad democrática para proteger otros bienes jurídicos, como la dignidad de las personas o el orden público» (Marchal González 2022, p.35).

Al mismo tiempo, los gobiernos no deben utilizar el control de las plataformas digitales para limitar voces disidentes o críticas. En lugar de censurar, se deben crear marcos regulatorios que promuevan la responsabilidad en el uso de las plataformas digitales y el respeto a los derechos humanos, tanto de los emisores como de los receptores del mensaje. A su vez, el uso de la tecnología para la gobernanza pública plantea nuevos retos para las constituciones. Las plataformas digitales ya juegan un papel clave en la administración pública, la toma de decisiones políticas e incluso en las elecciones. Sin embargo, el aumento de la dependencia de la tecnología y el análisis de datos en la gestión pública presenta riesgos relacionados con el control social y la manipulación.

Las reformas constitucionales deben ser lo suficientemente flexibles como para regular el uso de la tecnología en la gobernanza, asegurando que no se infrinja el derecho a la privacidad, la libertad de expresión o la igualdad. Además, debe garantizarse la transparencia en el uso de los datos y las decisiones tecnológicas, asegurando que los ciudadanos tengan acceso a la información sobre cómo se utilizan sus datos y cómo se toman las decisiones en el ámbito digital.

A medida que avanzamos hacia un futuro digitalizado, las constituciones del futuro deben ser vistas como documentos vivos, capaces de adaptarse a los avances tecnológicos y a los nuevos retos que surgen con ellos. En palabras de Jiménez Vargas (2023, p.133) «existe una necesidad urgente de abordar la formulación de políticas de manera multidisciplinaria e involucrar a expertos en ética y leyes sociales en los equipos de toma de decisiones para ayudar a poner los temas de derechos humanos en el centro de la toma de decisiones». El papel de la tecnología en la vida de los ciudadanos está aumentando de manera exponencial, y las constituciones deben estar a la altura de esta realidad, protegiendo los derechos humanos de manera efectiva en el ciberespacio. Esto implica no solo reconocer los derechos digitales de las personas, sino también crear un marco regulatorio que proteja a los individuos de los abusos tecnológicos y garantice la inclusión y la equidad.

Finalmente, la gobernanza global de los derechos humanos, especialmente en el ciberespacio, también debe ser un objetivo clave, ya que la naturaleza transnacional de la tecnología requiere acuerdos internacionales sólidos que aseguren que los derechos humanos sean respetados y protegidos más allá de las fronteras nacionales. Solo a través de una integración efectiva de los derechos humanos en las nuevas tecnologías y la cooperación internacional podremos garantizar un futuro digital en el que los avances tecnológicos beneficien a toda la humanidad y no solo a unos pocos.

VI. CONCLUSIONES

En un mundo en constante transformación, las constituciones deben ser más que simples textos legales; deben convertirse en instrumentos vivos que reflejen los valores, derechos y aspiraciones de la sociedad. Adaptarse a los desafíos contemporáneos es esencial para garantizar que los derechos humanos sigan siendo un pilar fundamental de la dignidad y el bienestar de las personas. Desde esta perspectiva, nos permitimos extraer las conclusiones de este análisis que resaltan la importancia de evolucionar hacia marcos normativos inclusivos, sostenibles y profundamente conectados con las realidades globales y locales:

Las constituciones contemporáneas enfrentan el desafío de adaptarse a los cambios sociales, tecnológicos y ambientales del siglo XXI para garantizar una protección efectiva de los derechos humanos. La evolución de estos derechos refleja una expansión hacia nuevas áreas como el derecho a un ambiente sano, la privacidad digital y los derechos de las futuras generaciones, adaptándose a problemáticas como la crisis climática y la revolución tecnológica. En este contexto, las constituciones deben ser dinámicas y flexibles, equilibrando la protección de los derechos fundamentales con la capacidad de responder a emergencias globales, como pandemias y desastres ambientales, sin comprometer principios democráticos.

La participación ciudadana es clave en los procesos de reforma constitucional, fortaleciendo la democracia e impulsando la inclusión de todos los sectores sociales. Mecanismos como referendos, asambleas populares y consultas públicas garantizan que las reformas reflejen las necesidades reales de la población y aseguren la representación de grupos históricamente marginados. Por otro lado, la globalización plantea la necesidad de armonizar los derechos humanos internacionales con las particularidades nacionales, respetando la soberanía de los Estados mientras se promueve una gobernanza internacional efectiva para abordar desafíos transnacionales como las migraciones forzadas y el cambio climático.

En la era digital, las constituciones deben abordar los nuevos desafíos que plantea la tecnología, incluyendo la protección de la privacidad, la equidad en el acceso a herramientas digitales y la regulación ética de sistemas como la inteligencia artificial. Estos avances tecnológicos deben integrarse bajo principios de transparencia y justicia para evitar perpetuar desigualdades o abusos. Finalmente, este capítulo destaca la importancia de concebir las constituciones como herramientas vivas y adaptativas, capaces de preservar valores esenciales como la dignidad y la igualdad, mientras enfrentan los desafíos contemporáneos de manera inclusiva, sostenible y orientada hacia el bienestar de las generaciones presentes y futuras.

El fortalecimiento de la participación ciudadana en los procesos de reforma constitucional es crucial para garantizar que las leyes fundamentales reflejen las aspiraciones y necesidades de toda la población. Mecanismos democráticos como referendos, consultas públicas y asambleas populares no solo aseguran una representación inclusiva, sino que también fomentan la cohesión social y la legitimidad de las reformas. A nivel global, los derechos humanos requieren de una gobernanza internacional que combine el respeto a las soberanías nacionales con la implementación de normas universales para enfrentar problemas transnacionales como las crisis humanitarias y ambientales.

Finalmente, el avance tecnológico demanda una regulación clara y justa que garantice la privacidad, la equidad y el acceso universal a las tecnologías digitales. En este sentido, las constituciones deben prever salvaguardas frente a la discriminación algorítmica y la manipulación de datos personales, promoviendo un desarrollo tecnológico ético y responsable. De este modo, las constituciones deben ser documentos vivos, capaces de adaptarse a un mundo en constante cambio, equilibrando la protección de los derechos fundamentales con la innovación y las exigencias del futuro, en un marco de equidad, sostenibilidad y justicia social.

Bibliografía

BOJÓRQUEZ, J. (2012). Derecho constitucional y participación ciudadana. Editorial Porrua.

BOYD, D.R. (2012). "*The Environmental Rights Revolution: A Global Study of Constitutions, Human Rights, and the Environment". Law and society series,* pp. 3-15.

Claude Tron, J.; Ojeda Maldonado, F. (2014). ¿Son las personas jurídicas titulares de derechos humanos?, en Fajardo Morales A., et al. (Coord.) *Personas jurídicas y derechos humanos: un debate sobre la titularidad de los derechos humanos,* Coordinación de Derechos Humanos y Asesoría de la Presidencia de la Suprema Corte de Justicia de la Nación, México, pp.21-51.

EPPING, V. (1999), Völkerrechtssubjekte, en K. IPSEN (ed.), Völkerrecht, 4ª ed., C. H. Beck, München, pp. 51-91.

FERNÁNDEZ EGEA, Rosa María. (2021). "Jurisprudencia ambiental internacional (2° semestre de 2021)". *Revista Catalana de Dret Ambiental,* vol. 12, n°. 2.

GARCÍA TOMA, V. (2019). "La dignidad humana y los derechos fundamentales". *Derecho & Sociedad,* (51), pp. 13-31.

RODRÍGUEZ, Gloria Amparo (2022). Fundamentos del derecho ambiental colombiano [Bogotá] Friedrich-Ebert-Stiftung. Fescol, 571 páginas.

GHAI, Yash, (2006). La Asamblea Constituyente en la elaboración de la Constitución Política, Idea Internacional, Estocolmo – Suecia. 41 páginas.

GUTIÉRREZ. P- (2016). "Desafíos que enfrenta la libertad de expresión e información en el entorno digital". *Revista de Derechos Humanos Dfensor.*6. pp. 37- 41.

HECHAVARRIA PRADE, O. (2021). "Los sujetos activos del derecho de participación ciudadana en las políticas públicas" *DAAPGE* Vol. 21, N° 37, 2021, pp. 81-94. UNL, Santa Fe, Argentina.

IBÁÑEZ MACÍAS, A. (2021). "Identificando derechos fundamentales en la Constitución española". *Derechos y libertades: Revista de Filosofía del Derecho y Derechos Humanos,* (44), pp. 277-315.

JIMÉNEZ VARGAS, P.J. (2023). Comercio electrónico y economía digital: fiscalidad, retos y desafíos. Aranzadi.

KOFI ANNAN (2006). "Un concepto más amplio de la libertad: desarrollo, seguridady derechos humanos". *Informe del secretario general de Naciones Unidas*; pp. 285-310.

LIJPHART, Arend (2012). Modelos de democracia: formas de gobierno y resultados en 36 países. 1ªed. – Barcelona: Ariel, 315 páginas.

LUCENA CID, I. V. (2019). "Las Nuevas Tecnologías y su impacto en los Derechos Humanos. Hacia un nuevo enfoque". *Cuadernos Electrónicos de Filosofía del Derecho*, (40), pp. 128 -146.

MARCHAL GONZÁLEZ, A. N. (2023). "La necesidad de un nuevo tipo delictivo: La desinformación como una amenaza para el orden público". *Boletín Criminológico*, (29).

NEBRERA, M. (2004). "La reforma como garantía de la Constitución en el Estado de Derecho". *Derecho & Sociedad*, (22), pp. 149-161.

PERDOMO VIELMA, J. L. (2022). "Los derechos de las generaciones futuras desde la perspectiva del Bienestar Sustentable como mecanismo de justicia y acción por el futuro". *Cadernos de Dereito Actual*, nº18, pp. 107-156.

PONT, A; Passera, M.A.; y Castilla, K. (2022). "Impactos de las nuevas tecnologías en los derechos humanos". *Institut de Drets Humans de Catalunya*. 72 páginas.

RIBERA, S,J.A. (2016). La participación ciudadana en los procesos constituyentes. Memoria XII Congreso Iberoamericano de Derecho Constitucional: El diseño institucional del estado democrático, pp. 137-157.

RUBIO CORREA, M. (2010). "Los derechos fundamentales en la jurisprudencia del Tribunal Constitucional". (1a ed.). *Fondo Editorial*. PUCP.

SANTOS, B. de S., & Rodríguez Garavito, C. (2007). El derecho y la globalización desde abajo: hacia una legalidad cosmopolita. Anthropos.

SMITH, Graham (2009). Democratic innovations: designing institutions for citizen participation (Theories of Institutional Design), Cambridge, GB. Cambridge University Press, 230 páginas.

SOLER MARTÍNEZ, J.A. (2022). "Protección constitucional de la intimidad y de los datos de carácter personal frente a las nuevas tecnologías". *Anuario de Derecho Canónico* 11, pp. 93-126.

Capítulo X. Salud planetaria: retos y componentes para garantizar el derecho constitucional y humano a la salud y al bienestar

LUIS FELIPE GRANADA AGUIRRE
Universidad Icesi

I. ECOLOGÍA Y MEDIO AMBIENTE

Para comprender la relación entre salud y ambiente, primero, es relevante entender que el planeta es un sistema en equilibrio (entropía) de sus medios ambientales: el aire (atmosfera), el suelo (litosfera), el agua (hidrosfera), sus especies (biosfera) y el hombre (antroposfera). Segundo, que la ecología estudia las relaciones entre los seres vivos y de estos con el entorno[1] y finalmente, que un ecosistema es una red intrincada de relaciones e interrelaciones en las que intervienen otros organismos y ambientes inorgánicos que los rodean[2] (figura 1).

Esto significa, que un ecosistema es el espacio físico (hábitat) donde las especies cumplen su función (nicho ecológico) y su ciclo de vida (nacen, crecen, se reproducen y mueren) y que sus características dependen de factores físicos como la

---

1 Olivares, P. (2023). Derecho y economía azul desafíos para su implementación. Editorial Aranzadi. Página 105.

2 Granada, L., Álvarez, N., & Afanador, M. (2018). Lineamientos para la implementación de una filosofía de gestión ambienta.l Página 27.

temperatura, humedad, presión atmosférica, pluviometría, radiación solar entre otros que influyen en la materia (biomasa y ciclos biogeoquímicos) y en la organización de las especies (cadena trófica). Bajo este explicación, el progreso de la humanidad ha sido apoyado por los sistemas ecológicos y biofísicos de la Tierra (servicios ecosistémicos) [3].

Figura 1. Medios ambientales y servicios ecosistémicos.

Fuente. Adaptado de Granada, Álvarez y Afanador, 2018. Página, 38; Whitme et. Al (2015). Página 1976.

---

3 Whitme et al. (2015). Safeguarding human health in the Anthropocene epoch: report of The Rockefeller Foundation–Lancet Commission on planetary health. Página 1976.

Por lo tanto, el desorden que dicho progreso ha generado en los ecosistemas está alterando el equilibrio natural de los mismos (entropía), es decir, el flujo de la energía proveniente del sol aporta a la generación y sostenibilidad de la biomasa y de la cadena trófica y por ende de los ecosistemas y hábitats. Esto simboliza, que las presiones sobre los sistemas biofísicos de la tierra afectan el crecimiento y florecimiento de los seres que dependen de la calidad de las condiciones naturales del ecosistema.

Figura 2. Límites del planeta

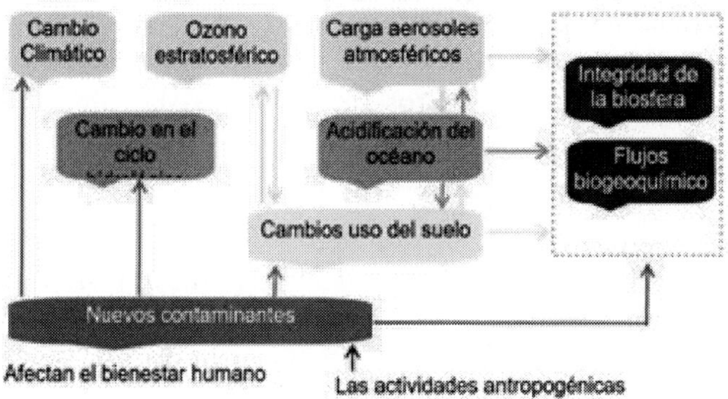

Fuente. Adaptado de; Whitme et. Al (2015) página 1979.

Algunos cambios en estos sistemas se manifiestan a escala mundial, regional y local como el climático[4] y la pérdida de biodiversidad respectivamente que podrían producir una respuesta rápida, no lineal y potencialmente irreversible en el ambiente del planeta que sería perjudicial para el derecho a la salud y el bienestar humano. Ante estas circunstancias se han definido un marco conceptual que evalúa el estado de nueve procesos esenciales

---

4 Romanello et al. (2024). The 2024 report of the *Lancet* Countdown on health and climate change: facing record-breaking threats from delayed action. Página 1848.

para el equilibrio del planeta (entropía) denominados límites planetarios (*planetary boundaries)* presentados en la figura 2[5].

Consecuentemente, la estabilidad y la resiliencia del sistema tanto de los medios ambientales de la Tierra y del bienestar humano están inseparablemente unidos, pero sus interdependencias no suelen reconocerse suficientemente, por lo que a menudo se tratan de forma independiente[6]. Dicho esto, este capítulo tiene como objetivo identificar desde el punto de vista del concepto de la salud pública, la salud ambiental, una salud y la salud planetaria los retos y los componentes que desde la salud planetaria existen para garantizar la estabilidad y la resiliencia de los ecosistemas ante los cambios ambientales (sistemas terrestres) y sus efectos sanitarios en la salud humana[7] (riesgo por exposición).

Lo anterior representa, que es necesario cuantificar los límites para conocer que tan seguros y justos son para la estabilidad y la resiliencia[8] de los ecosistemas (justicia interespecie), actuales (justicia intrageneracional) y futuros (justicia intergeneracional)[9] para definir las estrategias y las áreas

---

5 Whitme et. al. (2015). Safeguarding human health in the Anthropocene epoch: report of The Rockefeller Foundation–Lancet Commission on planetary health. Página 1979.

6 Rockström et al. (2023). Safe abd justEarth system boundaries. Página 1.

7 Hartiger, S (2024). The 2023 Latin America report of the Lancet Countdown on health and climate change: the imperative for health-centred climate-resilient development. Página 6.

8 OPS (2022). Las funciones esenciales de la salud pública ambiental. Página 1.

9 Rockström et al. (2023). Safe abd just Earth system boundaries. Página 1.

temáticas en el caso de la Américas[10] y para estimular la voluntad social y política europea para poner en práctica la rápida respuesta de la salud frente a las acciones de adaptación a dichos cambios[11] y cumplir con el derecho constitucional y humano a la salud y al bienestar.

II. SALUD PÚBLICA, SALUD AMBIENTAL, UNA SALUD Y SALUD PLANETARIA

Salud pública

La salud pública (*public health*) es el conjunto de actividades organizadas por las Administraciones Públicas, con la participación de la sociedad, para prevenir la enfermedad, así como para proteger, promover y recuperar la salud individual y colectiva de las personas mediante acciones sanitarias, sectoriales y transversales[12]. Sin embargo, los sistemas de salud en atención primaria se han centrado en el tratamiento de enfermedades individuales, en lugar de intervenir en los determinantes de la salud mediante la adopción de modelos de atención primaria con infraestructuras y capacidades insuficientes para abordar los desafíos sanitarios relacionados con la contaminación ambiental de acuerdo con las características físicas, químicas y

---

10 OPS (2022). Las funciones esenciales de la salud pública ambiental. Página 6.

11 Van Daalen et al. (2024). The 2024 Europe report of the Lancet Countdown on health and climate change: unprecedented warming demands unprecedented action. Página 495.

12 Ministerio de Sanidad y Ministerio para la Transición Ecológica y el Reto Demográfico (2023). *Plan Estratégico de Salud y Medioambiente de España.* Página 13.

biológicas de los territorios (ecosistema) y a los determinantes de la salud según lo establecido en el Artículo 19 de la Ley 33 de 2011 General de Salud Pública en España[13] presentados en la tabla 1.

Tabla 1. Determinantes de la salud.

Determinante
El entorno familiar
La educación
Los bienes materiales
Las desigualdades sociales y económicas
El acceso al trabajo y su calidad
El diseño y los servicios de las ciudades y barrios
La calidad del aire, agua y alimentos
Los animales de compañía
El ejercicio físico
El entorno social y ambiental de las personas
Estilos de vida

Fuente. Adaptado de Ley 33/2011, de 4 de octubre, *General de Salud Pública en España.* Artículo 19.

Luego, es evidente que las actitudes y comportamientos individuales y grupales adoptados frente a los distintos estilos de vida dependen de las características biológicas de cada individuo, de las circunstancias del entorno y de la comunidad a lo largo de las diferentes etapas de la vida[14]..

Presentemente, el abordaje eficaz y eficiente de los determinantes ambientales de la salud por parte del sector de la

---

13 Ley 33/2011, de 4 de octubre, *General de Salud Pública en España.* Artículo 19.

14 Egea-Ronda (2023). Estilos de vida, sostenibilidad y salud planetaria. Página 107.

salud pública y otras entidades responsables conlleva una serie de actividades. Estas incluyen la generación de datos y la realización de evaluaciones de la salud y el medioambiente, la formulación y ejecución de políticas para reducir las exposiciones medioambientales nocivas y promover la sostenibilidad medioambiental, y la asignación de recursos humanos, financieros y técnicos suficientes[15].

Para ello, la Organización Panamericana de la Salud (OPS) incluye once funciones que se dividen en cuatro etapas integradas del ciclo de las políticas en materia de salud pública: evaluación, formulación de políticas, asignación de recursos y acceso. El carácter integrado de estas etapas del ciclo de las políticas tiene por objeto promover un enfoque institucional más coherente, coordinado y amplio de la protección y promoción de la salud pública en el que participen todos los actores pertinentes[16] (tabla 2).

Salud ambiental

El concepto de salud ambiental (*environmental health*), se refiere a la ciencia que identifica las fuentes y los riesgos ambientales de agentes peligrosos en el aire, el agua, el suelo, los alimentos u otros medios ambientales y evalúa y controla sus efectos adversos sobre la salud ecológica y humana[17].

---

15 OPS (2022). Las funciones esenciales de la salud pública ambiental. Página 2.

16 Ibid. Página 3.

17 Xiaona et al. (2022). Roadmap of environmental health research on emerging contaminants Página 182.

Tabla 1. Las funciones esenciales de la salud pública ambiental.

Etapa del ciclo de las políticas	Funciones esenciales	
	Salud pública	Salud pública ambiental
Evaluación	1. Seguimiento y evaluación de la salud y el bienestar, la equidad, los determinantes sociales de la salud y el desempeño de los sistemas de salud	Seguimiento y evaluación de la salud y el bienestar, la equidad y los determinantes sociales de la salud para determinar su impacto sobre la salud pública ambiental
	2. La vigilancia en la salud pública, el control y la gestión de los riesgos para la salud y las emergencias	Vigilancia en la salud ambiental de los peligros y las exposiciones ambientales, los riesgos para la salud y las medidas de gestión de riesgos
	3. Promoción y gestión de la investigación y el conocimiento en el ámbito de la salud	Promoción y gestión de la investigación y el conocimiento en el ámbito de la salud ambiental
Formulación de políticas	4. Formulación e implementación de políticas de salud y promoción de legislación que proteja la salud de la población	Formulación e implementación de políticas de salud ambiental y promoción de legislación que proteja la salud ambiental de la población
	5. Participación y movilización social, inclusión de actores estratégicos y transparencia	Participación y movilización social para promover la comunicación y la acción sobre los determinantes ambientales de la salud
Asignación de recursos	6. Desarrollo de recursos humanos para la salud	Desarrollo de recursos humanos para la salud pública ambiental
	7. Asegurar el acceso y el uso racional de medicamentos y otras tecnologías sanitarias esenciales de calidad, seguros y eficaces	Uso y gestión de medicamentos y tecnologías sanitarias esenciales de manera ambientalmente segura y sostenible para proteger la salud pública
	8. Financiamiento de la salud eficiente y equitativo	Financiamiento de la salud pública ambiental eficiente y equitativo
Acceso	9. Acceso equitativo a servicios de salud integrales y de calidad	Acceso equitativo a establecimientos de salud que sean resilientes al clima y ambientalmente sostenibles
	10. Acceso equitativo a intervenciones que buscan promover la salud, reducir los factores de riesgo y favorecer los comportamientos saludables	Acceso equitativo a intervenciones de salud pública ambiental que promuevan la salud, reduzcan los factores de riesgo y promuevan los comportamientos saludables
	11. Gestión y promoción de las intervenciones sobre los determinantes sociales de la salud	Inclusión de la dimensión de la salud pública ambiental en la gestión y promoción de intervenciones sobre los determinantes sociales de la salud
Pilares: aplicar valores éticos; abordar las condiciones sociales; garantizar el acceso; expandir la rectoría		

Fuente. OPS (2022) página 6.

Con base en lo anterior, se puede decir que la salud ambiental tiene como funciones la identificación, la evaluación, la gestión y la comunicación de los riesgos para la salud que puedan derivarse de los condicionantes ambientales; la vigilancia de los procesos físicos; químicos y biológicos y de las situaciones ambientales que afectan o pueden afectar a la salud. Consiguientemente, el riesgo derivado de las situaciones ambientales se puede evaluar mediante la exposición (fuente, contaminante, medio de dispersión y efecto) y el riesgo (punto de emisión, nivel de concentración, frecuencia y vía de exposición a la sustancia).

Lo que significa, que la salud ambiental tiene una visión territorial y sectorial donde las intervenciones del Gobierno en materia de prevención, manejo, control sanitario y ambiental serán evaluadas tomando en consideración los criterios y las dinámicas espaciales y temporales de las fuentes de emisión y sus contaminantes en el territorio, a través del reconocimiento, evaluación y control de los procesos físicos; químicos y biológicos del ambiente que influyen en la salud y el bienestar[18] de los hábitats que están sometidos a responsabilidad medioambiental según la Ley 26/2007 de 23 de octubre en España.

En el caso de España los seis ejes transversales propuestos por *Plan Estratégico de Salud y Medioambiente de España* (PESMA) en materia de salud ambiental se presentan en la tabla 3. Entre tanto, la tabla 4 detalla los cuatro bloques y las 14 áreas de la salud ambiental establecidos por el PESMA[19].

---

18 Granada, L. (2024). Derecho a la salud ambiental: calidad del aire y cambio climático. Página 225.

19 Ministerio de Sanidad y Ministerio para la Transición Ecológica y el Reto Demográfico (2023). *Plan Estratégico de Salud y Medioambiente de España.* Página 60.

Tabla 3. Ejes transversales del PESMA.

Ejes transversales	
Equidad	Enfoque de género
Transparencia	Salud en todas las políticas
One Health	Sostenibilidad

Fuente. PESMA (2023).

Tabla 4. Bloques y áreas temáticas del PESMA.

Cambio climático y salud
Riesgo del clima
Temperaturas extremas
Calidad del aire
Calidad del agua
Vectores transmisores de enfermedades
Contaminación
Productos químicos
Residuos
Contaminación industrial
Radiaciones
Radioactividad natural
Campos electromagnéticos
Radiación ultravioleta
Hábitat y salud
Ruido
Calidad de ambientes interiores
Ciudades saludables

Fuente. PESMA (2023).

Una salud

Con el fin de abordar la evaluación y el control de los efectos sanitarios y ambientales de una manera integrada el concepto de una salud (*One Health*), en el PESMA reconoce que la salud humana está íntimamente conectada con la salud del planeta, todos los seres vivos, los ecosistemas, el ambiente y los impulsores sistémicos pertinentes[20], en este sentido, se entiende el concepto de una salud como el enfoque unificador que tiene como objetivo balancear y mantener de manera sostenible la salud de las personas (salud humana), los animales (salud animal) y los ecosistemas (salud ambiental)[21] (tabla 5).

Tabla 5. Enfoques de una salud.

One Health		
Salud Humana	Salud Animal	Medio Ambiente
Determinantes sociales	Ganadería intensiva	Cambio climático
Dieta	Vectores de enfermedades	Contaminación del agua
Movimiento de poblaciones		Contaminación atmosférica
Seguridad alimentaria		Deforestación
Antibióticos y otros antimicrobianos		Pérdida de biodiversidad

Fuente. Instituto de Salud Global (2024)[22].

20 Ministerio de Sanidad y Ministerio para la Transición Ecológica y el Reto Demográfico (2023). *Plan Estratégico de Salud y Medioambiente de España.* Página 13.

21 Montijo et al (2023). One Health. One Health, What is it? How is it useful Página 18-19.

22 Instituto de Salud Global (2024). La salud humana y animal son interdependientes.

Salud planetaria

El reconocimiento que hace el PESMA respecto a la relación íntima de la salud humana con la salud del planeta se puede definir a la salud planetaria (*Planetary health*): como la salud de la civilización humana y el estado de los sistemas naturales de los que depende. La emisión de dicho concepto coincide con la propuesta de los Objetivos de Desarrollo Sostenible en el año 2015 por parte de Naciones Unidas. Seguidamente, la figura 3 presenta la relación de los ODS con el componente ambiental (A), social (S) y económico (E).

Figura 3. Objetivos de Desarrollo Sostenible

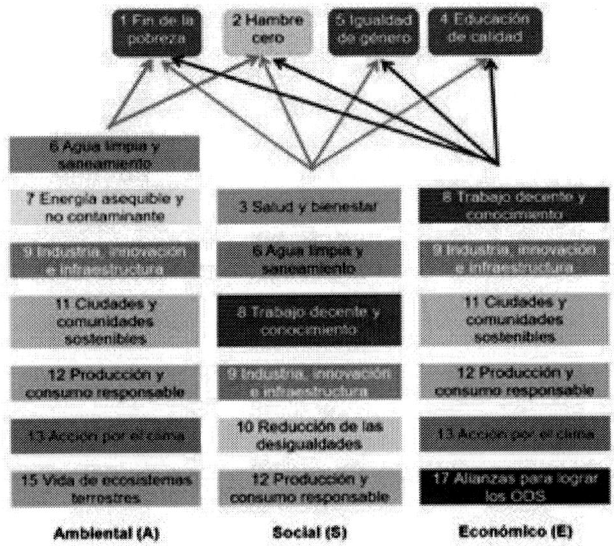

Fuente. ONU ODS (2015)

No obstante, la Alianza para la Salud Planetaria redefinió la salud planetaria en el marco de la pandemia COVID19 como: un campo transdisciplinario orientado a soluciones y un movimiento social centrado en analizar y abordar los impactos de las alteraciones humanas a los sistemas naturales de la Tierra sobre la salud humana y toda la vida en la Tierra[23], en otras palabras, es la consecución del nivel máximo de salud, bienestar y equidad en todo el mundo respetando los límites de los sistemas naturales de la Tierra mediante la integración de varios sistemas humanos (políticos, económicos y sociales)[24].

Ahora, Egea-Ronda y del Campo (2023) definen a la salud planetaria como la salud humana en el medio en el que vivimos, que, a su vez, está influida por la biología humana, el sistema de salud, el estilo de vida y el medio ambiente. Es un campo centrado en el estudio de las interrupciones causadas por el ser humano en los sistemas naturales de la Tierra (entropía e impacto ambiental) y los impactos resultantes en salud pública (morbi-mortalidad), cuyo objetivo es desarrollar y evaluar soluciones basadas en evidencia para proteger un mundo equitativo, sostenible y saludable[25].

Ante la situación ambiental, social y económica que actualmente está representada en las desigualdades e inequidades dentro y entre países en esta materia han generado: una educación de baja calidad, desempleo, pobreza, inseguridad alimentaria, inadecuada planificación familiar, desorden cultural y en el turismo, individualismo, consumismo e incremento de la violencia (guerra y el creciente interés de las grandes potencia por el armamentismo), delincuencia y

---

23 Ruíz de Castañeda et al. (2023). Una Salud y la investigación en salud planetaria: aprovechar las diferencias para crecer juntos. Página 109.

24 O' Callaghan (16 02 22). Cristina. Cinco conceptos para entender el nuevo paradigma de salud planetaria.

25 Egea-Ronda. (2023). Estilos de vida, sostenibilidad y salud planetaria. Página 107.

desplazamiento interno y externo (emigración) por causas ambientales, sociales y económicas[26].

Esto evidencia la urgencia, la complejidad y la interdisciplinariedad de los problemas a resolver desde local para reducir los cambios globales en el marco de la sostenibilidad ambiental, social y económica, es decir, una buena salud local y planetaria está directamente ligada con las condiciones del ecosistema, sociales y económicas y bajo estos escenarios, la salud planetaria dependerá de las condiciones propuestas en la tabla 6.

Tabla 6. Condiciones para una buena salud local y planetaria.

Del nivel de pobreza y hambre (seguridad alimentaria, vivienda, educación)
Del sistema de salud y del bienestar (calidad, oportunidad y acceso) (S)
De la calidad, oportunidad y acceso a la educación (S)
De la equidad de género
Del acceso a acueducto, alcantarillado y gestión de residuos y energía (A)
De nivel de trabajo justo (S) y crecimiento económico (growth economy) (E)
De la existencia de industrias e infraestructuras sostenibles (A) (E)
La reducción de las inequidades
Del nivel de sostenibilidad de las ciudades y comunidades (A) (E)
De una producción y consumo responsable (A) (E)
De las acciones locales, nacionales y globales climática (A)
Del cuidado del medio acuático y la vida en la Tierra (A)
De la paz, justicia y empoderamiento institucional (E)
Del compromiso político y económico local, nacional y global (E)

Fuente. Adaptado de Alvarez, Cristina et. Al. (2022) 27.

---

26 Granada, L. (2024). Derecho a la salud ambiental: calidad del aire y cambio climático. Página 220.

27 Álvarez et al. (2022). Salud planetaria: educación para una atención sanitaria sostenible. Página 353.

III. RETOS DE LA SALUD PLANETARIA

Hoy por hoy, la diversidad y el incremento constante de las interacciones y reacciones entre animales, plantas, agua, suelo, aire y otros seres vivos con el entorno ha generado nuevas y complejas adaptaciones. Por otro lado, la salud física y mental está influida no solo por la forma en que el ser humano interactúa en su contacto social, sino por cómo se trata al medio ambiente (relaciones) y sus consecuencias[28] como el agotamiento de los recursos naturales que provocará un estancamiento permanente del crecimiento económico si la expansión económica supera el límite de los recursos naturales disponibles, tal como lo advierte la economía verde[29]. Ahora bien, aun cuando hay progresos significativos en el desarrollo social, económico, salud pública y protección ambiental, permea en profesionales sanitarios un cierto desconocimiento de las relaciones físico-químicas y biológicas que hay entre el ambiente físico y social y la salud[30] y en estudiantes de ingeniería[31].

Aunque en España se cuenta con numerosa legislación, guías, normas UNE e ISO, no se dispone de suficientes instrumentos de inspección y vigilancia que acompañen a las mismas, de modo que se desconoce su grado de cumplimiento o seguimiento[32] porque todavía no existe un documento unificado que tenga en

---

28 Moreno, Ana (2022). Salud y medio ambiente. Página 9.

29 Hussain et al. Green Growth, Green Technology, and Environmental Health: Evidence From High-GDP Countries.

30 Moreno, Ana (2022). Salud y medio ambiente Página 9.

31 Rampasso et al (2019). Analysis of the perception of engineering students regarding sustainability. Página 462.

32 Vargas et al (2021). Vivienda y salud: eficiencia energética, urbanismo sostenible y agenda 2030. Conclusiones y futuro. Rev. Salud ambiental. Página 64.

cuenta todos estos factores que han sido analizados por separado y pueda enfocar las medidas a desarrollar desde un punto de vista integral de la relación entre el medio ambiente y la salud[33].

Todo lo anterior indica, que para afrontar las causas profundas de la enfermedad se requiere una perspectiva integradora que innove en la solución de problemas y conflictos sociales, ambientales y económicos con acciones disruptivas soportadas en nueva normativa, la ciencia, tecnología e innovación y en la transformación digital desde el ámbito local[34] de la información colectada por las entidades involucradas e interesadas en la generación y transferencia de indicadores relacionados con la salud planetaria.

En el caso de Europa el *Lancet Countdown* en 2022 publicó un informe de indicadores, que hacen seguimiento del progreso en materia de salud y Cambio Climático (CC) a través de 33 indicadores y en cinco dominios: i) impactos, exposiciones y vulnerabilidades del cambio climático, ii) adaptación, planificación y resiliencia para la salud, iii) acciones de mitigación y beneficios para la salud, iv) economía y finanzas y v) participación pública y política. Este nuevo informe recoge 42 indicadores que ponen de relieve los impactos negativos del cambio climático sobre la salud humana, el retraso en la acción climática de los países europeos y las oportunidades perdidas para proteger o mejorar la salud con una acción climática sensible a la salud[35] siendo estos los retos asumir desde el presente teniendo como meta el año 2050 para reducir las emisiones de carbono (*net-zero*) como se presentan en la tabla 7 y 8.

---

33 Granada, L. (2024). Derecho a la salud ambiental: calidad del aire y cambio climático. Página 249.

34 Ibid. Página 149.

35 Van Daalen et al. (2024). The 2024 Europe report of the Lancet Countdown on health and climate change: unprecedented warming demands unprecedented action. Página 495-497.

Tabla 7. Retos de la salud planetaria.

Participación pública y política: compromiso	Adaptación, planificación y resiliencia para la salud	Economía y finanzas. Efectos económicos
Científico	Evaluación del riesgo, municipal al CC	Relacionados con la salud y mitigación del CC
Individual	Evaluación de la vulnerabilidad y adaptación nacional al CC	Por fenómenos extremos y meteorológicos
Medios	Plan nacional de adaptación al CC	Por cambios en la oferta de mano de obra
Parlamento Europeo	Información climática para la salud	Por el impacto del calor en la actividad económica
Político	Espacios verdes	Por el valor monetario de dietas poco saludables
Redes sociales		Por subvenciones a los combustibles fósiles y los precios del carbono
Sector empresarial		Por inversiones en energías limpias

Fuente. Adaptado de Van Daalen (2022).

Tabla 8. Retos de la salud planetaria.

Impactos, exposiciones y vulnerabilidades del CC	Acciones de mitigación y beneficios para la salud
Vulnerabilidad, exposición y estrés térmico	Intensidad de carbono del sistema energético, eliminación del carbón y electricidad renovable y sin emisiones de carbono
Mortalidad	Mortalidad prematura atribuible a la contaminación atmosférica por partículas
Exposición a humo por incendios	Atribución de las emisiones de CO2 y PM2.5 basado en la producción y el consumo
Sequías	Transporte sostenible y saludable
Enfermedades infecciosas	Alimentación, agricultura y salud
Alérgenos	Emisiones y daños del sector de la salud
Alimentos y agua	

Fuente. Adaptado de Van Daalen (2022).

IV. APROXIMACIÓN A LOS COMPONENTES DE LA SALUD PLANETARIA

De acuerdo con las diferentes estrategias definidas por la salud pública, la salud ambiental, una salud y la salud planetaria es evidente que la integración de los aspectos ambientales, sociales y económicos son necesarios en vista de las interrelaciones existentes que ya ha superado algunos de los límites y cambios en el estado de los nueve procesos esenciales para el equilibrio del planeta.

Bajo este contexto y conforme con la información revisada la figura 4 presenta los componentes de la salud planetaria con algunas de sus interrelaciones. Dicha figura es una aproximación dentro de la complejidad e interdisciplinariedad que se presenta a la hora de abordar la salud desde una perspectiva de salud planetaria ya que por si mismo el sistema de salud, ambiental, social y económico presentan sus propias dinámicas, semejanzas y diferencias acorde con los determinantes de la salud presentes en el territorio, en otros términos, se propone el abordaje multisistémico y multidisciplinario a adoptar exactamente con los factores físicos, químicos y biológicos de cada ecosistema y los retos de la salud planetaria en Europa.

En este sentido, las estrategias público privadas se enmarcan en términos de: i) biodiversidad, ii) control de vectores, iii) economía circular, iv) educación, comunicación y participación, v) equidad, vi) evaluación, respuesta y gestión, vii) infraestructura verde y restauración ecológica, viii) intervención, ix) medición, x) movilidad, xi) plásticos, xii) pobreza y exclusión social, xiii) promoción y prevención de la salud, xiv) reducción, xv) sostenibilidad de sustancias químicas, urbana y local y xvi) transición justa. En cuanto a la planeación la tabla 9 presenta los planes relacionados con la salud planetaria.

Figura 4. Componentes de la salud planetaria.

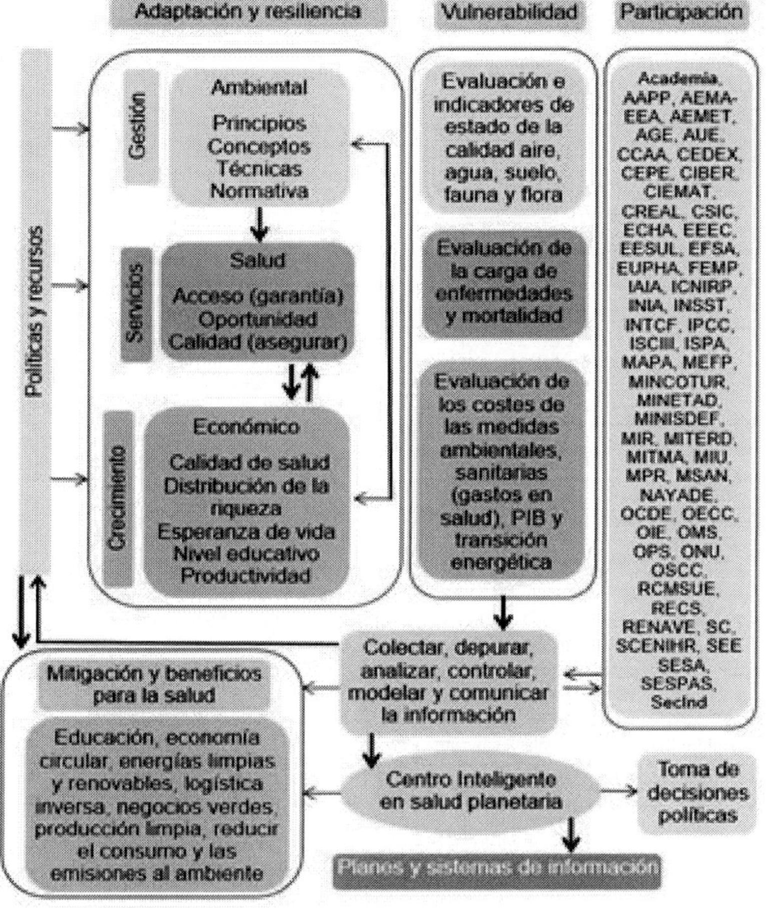

Fuente. Elaboración propia.

Igualmente, entre los programas que se derivan de la planeación se encuentra: i) medio ambiente, ii) general de trabajo, iii) acción en materia de medio ambiente, iv) aire puro, v) información para la protección de la salud, vi) Naciones

Unidas por el medio ambiente, vii) comunitario de acción medioambiental, viii) Estatal de prevención de residuos, ix) ambiental de la Unión Europea y x) de actuación bienal.

Tabla 9. Retos de la salud planetaria.

Plan	Plan
Acción y Calidad del Aire	Impulso al medio ambiente para la adaptación al cambio climático en España
Acción de contaminación cero	Marco de acción a corto plazo en caso de episodios de contaminación del aire ambiente
Acción de economía circular	Nacional 5G
Acción nacional	Nacional para la reducción del uso de amalgamas dentales
Acción de ruido	Nacional de adaptación al cambio climático
Acción sobre entomología y control de vectores	Nacional de depuración, saneamiento, eficiencia, ahorro y reutilización
Del radón	Nacional Integrado de energía y clima
Estatal marco de gestión de residuos	Nacional de preparación y respuesta frente a enfermedades transmitidas por vectores
Estatal de investigación científica y técnica y de innovación	Nacional de actuaciones preventivas de los efectos del exceso de temperaturas sobre la salud
Estratégico de la política agrícola común	Registro estatal de emisiones y fuentes contaminantes, sanitarios y civiles
Estratégico de patrimonio natural y biodiversidad	Sanitario del agua
Estratégico de salud y medio ambiente	The EU Environment and Health Action Plan

Fuente. PESMA (2021).

V. CONCLUSIÓN

La revisión de la literatura permitió identificar dos hitos clave que en los últimos 10 años han marcado una nueva tendencia para afrontar las causas profundas de la enfermedad mediante el concepto de salud planetaria como son los Objetivos de Desarrollo Sostenible y la pandemia de la COVID19. Dicho lo cual, el desorden de la cultura, el turismo, la pobreza, la inequidad, la violencia, la emigración y el cambio en los límites planetarios han incrementado a nivel mundial las interacciones entre animales, plantas, agua, suelo, aire y otros seres vivos que reaccionan y se adaptan al entorno y a las nuevas condiciones del hábitat impactando en la salud humana y ambiental de los ecosistemas y transformando su medio físico, biológico y social.

Ante este nuevo panorama mundial es necesario que la salud planetaria impulse desde lo local estrategias que definan políticas en materia ambiental y sanitaria que cuenten con los recursos económicos necesarios para garantizar una adaptación y resiliencia a las nuevas condiciones, reducir la vulnerabilidad, fomentar la participación y mitigar los impactos en la salud mediante la educación, comunicación, economía circular, energías limpias y renovables, logística inversa, negocios verdes, producción limpia, reducir el consumo y las emisiones al ambiente.

En este contexto, es necesario integrar todos los planes, programas y proyectos que las entidades públicas y privadas realizan en materia de salud planetaria en un centro inteligente de salud planetaria que permita colectar, depurar, analizar, controlar, modelar y comunicar la información en esta materia a todos los interesados para la toma de decisiones políticas y realizar una investigación, innovación y desarrollo de nuevas estrategias, políticas, planes, programas y proyectos de una forma intra e interdisciplinaria que solucione las necesidades locales en salud planetaria en el marco del nuevo orden mundial que tiende a fortalecer el armamentismo de las grandes potencias mundiales lo que reducirá la asignación de recursos económicos para los aspectos ambientales, sociales y sanitarios.

Referencias bibliográficas

ÁLVAREZ, C., López, I., Sanz, S., & Álvarez, C. (2022). Salud planetaria: educación para una atención. *EducaciónMédica*, 352-357. doi:https://doi.org/10.1016/j.edumed.2021.08.001.

DIAZ ESPAÑA, J., Díaz España, V, y Granada Agurre, L. (2022). *La salud en América Latina*. Editorial Universidad Libre.

EGEA-RONDA, A. G. (2023). Estilos de vida, sostenibilidad y salud. *Artículo especial: Cuadernos del Papps, 16*(2), 06-115. doi:doi.org/10.55783/rcmf.160208.

GRANADA, L. (2024). *Hacia una filosofía integral: Desafíos en el sistema poliédrico de Derechos Humanos.* (E. A. Pumarejo, Ed.) Valencia, España: Tirant lo blanch.

GRANADA, L & ÁLVAREZ N. (2023). Ecología y Economía Azul: retos cambios e impactos esperados para combatir el cambio climático. En A. Olivares, *Derecho y Economía Azul. Desafios para su implementación.* (pág. 536). Cizur Menor, Navarra: Aranzadi SAU.

GRANADA, L., Álvarez, N., & Afanador, M. (2018). *Lineamientos para la implementación de una filosofía de gestión ambiental* (Vol. I). Bogotá: Ediciones de la U.

HARTINGER, S., Palmeiro-Silvab, Y., Llerena-Cayoa, C., Blanco-Villafuerte, L., Escobar, L. & DIAZ, A. (2024). Informe de América Latina 2023 de The Lancet Countdown sobre salud y cambio climático: el imperativo de un desarrollo resiliente al clima centrado en la salud. Lancet, 53 (100746), 1-35. https://doi.org/10.1016/j.lana.2024.100746.

HUSSAIN, Z., Mehmood, B., Kaleem Khan, M., & Marcelline Tsimisaraka, R. (2022). Green GROWTH, Green Technology, and Environmental Health: Evidence From High-GDP Countries.

MONTIJO, L., MURILLO, D., GAXIOLA, R., ÁNGULO, C., LUGO, O., & ZENTENO, T. (2023).

MORENO, A. (16 de 03 de 2022). Salud y medio ambiente. (U. N. México., Ed.) *Revista de la Facultad de Medicina de la UNAM, 65*(3), 11. doi:https://orcid.org/0000-0002-7560-3143.

O' CALLAGHAN. Cristina. Cinco conceptos para entender el nuevo paradigma de salud planetaria.https://blogs.uoc.edu/cienciasdelasalud/es/5-conceptos-para-entender-que-es-salud-planetaria/.

PALOMARES HERRERA, M. (2024). *Constitución Española Comentada. Especial 45º Aniversario.* Dykinson. Disponible en: https://books.google.

es/books?hl=es&lr=&id=Qe8nEQAAQBAJ&oi=fnd&pg=PA9&dq=MANUEL+PALOMARES+HERRERA+&ots=OUxPMNTyWz&sig=J57ez04BKuOe05X5HeGjOdmNn9U

RAMPASSO et al (11 06 2019). Analysis of the perception of engineering students regarding sustainability. Journal of Cleaner Production 233 461–467. https://doi.org/10.1016/j.jclepro.2019.06.105.

ROCKSTRÖM, J., Gupta, J., Qin, D. et al. (2023). Límites seguros y justos del sistema terrestre. Nature 619, 102–111. https://doi.org/10.1038/s41586-023-06083-8.

ROMANELLO et al (2024). El informe de 2024 de The Lancet Countdown sobre salud y cambio climático: frente a amenazas sin precedentes derivadas de la demora en la acción. The LAncet, 404 (10465): 1847-1896. https://doi.org/10.1016/S0140-6736(24)01822-1.

RUÍZ DE CASTAÑEDA ET AL. (2023) Una Salud y la investigación en salud planetaria: aprovechar las diferencias para crecer juntos. https://www.thelancet.com/ journals/lanplh/article/PIIS2542-5196(23)00002-5/fulltext.

VAN DAALEN, KR, TONNE, C., SEMENZA, J., ROCKLÖV, J., MARKANDYA, A., DASANDI, N. (2024). El informe 2024 Europe de la Lancet Countdown on health and climate change: un calentamiento sin precedentes exige una acción sin precedentes. Lancet, 9 (7), 495-522. https://doi.org/10.1016/S2468-2667(24)00055-0. Recuperado el 26 de 02 de 2025.

VARGAS, M., MERA, Á., & HERAS, R. (15 de 06 de 2021). Vivienda y salud: eficiencia energética, urbanismo sostenible y agenda 2030. Conclusiones y futuro. (M. d. Dirección General de Salud Pública, Ed.) *Salud ambient*, 12. Recuperado el 16 de 02 de 2025.